建设工程经济

主　编　祝连波

副主编　鄢晓非　吴贵弟　王玉娥

东南大学出版社

SOUTHEAST UNIVERSITY PRESS

·南京·

内 容 提 要

　　本教材系统地介绍了建设工程经济学的基本原理和基本方法及其在工程项目投资决策中的应用。主要内容包括：资金的时间价值、建设项目投资构成、建设项目评价指标及比选方法、现金流量分析方法、风险与不确定性分析、工程项目资金融通、工程项目可行性研究、工程项目财务评价、工程项目费用效益分析、设备更新分析和价值工程等内容。

　　教材思路清晰，内容浅显，通俗易懂，可供土木工程、交通工程、工程管理等相关专业学生学习。书中列举了一些职业资格考试真题作为例题和习题，注重实际分析和应用能力培养，为学生日后工作和参加职业资格考试奠定基础。

图书在版编目(CIP)数据

建设工程经济/祝连波主编. —南京：东南大学出版社，2019.8
　ISBN 978-7-5641-8497-1

　Ⅰ. ①建… 　Ⅱ. ①祝… 　Ⅲ. ①建筑经济-教材
Ⅳ. ①F407.9

中国版本图书馆 CIP 数据核字(2019)第 159218 号

建设工程经济　Jianshe Gongcheng Jingji

主　　编：祝连波
出版发行：东南大学出版社
社　　址：南京市四牌楼 2 号　　邮编：210096
出 版 人：江建中
网　　址：http://www.seupress.com
电子邮箱：press@seupress.com
经　　销：全国各地新华书店
印　　刷：兴化印刷有限责任公司
开　　本：787 mm×1092 mm　1/16
印　　张：18
字　　数：449 千字
版　　次：2019 年 8 月第 1 版
印　　次：2019 年 8 月第 1 次印刷
书　　号：ISBN 978-7-5641-8497-1
定　　价：39.00 元

前　　言

伴随着"一带一路"建设、中西部发展战略、"走出去"战略、建筑产业现代化战略的实施,伴随着建筑业工业化、信息化、自动化、智能化的转型,建设工程领域需要的不再是单纯只懂技术的人才,而是大量既懂技术又懂法律、经济和会管理的复合型人才。我国建设行业对高校工程类人才的培养提出了新的要求,工程领域从业人员必须掌握一定的建设工程经济学知识,以顺应新的发展形势。

建设工程经济是培养土木工程专业、交通工程专业、工程管理专业人才的一门重要的专业基础课。它以建设工程项目为对象,利用经济学理论与研究方法,分析研究建设工程项目技术要素的优化配置,通过经济分析,以求确定最佳工程技术方案。

建设工程经济课程教学的目的,是使学生了解建设工程技术与经济效果之间的关系,熟悉建设工程技术方案优选的基本过程,掌握建筑工程技术、经济、管理工作中的经济分析与评价方法,培养具有宽广知识面、掌握坚实专业知识技能的综合型、应用型人才,使学生通过课堂学习与参与实践,具备进行建设工程经济分析的基本能力,为学生日后在建设工程项目管理中应用工程经济方面的理论奠定坚实的基础。

为此,本书结合不同层次的高等院校土木工程、交通工程、工程管理等相关专业对建设工程经济学的不同要求,广泛吸收国内优秀教材及相关最新法律法规政策编写而成。本书通过编写大量的例题和习题,使教材具有浅显易懂、深入浅出的特点。在例题和习题部分,选编了部分全国一级建造师建设工程经济执业资格考试真题,为提高学生学习积极性及毕业后参加执业资格考试奠定扎实的基础。

本书由苏州科技大学、中国矿业大学、厦门大学嘉庚学院、兰州交通大学博文学院等高校长期从事工程经济学及相关课程教学工作的教师共同完成。全书由祝连波主编,鄢晓非、吴贵弟、王玉娥副主编。具体分工如下:第二章、第三章及第四章及附录由祝连波编写,第一章、第七章、第十二章由鄢晓非编写,第五章、第六章、第八章由吴贵弟编写,第九章、第十章及第十一章由王玉娥编写,最后由祝连波统稿。

本书的出版得到了东南大学出版社的大力支持和帮助,在编写过程中,参阅了许多文献和有关教材,在此一并向有关作者和东南大学出版社的编辑们表示衷心的感谢!

本书虽几经修改,但由于编者水平有限,难免有疏漏、错误之处,恳请各位专家、同行、读者提出宝贵意见。

编者

2019 年 4 月

目　　录

第一章 绪 论

第一节 基 本 建 设

一、基本建设的概念

基本建设概念源于俄文。20世纪20年代初期,苏联开始使用这个术语,说明社会主义经济中基本的、需要耗用大量资金和劳动的固定资产的建设,以区别流动资产的投资和形成过程。中华人民共和国建立以后,在社会主义经济建设中,也采用这一术语。1952年国务院规定:凡固定资产扩大再生产的新建、改建、扩建、恢复工程及与之连带的工作为基本建设。例如:公路、铁路、桥梁和各类工业及民用建筑等工程的新建、改建、扩建、恢复工程,以及机器设备、车辆船舶的购置安装及与之有关的工作,都称之为基本建设。在英美等国家也被称为固定资产投资。在我国目前基本建设的说法一直沿用,实际就是固定资产投资。

投资是一个重要的经济范畴,有静态和动态两种含义。从静态上说,它是作为一笔用于一定目的的资金,如用于购置或建造固定资产、购买流动资产的资金。一般情况下,投资是指固定资产投资和流动资金投资。

建设项目投资的含义很多,只能根据其使用的场合来具体界定其确切的含义。如果从生产过程来讲,建设项目投资是指形成固定资产的过程;如果从工程造价角度来讲,是指项目建设所花费的全部费用;如果从经济评价角度来讲,是指项目建设与启动所花费的总费用(包括固定资产投资和流动资金);如果从财务评价角度来讲,是指项目建设成本扣除应核销其他支出后的建设费用。

固定资产是指归企业所拥有的、作为生产经营的手段或条件,不以出售为目的的有形长期资产。如土地、房屋、建筑物、机械设备、运输工具、大型或较贵重的工具及包装物等。

固定资产是企业资产的组成部分,是实物资产,是以实物形态一次投入生产过程并在使用过程中保持其物质形态,其价值以折旧的形式分期参与商品价值形态的构成。在《企业财务通则》中规定,必须同时具备使用期限在1年以上,单位价值在规定标准以上两个条件方可列为固定资产。其中规定标准对不同单位或部门具体可能有所不同,比如《中国人民银行固定资产管理办法》(2006)中指出固定资产是指使用期限在1年以上、单位价值在2 000元以上,且在使用过程中基本保持原有物质形态的资产。而2000年2月16日,国务院机关事务管理局发布的《中央行政事业单位固定资产管理办法》中,固定资产是指使用年限在 1 年以上,单位价值在 500 元以上、专用设备单位价值在 800 元以上,并在使用过程中基本保持原来物质形态的资产。

固定资产投资由建筑安装工程投资、设备及工器具购置投资、工程建设其他费用、预备费、固定资产投资方向调节税和建设期贷款利息组成。我国从 2000 年 1 月 1 日起对固定资产投资应税项目新发生的投资额,已暂停征收固定资产投资方向调节税。

流动资金是指为维持正常生产经营活动,用于购买劳动对象、支付工资及其他生产经营费用所必不可少的周转资金。它用于购置原材料、燃料等,形成生产储备,然后投入生产中,经过加工制成成品,再经过销售收回货币。流动资金就是这样由生产领域进入流通领域,又从流通领域进入生产领域,反复循环,不断周转。具有周转期短、形态易变的特点。

二、基本建设的内容

基本建设是一个物质资料生产的动态过程,这个过程概括起来,就是将一定的物资、材料、机器设备通过购置、建造和安装等活动把它转化为固定资产,形成新的生产能力或效益的建设工作。包括固定资产的建造、固定资产的购置和其他基本建设工作。

1. 固定资产的建造

固定资产的建造主要是指建筑安装工程,包括各类建筑物、构筑物的建造,各类管道、输电线的敷设,各种矿井开凿以及设备安装等。

2. 固定资产的购置

固定资产的购置是指购置或自制达到固定资产标准的设备、工具、器具,包括一切需要安装和不需要安装设备的购买和加工制作。

3. 其他基本建设工作

其他基本建设工作是指不属于上述内容但在基本建设中不可或缺的其他工作,包括勘察设计、科研试验、征地拆迁、机构筹建、职工培训、联合试车等工作。

三、基本建设的分类

基本建设可以根据不同的方法进行分类,例如:

(1) 按照投资的用途基本建设可分为:

生产性建设:直接用于物质生产或为满足物质生产需要的建设。

非生产性建设:用于满足人民的物质和文化生活需要的建设。

(2) 按照项目建设规模的大小基本建设可以分为大、中、小型项目,且根据不同建设对象,界限都有所不同。

(3) 按照建设项目的性质基本建设可分为:

新建项目:从无到有或新增固定资产的价值超过原有固定资产价值 3 倍以上的

项目。

扩建项目:为扩大原有产品的生产能力或效益,增加新产品的生产能力和效益而扩建的主要车间或工程项目。

改建项目:为提高产品的生产效率或改进产品方向,对原有设备、工艺流程进行技术改造的项目。

恢复项目:原有的固定资产因自然灾害、战争或人为的灾害等原因,已部分或全部报废,而后又投资恢复建设的项目。

迁建项目:由于各种原因迁到其他地方建设的项目,不论其建设规模是否维持原有的规模,都是迁建项目。

四、基本建设程序

基本建设程序是指建设项目从酝酿、提出、决策、设计、施工到竣工验收整个过程中各项工作的先后顺序。它是对基本建设经验的科学总结,是客观存在的经济规律的正确反映。一个建设项目涉及的面很广,内外协作配合的环节很多,有些是前后衔接的,有些是左右配合的,有些是互相交叉的,这些工作必须按照一定的程序,依次进行,才能达到预期的效果。

从建设项目管理的角度看,建设程序一般分为七个主要阶段,见图1.1所示。

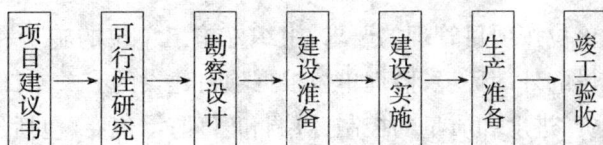

项目建议书 → 可行性研究 → 勘察设计 → 建设准备 → 建设实施 → 生产准备 → 竣工验收

图1.1 基本建设程序

1. 项目建议书阶段

项目建议书是向国家提出建设某一项目的建议性文件,是对拟建项目的初步设想。项目建议书的主要作用是通过论述拟建项目的建设必要性、可行性,以及获利、获益的可能性,向国家推荐建设项目,供国家选择并确定是否进行下一步工作。

项目建议书根据拟建项目规模报送有关部门审批。大中型及限额以上项目的项目建议书应先报行业归口主管部门,同时抄送国家计委。行业归口主管部门初审同意后报国家计委,国家计委根据建设总规模、生产力总布局、资源优化配置、资金供应可能、外部协作条件等方面进行综合平衡,还要委托具有相应资质的工程咨询单位评估后审批。重大项目由国家计委报国务院审批。小型和限额以下项目的项目建议书,按项目隶属关系由部门或地方计划委员会审批。

2. 可行性研究阶段

可行性研究是指在项目决策之前,通过调查、研究、分析与项目有关的工程、技术、经济等方面的条件和情况,对可能的多种方案进行比较论证,同时对项目建成后的经济效益进行预测和评价的一种投资决策分析研究方法和科学分析活动。

3. 勘察设计阶段

勘测是指设计前和设计过程中所要进行的勘察、调查、测量工作。设计是对拟建工程在技术和经济上进行全面的安排。它们是工程建设计划的具体化，组织施工的依据。其中设计质量直接关系到建设工程的质量，是建设工程的决定性环节。

一般工程进行两阶段设计，即初步设计和施工图设计。有些工程，根据需要可在两阶段之间增加技术设计。

4. 建设准备阶段

工程开工建设之前，应当切实做好各项施工准备工作。其中包括：组建项目法人；征地、拆迁和平整场地；做到水通、电通、路通；组织设备、材料订货；建设工程报监；委托工程监理；组织施工招标投标，优选施工单位；办理施工许可证等。

5. 建设实施阶段

建设工程具备了开工条件并取得施工许可证后才能开工。

按照规定，工程新开工时间是指建设工程设计文件中规定的任何一项永久性工程第一次正式破土开槽的开始日期。不需开槽的工程，以正式打桩作为正式开工日期。铁道、公路、水库等需要进行大量土石方工程的，以开始进行土石方工程作为正式开工日期。工程地质勘察、平整场地、旧建筑物拆除、临时建筑或设施等的施工不算正式开工。

在该阶段，建设单位按项目管理的要求，组织好施工单位的施工和甲供设备、材料的供应，协调好工程建设的外部环境；监理单位根据项目建设的有关文件和各类工程承包合同，做好对工程的投资、进度和质量的控制、协调和管理；承包商(包括建筑安装施工、设备制造、材料供应等单位)根据承包合同的约定和承诺，全面履行各项合同义务，保质、保量、按时完成工程建设任务。

6. 生产准备阶段

工程投产前，建设单位应当做好各项生产准备工作。生产准备阶段是由建设阶段转入生产经营阶段的重要衔接阶段。在本阶段，建设单位应当做好相关工作的计划、组织、指挥、协调和控制工作。

生产准备阶段主要工作有：组建管理机构，制定有关制度和规定；招聘并培训生产管理人员，组织有关人员参加设备安装、调试、工程验收；签订供货及运输协议；进行工具、器具、备品、备件等的制造或订货；其他需要做好的有关工作。

7. 竣工验收阶段

建设工程按设计文件规定的内容和标准全部完成，并按规定将工程内外全部清理完毕后，达到竣工验收条件，建设单位即可组织竣工验收，勘察、设计、施工、监理等有关单位应参加竣工验收。竣工验收是考核建设成果、检验设计和施工质量的关键步骤，是由投资成果转入生产或使用的标志。竣工验收合格后，建设工程方可交付使用。

第二节 工程经济学的产生与发展

一、工程经济学的萌芽与形成

工程经济学的产生至今有 100 多年。其标志是：1887 年美国的土木工程师亚瑟姆·惠灵顿出版的著作《铁路布局的经济理论》。作为一名土木工程师，惠灵顿认为工程经济是一种少花钱多办事的艺术，他将资本化的成本方法应用于铁路最佳长度或路线曲线的选择，从而开创了工程领域中的经济评价工作，工程经济（学）也由此产生。1920 年哥尔德曼研究了工程结构的投资问题，并在其著作《财务工程》中提出了用复利法来分析各个方案的比较值，指出工程师最基本的责任是成本分析，以达到真正的经济性，即盈得最大可能数量的货币，获得最佳财务效益。

真正使工程经济学成为一门系统化科学的学者是格兰特教授。1930 年格兰特出版了《工程经济学原理》，被誉为工程经济学经典之作，奠定了经典工程经济学的基础。格兰特教授在该书中剖析了古典经济的局限性，以复利计算为基础，讨论了投资决策的理论和方法，他的贡献得到社会的普遍承认，被誉为"工程经济学之父"。通过惠灵顿、格兰特及许多专家学者的努力，经过 43 年的不断探索，一门独立的系统化的工程经济学终于形成。

二、工程经济学的发展

第二次世界大战结束后，随着数学和计算技术的发展，特别是运筹学、概率论、数理统计等方法的应用，以及系统工程、计量经济学、最优化技术的飞跃发展，工程经济学研究内容从单纯的工程费用效益分析扩大到市场供求和投资分配领域，从而得到了长足的发展。

工程经济学通过各学科的融合，研究内容不断扩大，主要集中在风险投资、决策敏感性分析和市场不确定性因素分析等三个方面。如：1951 年迪安出版《投资预算》，在凯恩斯经济理论的基础上，分析了市场供求状况对企业有限投资分配的影响，提出用折现现金流的贴现方法和资本限额分配方法来进行项目投资和发展的研究新方法。

1978 年布西出版了《工业投资项目的经济分析》，全面系统地总结了工程项目的资金筹集、经济评价、优化决策以及项目的风险和不确定性分析等。

同一时期，工程经济学在世界许多国家也得到了广泛的重视和应用。近十几年来，西方工程经济学理论出现了宏观化研究趋势，微观部分效果分析正逐渐同宏观的效益研究及环境效益分析结合起来，国家的经济制度和经济政策等宏观问题已成为当今工程经济研究的新内容。另一方面，由于计算机技术的迅速普及，使得工程经济学的分析与评价以及技术方案的选择方法都有了新的突破。直接引入工程经济分析的因素和变量更加全面系统，很多以往无法定量描述的经济因素得以量化，一些随机的经济因素逐渐用数学手段加以分析，工程经济学的理论和方法的研究进入了一个新的时期。

三、工程经济学在我国的应用和发展

我国的工程经济学起步较晚,20世纪50年代,我国开始对工程经济学的研究。在同济大学、西安冶金建筑大学等高等院校开设了建筑经济专业。同时一些学者和专家编著了我国相应的建筑经济教材和翻译了一些工程经济学著作。但是随着60年代"文化大革命"的开始,工程经济学停滞不前。直到改革开放后,传统的计划经济体制逐渐被社会主义市场经济所代替,人们开始注重工程项目中的成本核算。建筑经济研究开始引进国外先进的企业现代化管理方法和电脑应用技术,其中引进了目标管理、行业管理、要素管理、预测方法以及决策方法等。到1979年年末,中国建筑学会正式成立了建筑经济学术委员会。

20世纪80年代,建筑经济飞速发展,这一时期不仅继续了建筑经济学科理论研究、建筑工程技术研究,同时还进行诸如建筑工程招标承包制、建筑产品价格改革、建筑产业政策研究。1987年,原国家计委组织、中国计划出版社出版《建设项目经济评价方法与参数》,为我国各行业开展项目前期经济评价工作规定了统一的标准和方法,提供了操作指南,填补了国内空白,实现了项目评价的科学化和规范化。1993年修订再版。为适应2004年国家出台的投资体制改革的决定,现行的《建设项目经济评价方法与参数》已发展到2006年颁布的第三版。

从20世纪90年代起,我国建筑经济人员吸收了国外先进的工程管理经验,又结合我国工程管理实际,逐步形成了一套完整的工程经济理论体系和方法。

随着市场化、信息化、互联网时代的到来,工程经济学已经成为进入建筑行业的必备知识内容之一,在许多建筑院校及职业资格师考试中,工程经济学已经是相关人员必须学习的内容。

第三节 工程经济学的相关概念

一、工程经济学的概念

工程经济学是工程与经济的交叉学科,是研究工程技术实践活动经济效果的学科。即以工程项目为主体,以技术—经济系统为核心,研究如何有效利用资源、提高经济效益的学科。也就是说:工程经济学研究各种工程技术方案的经济效益,研究各种技术在使用过程中如何以最小的投入获得预期产出,或者说如何以等量的投入获得最大产出;如何用最低的寿命周期成本实现产品、作业以及服务的必要功能。

二、工程经济学的研究对象

工程经济学就是研究采用何种方法、建立何种方法体系,才能正确估价工程项目的有

效性,寻求到技术与经济的最佳结合点。因此,工程经济学的研究对象是具体的工程项目、技术方案和技术政策。

工程是指土木建筑或其他生产、制造部门用比较大而复杂的设备来进行的工作,如土木工程、机械工程、交通工程、化学工程、采矿工程、水利工程等。

技术是人类在利用自然和改造自然的过程中积累起来并在生产劳动中体现出来的经验和知识,是运用各种科学所揭示的客观规律,进行各种生产和非生产活动的技能及方法。工程经济学中的技术都是依附于具体的工程项目而存在。

经济一词在我国古代有"经邦济世""经国济民"之意义,是治理国家、拯救庶民的意思,与现代的"经济"含义不同。现代汉语中使用的"经济"一词,是 19 世纪后半叶由日本学者从英语 Economy 翻译而来的。它的含义大体有以下四个方面:

(1) 经济指生产关系。经济是人类社会发展到一定阶段的社会经济制度,是生产关系的总和,是政治和思想意识等上层建筑赖以树立起来的基础。

(2) 经济指国民经济的总称,或指国民经济的各部门,如工业经济、农业经济等。

(3) 经济指社会生产和再生产。即物质资料的生产、交换、分配、消费的现象和过程。

(4) 经济是指节约或节省。

工程经济学中的经济,主要是指上述第四种含义即节约或节省。

任何工程项目的建设都伴随着人、财、物、时间等资源的消耗,经历研究、开发、设计、建造、运行、维护、销售、管理等过程。在工程实践活动中必将产生经济效果、社会效果以及对生态、环境产生影响,如何更有效地节约和利用有限资源,如何以最少的耗费达到较优的产出效果正是工程经济学研究的目的。

三、技术与经济的辩证关系

工程经济学中的技术和经济的关系十分密切。一个好的工程项目既要保证技术的先进性,也需要讲究经济的合理性,它们是一对相互促进、相互制约的既有统一又有矛盾的统一体。

(1) 技术可行是经济分析的前提,而经济则是技术的归宿和目的。技术是提高劳动生产率、推动经济发展的最为重要的手段和前提;同时技术受到经济条件的制约,再好的技术在经济上不合理,也不能得到良好的发展。一项新技术的发展、应用和完善主要取决于是否具备必要的经济条件,是否具备广泛使用的可能性,这种可能性包括与采用该项技术相适应的物质和经济条件,这样,经济又是推动技术进一步革新的动力。

(2) 在技术和经济的关系中,经济占据支配地位。技术往往是由于现实需要而产生。但是,任何一种技术在推广应用时首先要考虑其经济效果问题。一般情况下,技术的发展会带来经济效果的提高,技术的不断发展过程也正是其经济效益不断提高的过程。随着技术的进步,人类能够用越来越少的人力和物力消耗去获得越来越多的产品和劳务。从这方面看,技术和经济是统一的,技术的先进性和其经济合理性是相一致的。

第四节 工程经济学的特点和研究内容

一、工程经济学的特点

工程经济学是工程技术和经济相结合的综合性的边缘学科。因此,它具有边缘学科的特点,即具有综合性、系统性、可预测性、实践性等特点。工程经济学必须以自然规律为基础,但不同于技术科学研究自然规律本身,又不同于其他经济科学研究经济规律本身,而是以经济科学作为理论指导和方法论。工程经济学的任务不是创造和发明新技术,而是对成熟的技术和新技术进行经济性分析、比较和评价,从经济的角度为技术的采用和发展提供决策依据。

二、工程经济学的研究内容

工程经济学从技术的可行性和经济的合理性出发,运用经济理论和定量分析方法,研究工程技术投资和经济效益的关系,例如:烧锅炉所采用的材料可以是不同的,是烧煤、烧石油,还是烧天然气? 很显然,这三种方案在技术上都是可行的,但每种方案所需要的投资和所带来的经济效益必然是有差别的,这就需要利用工程经济学的方法来进行分析、比较和选择。

当然,在现实经济环境中我们可能会碰到很多不同情况,例如:如何定量描述和计算一个方案的经济效果;几个相互竞争的方案应该选择哪一个;在资金有限的情况下应该选择哪一个方案。面对复杂多变的投资环境,这些经济效果或方案取舍的结果是否可靠,是否存在风险,公共工程项目的预期收益多大时才能接受其建设费用,等等。总体可以概括为以下几个方面:

(1)投资方案评价方法与选择。一个项目的实现往往有多个方案,通过评价指标的计算,分析各个方案之间的关系后,在众多可行的方案中选择最佳方案,是工程经济学研究的重要内容之一。

(2)筹资分析。随着改革开放市场化的发展,建设项目的资金来源实现了多元化,国家拨款、银行贷款、发行债券和发行股票等筹资方式并存,采用哪种筹资方式和筹资机制,则是工程经济学研究的又一重要内容。

(3)财务评价和国民经济评价。财务评价是研究项目对投资各方主体的净贡献,是从企业财务角度分析和评价项目的可行性;国民经济评价是研究项目对国民经济的净贡献,是站在国民经济总体平衡角度来评价和分析项目的可行性。

(4)社会分析。从项目对社会发展目标的贡献,从社会福利角度来评价和分析项目的可行性。

(5)风险和不确定性分析。任何一项投资项目都是在一定的社会环境和政治条件下进行的,而在项目进行的过程中总是存在着各种各样的因素影响项目的进程,从而使实际结果与目标的期望值相偏离,这就有可能给项目造成经济损失。为此,在项目实施前要进行风险识别并对其进行估计,进行不确定性分析。

(6)建设项目后评估。项目后评估是在项目建成后,衡量和分析项目的实际情况与预测情况的差距,为提高项目投资效益提出对策。

(7)价值工程。如何用最低的寿命周期成本实现产品、作业或服务的必要功能,如何提高产品或服务的价值,就需要研究价值工程。

第五节 建设工程经济分析的基本原则和步骤

一、建设工程经济分析的基本原则

1. 资金的时间价值原则

工程经济学中一个最基本的概念是资金具有时间价值。由于资金时间价值的存在,使得今天的1元钱比未来的1元钱更值钱。若想用现在时点的价值来衡量未来时期获得的财富,就必须将其打一个折扣。如果不考虑资金的时间价值,就无法合理地评价项目的未来收益和水平。

2. 现金流量原则

衡量投资收益用的是现金流量而不是会计利润。现金流量是反映项目发生的实际现金的流入与流出,而不反映应收、应付款项及折旧、摊销等非现金性质的款项;会计利润是会计账面数字,而非手头可用的现金。

3. 增量分析原则

对不同方案进行评价和比较必须从增量角度进行,即用两个方案的投资差与现金流量差来进行分析,得到各种差额评价指标,再与基准指标对比,看投资多的方案是否可行。

4. 机会成本原则

机会成本是经济学基本概念,一般定义为:由于资源的稀缺性,考虑了某种用途,就失去了其他被使用而创造价值的机会,在所有这些其他可能被利用的机会中,把能获取最大价值作为项目方案使用这种资源的成本,称为机会成本。相对于建设项目而言是指企业投资进行项目的建设,只要是投入了这个项目,就算是投入,不管这些资金是借来的还是自有的,或者是企业自有的机械、设备、厂房等资源,都要计入成本,这个成本就叫做机会成本。

5. 有无对比原则

"有无对比法"将有这个项目和没有这个项目时的现金流量情况进行对比;"前后对比法"将某一项目实现以前和实现以后所出现的各种效益费用情况进行对比。

6. 可比性原则

进行比较的方案在时间上、金额上必须可比。因此,项目的效益和费用必须有相同的货币单位,并在时间上匹配。主要有以下方面:满足需要的可比性;消耗费用的可比性;价格上的可比性;时间上的可比性。其中满足需要的可比性主要指在产量、质量和品种等方面的可比性。

7. 风险收益的权衡原则

投资任何项目都是存在风险的,因此必须考虑方案的风险和不确定性。不同项目的风险和收益是不同的,对风险和收益的权衡取决于人们对待风险的态度。

二、建设工程经济分析的步骤

建设工程经济分析的步骤主要分为六个方面,见图 1.2 所示:

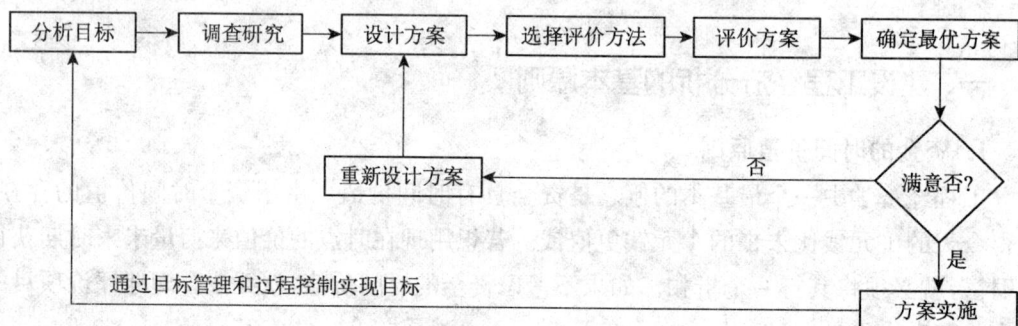

图 1.2 建设工程经济分析的步骤

1. 分析目标

建设工程经济分析首先需要分析现实工程中存在的经济性问题,研究经济环境中的显在和潜在的需求(如设备更新、方案选择,不确定性等),确立工作目标。

2. 调查研究

结合工程中的现实条件和制约因素,收集经济分析所必需的各种研究资料,包括各种技术资料、经济分析要素及分析研究方法等。

3. 设计方案

实现目标的途径往往是多种多样的,进行建设工程经济分析的重要一环就是在前期调查研究的基础上,尽可能多地提出潜在的备选设计方案,不遗漏任何一个有价值的方案,包括维持现状(即什么也不做)的方案。只有这样,才能为后续的方案评价与优选提供基础,才能得出更为满意的方案,更好地实现目标。

4. 选择评价方法

针对设计好的备选方案,拟定科学合理的经济评价指标及方法,争取能够对所研究的方案有较为全面的评价和考核。

5. 评价方案

上述从工程技术角度提出和建立的方案,除了技术上要求可行以外,在经济上是否合理,还需要从经济的角度,对方案的经济效果即劳动成果与劳动消耗或投入与产出的关系进行分析和评价。对各备选方案进行评价,是进行方案比选(即决策)的前提和依据。

6. 确定最优方案

从上述技术上可行、经济上合理的方案中选择最令人满意的方案,是一个权衡、比较和选择的过程。在综合考虑定性和定量分析比较的基础上,最终选出最佳实施方案。如果在现有方案中无法获得满意的最优方案,则需要重新寻找新的可能的方案,重新进行评价。方案最优的选择过程可能是一个动态、反复的过程。

复习思考题

一、单项选择题

1. 工程经济学是运用(　　)有关知识相互交融而形成的工程经济分析原理和方法,是为实现正确的投资决策提供科学依据的一门应用性经济学科。

   A. 工程学　　　　　　　　　　　　B. 经济学

   C. 工程学和经济学　　　　　　　　D. 工程经济学

2. 在可比性原则当中,满足需要上的可比不包括(　　)。

   A. 产量的可比性　　　　　　　　　B. 价格的可比性

   C. 质量的可比性　　　　　　　　　D. 品种的可比性

3. 被誉为"工程经济学之父"的人物是(　　)。

   A. 里格斯　　　　B. 惠灵顿　　　　C. 格兰特　　　　D. 布西

4. 工程经济学产生的标志是(　　)。

   A. 惠灵顿出版的著作《铁路布局的经济理论》

   B. 里格斯出版的《工程经济学》

   C. 格兰特出版的《工程经济学原理》

   D. 惠灵顿出版的《工程经济学》

5. 工程经济分析的时间可比原则要求进行经济效果比较时,必须考虑时间的因素,采用(　　)作为比较基础。

   A. 时间　　　　　B. 计算期　　　　C. 生命周期　　　　D. 相等的计算期

6. 固定资产是指(　　)。

   A. 具备使用期限在1年以上的资产

   B. 单位价值在规定标准以上的资产

   C. 必须同时具备使用期限在1年以上,单位价值在规定标准以上两个条件方可列为固定资产

   D. 项目建设与启动所花费的总费用

7. 最早探讨工程经济问题的著作是(　　)。

   A.《财务工程》　　　　　　　　　　B.《铁路布局的经济理论》

   C.《工程经济学原理》　　　　　　　D.《工业投资项目的经济分析》

二、多项选择题

1. 建设工程经济学的研究对象是(　　)。

A. 项目　　　　　　　　　　　　B. 工程项目

C. 经济理论　　　　　　　　　　D. 经济政策

E. 技术方案

2. 可比性原则主要指(　　)。

A. 满足需要的可比性　　　　　　B. 消耗费用的可比性

C. 有无对比性　　　　　　　　　D. 时间上的可比性

E. 价格上的可比性

三、简答题

1. 建设工程经济学分析的基本原则是什么?

2. 基本建设程序一般由哪几个阶段组成?

3. 简述建设工程经济分析的基本步骤。

4. 工程经济学研究的内容主要包括哪些?

第二章　建设项目经济评价的基本要素

第一节　建设项目总投资及其构成

一、建设项目总投资的概念

建设项目总投资是指为完成工程项目建设并达到使用要求或生产条件,在建设期内预计或实际投入的总费用。

建设项目投资按用途分为生产性投资和非生产性投资。生产性投资是指直接用于物质生产领域的建设投资;非生产性投资是指投资资金不是直接用于物质生产建设,而是用于满足人们的物质文化生活的需要和为生产建设服务的投资。

二、建设项目总投资的构成

如表 2.1 所示,生产性建设项目总投资包括建设投资和铺底流动资金两部分,非生产性建设项目总投资则只包括建设投资。

建设投资由工程费用、工程建设其他费用、预备费(包括基本预备费和价差预备费)和资金筹措费组成。工程费用由设备及工器具购置费和建筑安装工程费组成。

工程费用是指在建设期内直接用于工程建造、设备购置及其安装的费用,包括建筑工程费、设备购置费和安装工程费。建筑工程费是指建筑物、构筑物及与其配套的线路、管道等的建造、装饰费用。设备购置费是指购置或自制的达到固定资产标准的设备、工器具及生产家具等所需的费用。安装工程费是指设备、工艺设施及其附属物的组合、装配、调试等费用。

工程建设其他费用是指在建设期发生的与土地使用权取得、整个工程项目建设以及未来生产经营有关的费用。工程建设其他费用可分为三类:第一类是土地使用费,包括土地征用及迁移补偿费和土地使用权出让金;第二类是与项目建设有关的费用,包括建设管理费、勘察设计费、研究试验费等;第三类是与未来企业生产经营有关的费用,包括联合试运转费、生产准备费、办公和生活家具购置费等。

资金筹措费是指在建设期内应计的利息和在建设期内为筹集项目资金发生的费用,包括各类借款利息、债券利息、贷款评估费、国外借款手续费及承诺费、汇兑损益、债券发行费用及其他债务利息支出或融资费用。

铺底流动资金是指生产性建设项目为保证生产和经营正常进行,按规定应列入建设项目总投资的铺底流动资金,一般按流动资金的30%计算。

建设投资可以分为静态投资部分和动态投资部分。静态投资部分由建筑安装工程费、设备及工器具购置费、工程建设其他费和基本预备费构成。动态投资部分,是指在建设期内,因建设期利息和国家新批准的税费、汇率、利率变动以及建设期价格变动引起的建设投资增加额,包括价差预备费、建设期利息等。建设项目总投资的构成见表2.1所示:

表2.1 建设项目总投资的构成

建设项目总投资	建设投资	第一部分 工程费用	设备及工器具购置费
			建筑安装工程费
		第二部分 工程建设其他费用	1. 土地使用费和其他补偿费
			2. 建设管理费
			3. 可行性研究费
			4. 专项评价费
			5. 研究试验费
			6. 勘察设计费
			7. 场地准备费和临时设施费
			8. 引进技术和进口设备材料其他费
			9. 特殊设备安全监督检验费
			10. 市政公用配套设施费
			11. 工程保险费
			12. 专利及专有技术使用费
			13. 联合试运转费
			14. 生产准备费
			15. 办公和生活家具购置费
			16. 其他
		第三部分 预备费	基本预备费
			价差预备费
		资金筹措费	
	流动资产投资——铺底流动资金		

三、建筑安装工程费用组成

1. 按费用构成要素划分的建筑安装工程费用组成

按照费用构成要素划分,建筑安装工程费由人工费、材料(包含工程设备,下同)费、施工机具使用费、企业管理费、利润、规费和增值税组成。其中人工费、材料费、施工机具使用费、企业管理费和利润包含在分部分项工程费、措施项目费、其他项目费中(图2.1)。

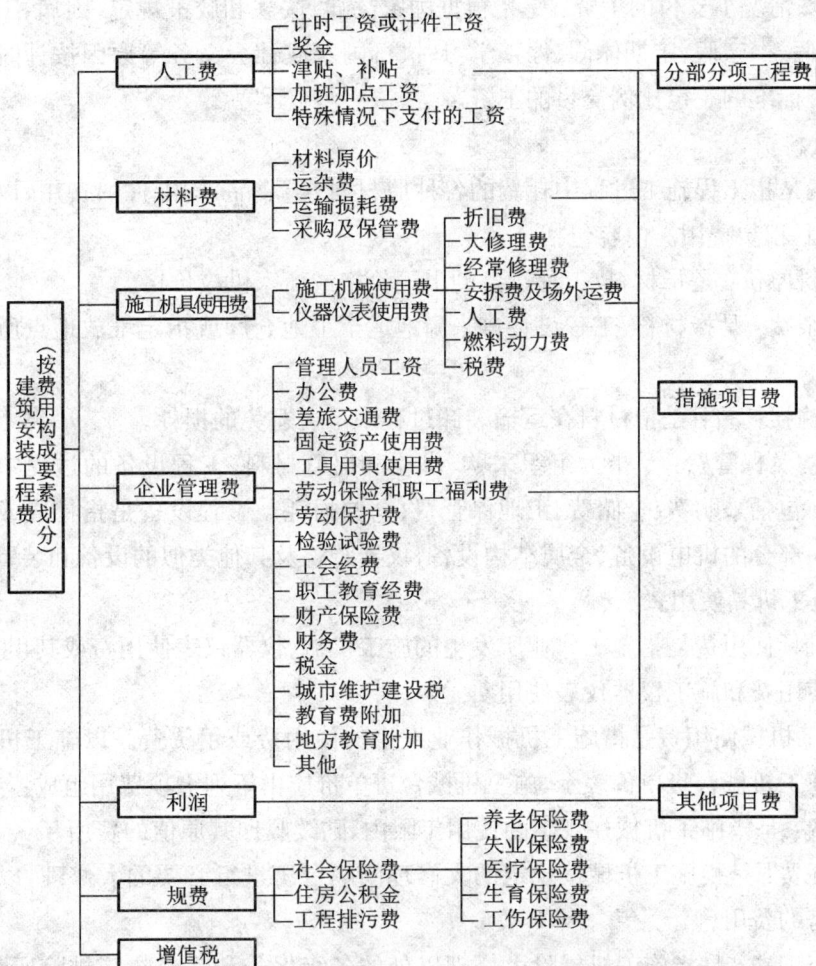

图2.1 按费用构成要素划分的建筑安装工程费用组成

(1) 人工费

人工费是指按工资总额构成规定,支付给从事建筑安装工程施工的生产工人和附属生产单位工人的各项费用。内容包括:

① 计时工资或计件工资:是指按计时工资标准和工作时间或对已做工作按计件单价支付给个人的劳动报酬。

② 奖金:是指对超额劳动和增收节支支付给个人的劳动报酬。如节约奖、劳动竞赛奖等。

③ 津贴、补贴:是指为了补偿职工特殊或额外的劳动消耗和因其他特殊原因支付给个人的津贴,以及为了保证职工工资水平不受物价影响支付给个人的物价补贴。如流动施工津贴、特殊地区施工津贴、高温(寒)作业临时津贴、高空津贴等。

④ 加班加点工资：是指按规定支付的在法定节假日工作的加班工资和在法定日工作时间外延时工作的加点工资。

⑤ 特殊情况下支付的工资：是指根据国家法律、法规和政策规定，因病、工伤、产假、婚丧假、事假、探亲假、定期休假、停工学习、执行国家或社会义务等原因按计时工资标准或计时工资标准的一定比例支付的工资。

（2）材料费

材料费是指工程施工过程中耗费的各种原材料、半成品、构配件的费用，以及周转材料等的摊销、租赁费用。内容包括：

① 材料原价：是指材料、工程设备的出厂价格或商家供应价格。

② 运杂费：是指材料、工程设备自来源地运至工地仓库或指定堆放地点所发生的全部费用。

③ 运输损耗费：是指材料在运输装卸过程中不可避免的损耗。

④ 采购及保管费：是指为组织采购、供应和保管材料、工程设备的过程中所需要的各项费用。包括采购费、仓储费、工地保管费、仓储损耗。工程设备是指构成或计划构成永久工程一部分的机电设备、金属结构设备、仪器装置及其他类似的设备和装置。

（3）施工机具使用费

施工机具使用费是指施工作业所发生的施工机械、仪器仪表使用费或其租赁费，包括施工机械使用费和施工仪器仪表使用费。

① 施工机械使用费是指施工机械作业发生的使用费或租赁费。以施工机械台班耗用量乘以施工机械台班单价表示，施工机械台班单价应由下列七项费用组成：

折旧费：是指施工机械在规定的使用年限内，陆续收回其原值的费用。

大修理费：是指施工机械按规定的大修理间隔台班进行必要的大修理，以恢复其正常功能所需的费用。

经常修理费：是指施工机械除大修理以外的各级保养和临时故障排除所需的费用。包括为保障机械正常运转所需替换设备与随机配备工具附具的摊销和维护费用，机械运转中日常保养所需润滑与擦拭的材料费用及机械停滞期间的维护和保养费用等。

安拆费及场外运费：安拆费指施工机械（大型机械除外）在现场进行安装与拆卸所需的人工、材料、机械和试运转费用以及机械辅助设施的折旧、搭设、拆除等费用。场外运费指施工机械整体或分体自停放地点运至施工现场或由一施工地点运至另一施工地点的运输、装卸、辅助材料及架线等费用。

人工费：是指机上司机（司炉）和其他操作人员的人工费。

燃料动力费：是指施工机械在运转作业中所消耗的各种燃料及水、电等产生的费用。

税费：是指施工机械按照国家规定应缴纳的车船使用税、保险费及年检费等。

② 施工仪器仪表使用费是指工程施工所发生的仪器仪表使用费或租赁费。施工仪器仪表使用费以施工仪器仪表台班耗用量与施工仪器仪表台班单价的乘积表示，施工仪器仪表台班单价由折旧费、维护费、校验费和动力费组成。

（4）企业管理费

企业管理费是指建筑安装企业组织施工生产和经营管理所需的费用。内容包括：

① 管理人员工资：是指按规定支付给管理人员的计时工资、奖金、津贴、补贴、加班加点工资及特殊情况下支付的工资等。

② 办公费：是指企业管理办公用的文具、纸张、账表费用，印刷、邮电、书报、办公软件费用，现场监控、会议费用，水电和集体取暖（降温）[包括现场临时宿舍取暖（降温）]等费用。

③ 差旅交通费：是指职工因公出差、调动工作的差旅费、住勤补助费，市内交通费和误餐补助费，职工探亲路费，劳动力招募费，职工退休、退职一次性路费，工伤人员就医路费，工地转移费，以及管理部门使用的交通工具的油料、燃料等费用。

④ 固定资产使用费：是指管理和试验部门及附属生产单位使用的属于固定资产的房屋设备、仪器等的折旧、大修、维修或租赁费。

⑤ 工具用具使用费：是指企业施工生产和管理使用的不属于固定资产的工具、器具、家具、交通工具，以及检验、试验、测绘、消防等用具的购置、维修和摊销费。

⑥ 劳动保险和职工福利费：是指由企业支付的职工退职金，按规定支付给离休干部的经费，集体福利费，夏季防暑降温费，冬季取暖补贴，上下班交通补贴等。

⑦ 劳动保护费：是企业按规定发放的劳动保护用品的支出。如工作服、手套、防暑降温饮料以及在有碍身体健康的环境中施工的保健费用等。

⑧ 检验试验费：是指施工企业按照有关标准规定，对建筑以及材料、构件和建筑安装物进行一般鉴定、检查所发生的费用，包括自设试验室进行试验所耗用的材料等费用。不包括新结构、新材料的试验费，对构件做破坏性试验及其他特殊要求检验试验的费用和发包人委托检测机构进行检测的费用，对此类检测发生的费用，由发包人在工程建设其他费用中列支。但对施工企业提供的具有合格证明的材料进行检测其结果不合格的，该检测费用由施工企业支付。

⑨ 工会经费：是指企业按《中华人民共和国工会法》规定的全部职工工资总额比例计提的工会经费。

⑩ 职工教育经费：是指按职工工资总额的规定比例计提，企业为职工进行专业技术和职业技能培训，专业技术人员继续教育、职工职业技能鉴定、职业资格认定以及根据需要对职工进行各类文化教育所发生的费用。

⑪ 财产保险费：是指施工管理用财产、车辆等的保险费用。

⑫ 财务费：是指企业为施工生产筹集资金或提供预付款担保、履约担保、职工工资支付担保等所发生的各种费用。

⑬ 税金：是指企业按规定缴纳的房产税、车船使用税、土地使用税、印花税等。

⑭ 城市维护建设税：是指为了加强城市的维护建设，扩大和稳定城市维护建设资金的来源，规定凡缴纳消费税、增值税、营业税的单位和个人，都应当依照规定缴纳城市维护建设税。城市维护建设税税率如下：纳税人所在地在市区的，税率为7%；纳税人所在地

在县城或镇的,税率为 5%;纳税人所在地不在市区、县城或镇的,税率为 1%。

⑮ 教育费附加:是对缴纳增值税、消费税、营业税的单位和个人征收的一种附加费。其作用是为了发展地方性教育事业,扩大地方教育经费的资金来源。以纳税人实际缴纳的增值税、消费税的税额为计费依据,教育费附加的征收税率为 3%。

⑯ 地方教育附加:按照《关于统一地方教育附加政策有关问题的通知》(财综〔2010〕98 号)要求,各地统一征收地方教育附加,地方教育附加征收标准为单位和个人实际缴纳的增值税、营业税和消费税税额的 2%。

⑰ 其他:包括技术转让费、技术开发费、投标费、业务招待费、绿化费、广告费、公证费、法律顾问费、审计费、咨询费、保险费等。

(5)利润

利润是指企业完成承包工程所获得的盈利。

(6)规费

规费是指按国家法律、法规规定,由省级政府和省级有关权力部门规定必须缴纳或计取的费用。包括:

① 社会保险费

养老保险费:是指企业按照规定标准为职工缴纳的基本养老保险费。

失业保险费:是指企业按照规定标准为职工缴纳的失业保险费。

医疗保险费:是指企业按照规定标准为职工缴纳的基本医疗保险费。

生育保险费:是指企业按照规定标准为职工缴纳的生育保险费。

工伤保险费:是指企业按照规定标准为职工缴纳的工伤保险费

② 住房公积金:是指企业按规定标准为职工缴纳的住房公积金。

③ 工程排污费:是指按规定缴纳的施工现场工程排污费。

其他应列而未列入的规费,按实际发生计取。

(7)增值税

根据 2016 年 3 月 23 日国家财政部和税务总局发布的《营业税改征增值税试点实施办法》的规定,建筑安装工程费用的增值税是指国家税法规定应计入建筑安装工程造价内的增值税销项税额。税前工程造价为人工费、材料费、施工机具使用费、企业管理费、利润和规费之和,各费用项目均以不包含增值税(可抵扣进项税额)的价格计算。下面内容摘自《中华人民共和国增值税暂行条例》(根据 2017 年 11 月 19 日《国务院关于废止〈中华人民共和国营业税暂行条例〉和修改〈中华人民共和国增值税暂行条例〉的决定》第二次修订):

第二条 增值税税率:

(一)纳税人销售货物、劳务、有形动产租赁服务或者进口货物,除本条第二项、第四项、第五项另有规定外,税率为 17%。

(二)纳税人销售交通运输、邮政、基础电信、建筑、不动产租赁服务,销售不动产,转让土地使用权,销售或者进口下列货物,税率为 11%:

1. 粮食等农产品、食用植物油、食用盐；

2. 自来水、暖气、冷气、热水、煤气、石油液化气、天然气、二甲醚、沼气、居民用煤炭制品；

3. 图书、报纸、杂志、音像制品、电子出版物；

4. 饲料、化肥、农药、农机、农膜；

5. 国务院规定的其他货物。

（三）纳税人销售服务、无形资产，除本条第一项、第二项、第五项另有规定外，税率为 6%。

（四）纳税人出口货物，税率为零；但是，国务院另有规定的除外。

（五）境内单位和个人跨境销售国务院规定范围内的服务、无形资产，税率为零。

税率的调整，由国务院决定。

第三条　纳税人兼营不同税率的项目，应当分别核算不同税率项目的销售额；未分别核算销售额的，从高适用税率。

第四条　除本条例第十一条规定外，纳税人销售货物、劳务、服务、无形资产、不动产（以下统称应税销售行为），应纳税额为当期销项税额抵扣当期进项税额后的余额。应纳税额计算公式：

$$应纳税额 = 当期销项税额 - 当期进项税额$$

当期销项税额小于当期进项税额不足抵扣时，其不足部分可以结转下期继续抵扣。

第五条　纳税人发生应税销售行为，按照销售额和本条例第二条规定的税率计算收取的增值税额，为销项税额。销项税额计算公式：

$$销项税额 = 销售额 \times 税率$$

第六条　销售额为纳税人发生应税销售行为收取的全部价款和价外费用，但是不包括收取的销项税额。

销售额以人民币计算，纳税人以人民币以外的货币结算销售额的，应当折合成人民币计算。

第八条　纳税人购进货物、劳务、服务、无形资产、不动产支付或者负担的增值税额，为进项税额。

下列进项税额准予从销项税额中抵扣：

（一）从销售方取得的增值税专用发票上注明的增值税额。

（二）从海关取得的海关进口增值税专用缴款书上注明的增值税额。

（三）购进农产品，除取得增值税专用发票或者海关进口增值税专用缴款书外，按照农产品收购发票或者销售发票上注明的农产品买价和 11% 的扣除率计算的进项税额，国务院另有规定的除外。进项税额计算公式：

$$进项税额 = 买价 \times 扣除率$$

（四）自境外单位或者个人购进劳务、服务、无形资产或者境内的不动产，从税务机关或者扣缴义务人取得的代扣代缴税款的完税凭证上注明的增值税额。

准予抵扣的项目和扣除率的调整，由国务院决定。

第九条　纳税人购进货物、劳务、服务、无形资产、不动产，取得的增值税扣税凭证不符合法律、行政法规或者国务院税务主管部门有关规定的，其进项税额不得从销项税额中抵扣。

第十条　下列项目的进项税额不得从销项税额中抵扣：

（一）用于简易计税方法计税项目、免征增值税项目、集体福利或者个人消费的购进货物、劳务、服务、无形资产和不动产；

（二）非正常损失的购进货物，以及相关的劳务和交通运输服务；

（三）非正常损失的在产品、产成品所耗用的购进货物（不包括固定资产）、劳务和交通运输服务；

（四）国务院规定的其他项目。

建筑业增值税计算办法：

建筑安装工程费用的增值税是指国家税法规定应计入建筑安装工程造价内的增值税销项税额。增值税的计税方法，包括一般计税方法和简易计税方法。一般纳税人发生应税行为适用一般计税方法计税。

当采用一般计税方法时，建筑业增值税税率为10%。计算公式为：

$$增值税销项税额 = 税前造价 \times 10\% \tag{2.1}$$

税前造价为人工费、材料费、施工机具使用费、企业管理费、利润和规费之和，各费用项目均以不包含增值税可抵扣进项税额的价格计算。

2. 按造价形成划分的建筑安装工程费用项目组成

建筑安装工程费按照工程造价形成由分部分项工程费、措施项目费、其他项目费、规费、增值税等组成，分部分项工程费、措施项目费、其他项目费包含人工费、材料费、施工机具使用费、企业管理费和利润（图2.2）。

（1）分部分项工程费

分部分项工程费是指各专业工程的分部分项工程应予列支的各项费用。

① 专业工程：是指按现行国家计量规范划分的房屋建筑与装饰工程、仿古建筑工程、通用安装工程、市政工程、园林绿化工程、矿山工程、构筑物工程、城市轨道交通工程、爆破工程等各类工程。

② 分部分项工程：是指按现行国家计量规范对各专业工程划分的项目。如房屋建筑与装饰工程划分的土石方工程、地基处理与桩基工程、砌筑工程、钢筋及钢筋混凝土工程等。

（2）措施项目费

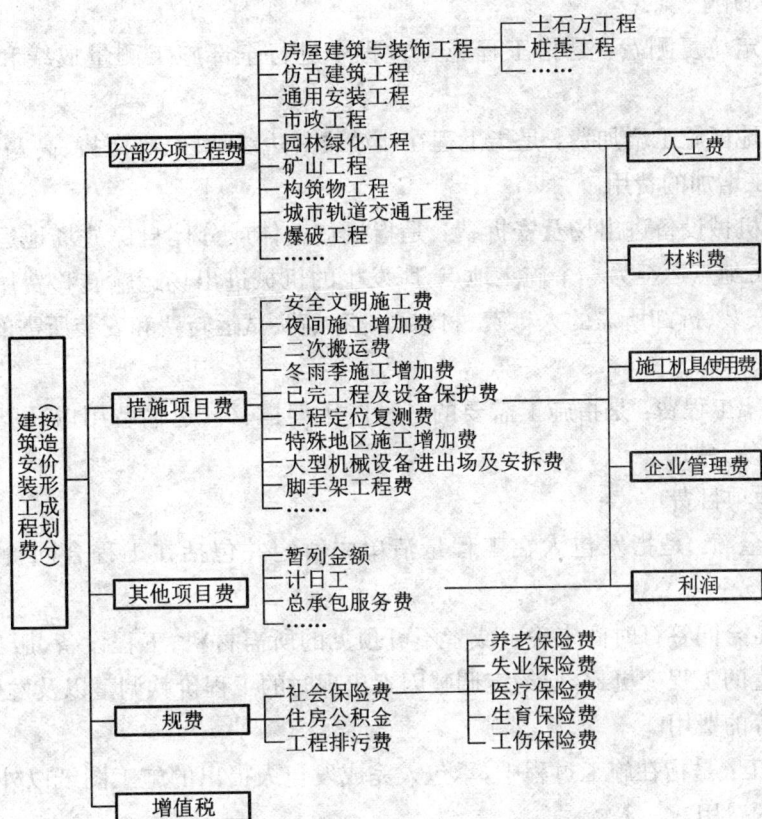

图 2.2　按造价形成划分的建筑安装工程费用组成

措施项目费是指为完成建设工程施工,发生于该工程施工前和施工过程中的技术、生活、安全、环境保护等方面的费用。内容包括:

① 安全文明施工费

环境保护费:是指施工现场为达到环保部门要求所需要的各项费用。

文明施工费:是指施工现场文明施工所需要的各项费用。

安全施工费:是指施工现场安全施工所需要的各项费用。

临时设施费:是指施工企业为进行建设工程施工所必须搭设的生活和生产用的临时建筑物、构筑物和其他临时设施费用。包括临时设施的搭设、维修、拆除、清理费或摊销费等。

② 夜间施工增加费:是指因夜间施工所发生的夜班补助费、夜间施工降效、夜间施工照明设备摊销及照明用电等费用。

③ 二次搬运费:是指因施工场地条件限制而发生的材料、构配件、半成品等一次运输不能到达堆放地点,必须进行二次或多次搬运所发生的费用。

④ 冬雨季施工增加费:是指在冬季或雨季施工需增加的临时设施、防滑、排除雨雪人工及施工机械效率降低等费用。

⑤ 已完工程及设备保护费:是指竣工验收前,对已完工程及设备采取的必要保护措

施所发生的费用。

⑥ 工程定位复测费：是指工程施工过程中进行全部施工测量放线和复测工作的费用。

⑦ 特殊地区施工增加费：是指工程在沙漠或其边缘地区、高海拔、高寒、原始森林等特殊地区施工增加的费用。

⑧ 大型机械设备进出场及安拆费：是指机械整体或分体自停放场地运至施工现场或由一个施工地点运至另一个施工地点，所发生的机械进出场运输转移费用及机械在施工现场进行安装、拆卸所需的人工费、材料费、机械费、试运转费和安装所需的辅助设施的费用。

⑨ 脚手架工程费：是指施工需要的各种脚手架搭、拆、运输费用以及脚手架购置费的摊销（或租赁）费用。

（3）其他项目费

① 暂列金额：是指发包人在工程量清单中暂定并包括在工程合同价款中的一笔款项。

用于施工合同签订时尚未确定或者不可预见的所需材料、工程设备、服务的采购，施工中可能发生的工程变更、合同约定调整因素出现时的工程价款调整以及发生的索赔、现场签证确认等的费用。

② 计日工：是指在施工过程中，承包人完成发包人提出的施工图纸以外的零星项目或工作所需的费用。

③ 总承包服务费：是指总承包人为配合、协调发包人进行的专业工程发包，对发包人自行采购的材料、工程设备等进行保管以及施工现场管理、竣工资料汇总整理等服务所需的费用。

（4）规费：定义同上。

（5）增值税：定义同上。

第二节　建设项目运营期成本费用

建设项目投入使用后，即进入运营期，建设项目运营期成本费用是建设项目生产运营中所支出的各种费用的统称。

一、总成本费用的构成

总成本费用是指在运营期内为生产和销售产品或提供服务而发生的全部费用，等于经营成本与折旧费、摊销费和财务费用之和。

如图2.3和图2.4所示，在建设项目评价中，总成本费用构成包括项目制造成本法（生产成本加期间费用估算法）和要素成本法（生产要素估算法）。

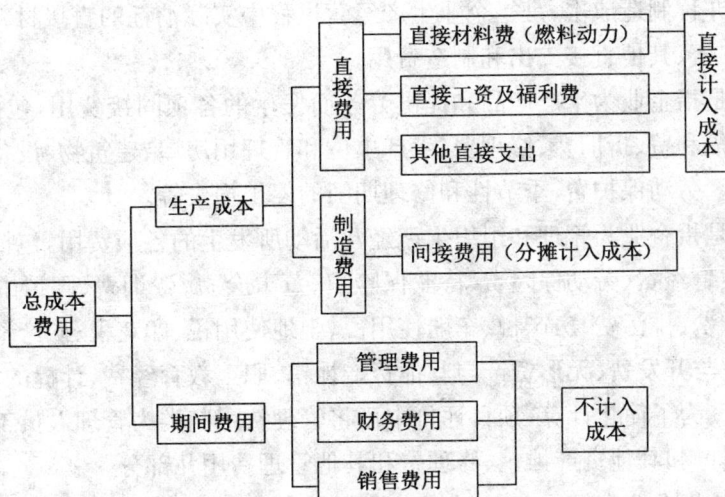

图 2.3 制造成本法之总成本费用的构成

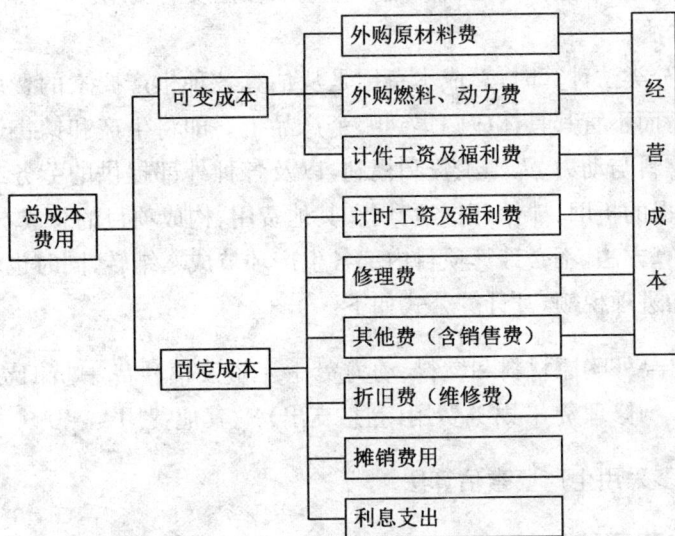

图 2.4 要素成本法之总成本费用的构成

二、总成本费用的估算方法

1. 制造成本法(生产成本加期间费用估算法)

按照制造成本法(生产成本加期间费用法)估算总成本费用,基本计算公式如下:

$$总成本费用 = 生产成本 + 期间费用 \tag{2.2}$$

$$生产成本 = 直接材料费 + 直接燃料和动力费 + 直接工资 + 其他直接支出 + 制造费用 \tag{2.3}$$

$$期间费用 = 管理费用 + 销售费用 + 财务费用 \tag{2.4}$$

生产成本亦称制造成本,是指企业生产经营过程中实际消耗的直接材料、直接燃料和动力费、直接工资、其他直接支出和制造费用。

制造费用是指企业为生产产品和提供劳务而发生的各项间接费用,包括生产单位管理人员工资和福利费、折旧费、修理费(生产单位和管理用房屋、建筑物、设备)、办公费、水电费、物料消耗、劳动保护费,季节性和修理期间的停工损失等。

管理费用是指企业为管理和组织生产经营活动所发生的各项费用,包括公司经费、工会经费、职工教育经费、劳动保险费、待业保险费、董事会费、咨询费、聘请中介机构费、诉讼费、业务招待费、排污费、房产税、车船使用税、土地使用税、印花税、矿产资源补偿费、技术转让费、研究与开发费、无形资产与其他资产摊销、职工教育经费、计提的坏账准备和存货跌价准备等。为了简化计算,项目评价中可将管理费用归类为管理人员工资及福利费、折旧费、无形资产和其他资产摊销、修理费和其他管理费用几部分。

销售费用是指企业在销售商品过程中发生的各项费用以及专设销售机构的各项经费,包括应由企业负担的运输费、装卸费、包装费、保险费、广告费、展览费以及专设销售机构人员工资及福利费、业务费等经营费用和类似工程性质的费用。

2. 要素成本法

按生产要素分类法计算时,总成本费用是从估算各种生产要素的费用入手汇总得到项目总成本费用,而不管其具体应归集到哪个产品上。即将生产和销售过程中消耗的全部外购原材料、燃料与动力、人工工资和福利,以及各种外部提供的劳务或服务等费用要素加上当年应计提的折旧、摊销、财务费用和其他费用,构成项目的总成本费用。

采用这种估算方法,不必计算项目内部各生产环节成本结转,同时也较容易计算可变成本、固定成本和进项税额,其计算公式如下:

$$总成本费用 = 外购原材料和燃料、动力费 + 工资及福利费 + 折旧费 + 摊销费 +$$
$$修理费 + 财务费用(利息支出) + 其他费用 \qquad (2.5)$$

投资分析中多采用生产要素估算法。

三、总成本费用的估算

1. 外购原材料和燃料动力费估算

外购原材料和燃料动力费估算,需要先确定项目所需各种原材料的数量和单价,其计算公式如下:

$$外购原材料和燃料动力费 = 年产量 \times 单位产品外购原材料和燃料动力成本 \qquad (2.6)$$

式中:年产量可根据测定的设计生产能力和投产期各年的生产负荷确定;单位产品外购原材料和燃料动力成本依据原材料消耗定额和单价确定。

2. 工资及福利费估算

工资一般按照项目建成投产后各年所需的职工总数即劳动定员数和人均年工资水平测算,同时可以根据工资的历史数据并结合工资的现行增长趋势确定一个合理的年增长率,在各年的工资水平中反映出这种增长趋势。职工福利费一般按照工资总额的一定比例提取。

3. 固定资产折旧费计算

固定资产折旧,就是固定资产在使用过程中,通过逐渐损耗(包括有形损耗和无形损耗)而转移到产品成本中的那部分价值。

计提折旧并将折旧费计入成本费用,是企业回收其固定资产投资的一种手段。根据我国会计制度,企业下列固定资产应计提折旧:房屋和建筑物;在用的机器设备、仪器仪表、运输车辆、工具器具;季节性停用和修理停用的设备;以经营租赁方式租出的固定资产;以融资租赁方式租入的固定资产;生产任务不足,处于半停产企业的设备。

固定资产折旧的计算方法有平均年限法、工作量法、双倍余额递减法、年数总和法等。企业固定资产折旧费一般采用平均年限法和工作量法等进行计算。技术进步快或使用寿命受工作环境影响较大的施工机械和运输设备,经财政部门批准,可采用双倍余额递减法或年数总和法计提折旧。

(1) 平均年限法

平均年限法亦称直线法,即根据固定资产的原值、估计的净残值率和折旧年限计算折旧。其计算公式为:

$$年折旧率 = \frac{1 - 预计净残值率}{折旧年限} \times 100\% \tag{2.7}$$

$$年折旧额 = 固定资产原值 \times 年折旧率 \tag{2.8}$$

$$年折旧额 = \frac{固定资产原值 - 预计净残值}{折旧年限} \tag{2.9}$$

① 固定资产原值是指项目投产时按规定由投资形成固定资产的部分,主要有工程费用、待摊投资(工程建设其他费用中应计入固定资产原值的部分,即除按规定计入无形资产和其他资产以外的工程建设其他费用)、预备费、建设期利息计算求得。

② 预计净残值率是预计的企业固定资产净残值与固定资产原值的比率,根据行业会计制度规定,企业净残值率按照固定资产原值3%～5%确定。

③ 折旧年限,根据《中华人民共和国企业所得税法实施条例》第六十条规定:房屋、建筑物,为20年;飞机、火车、轮船、机器、机械和其他生产设备,为10年;与生产、经营活动有关的器具、工具、家具等,为5年;飞机、火车、轮船以外的运输工具,为4年;电子设备,为3年。

【例2.1】 某建筑设备的原始价值为30 000元,预计使用10年,预计残值1 500元,试按平均年限法计算该设备的折旧率、折旧额。

【解】 根据式(2.7)～(2.9)得:

年折旧额 = (30 000 - 1 500) ÷ 10 = 2 850(元)

年折旧率 = 2 850 ÷ 30 000 × 100% = 9.5%

（2）工作量法

工作量法分两种，一是按照行驶里程计算折旧；二是按照工作小时计算折旧。

按照行驶里程计算折旧的公式：

$$单位里程折旧额 = \frac{原值 \times (1 - 预计净残值率)}{总行驶里程} \qquad (2.10)$$

$$年折旧额 = 单位里程折旧额 \times 年行驶里程 \qquad (2.11)$$

按照工作小时计算折旧的公式：

$$每工作小时折旧额 = \frac{原值 \times (1 - 预计净残值率)}{总工作小时} \qquad (2.12)$$

$$年折旧额 = 每工作小时折旧额 \times 年实际工作小时 \qquad (2.13)$$

（3）加速折旧法

加速折旧法又称递减折旧费用法，是指在固定资产使用前期提取折旧较多，在后期提取折旧较少，使固定资产价值在使用年限内尽早得到补偿的折旧计算方法。加速折旧的方法很多，常用的有双倍余额递减法和年数总和法等。

① 双倍余额递减法

双倍余额递减法是以平均年限法确定的折旧率的双倍乘以固定资产在每一会计期间的期初账面净值，从而确定当期应提折旧的方法。采用这种方法时，年折旧率是固定的，但每年初固定资产净值逐年递减，因此计提的折旧额逐年递减，其计算公式为：

$$年折旧率 = \frac{2}{折旧年限(N)} \times 100\% \qquad (2.14)$$

$$年折旧额 = 年初固定资产净值 \times 年折旧率 \qquad (2.15)$$

$$年初固定资产净值 = 固定资产原值 - 以前各年累计折旧 \qquad (2.16)$$

实行双倍余额递减法时，应在折旧年限到期前两年内，将固定资产净值扣除净残值后的净额平均摊销。

【例 2.2】 某建筑设备的原始价值为 30 000 元，预计使用 5 年，预计净残值 1 500元，试用双倍余额递减法计算年折旧额。

【解】 年折旧率 = 2÷5×100% = 40%

第 1 年折旧额 = 30 000×40% = 12 000(元)

第 2 年折旧额 = (30 000 - 12 000)×40% = 7 200(元)

第 3 年折旧额 = (30 000 - 12 000 - 7 200)×40% = 4 320(元)

第 4 年折旧额 = (30 000 - 12 000 - 7 200 - 4 320 - 1 500)/2 = 2 490(元)

第 5 年折旧额 = (30 000 - 12 000 - 7 200 - 4 320 - 1 500)/2 = 2 490(元)

② 年数总和法

年数总和法是以固定资产原值扣除预计净残值后的余额作为计提折旧的基础,按照逐年递减的折旧率计提折旧的一种方法。采用这种方法时,年折旧率逐年递减,计算基数是固定的,其计算公式为:

$$年折旧率 = \frac{折旧年限 - 已使用年数}{折旧年限 \times (折旧年限 + 1) \div 2} \times 100\% \qquad (2.17)$$

或

$$年折旧率 = \frac{尚可继续使用的年数(包括当年)}{逐年可使用的年数总和} \qquad (2.18)$$

$$年折旧额 = (固定资产原值 - 预计净残值) \times 年折旧率 \qquad (2.19)$$

【例 2.3】　资料同例 2.2,按年数总和法计算年折旧额。

【解】　计算折旧的基数:

固定资产原值 - 预计净残值 = 30 000 - 1 500 = 28 500(元)

年数总和为:5 + 4 + 3 + 2 + 1 = 15 年

第 1 年折旧额:28 500 × 5/15 = 9 500(元)

第 2 年折旧额:28 500 × 4/15 = 7 600(元)

第 3 年折旧额:28 500 × 3/15 = 5 700(元)

第 4 年折旧额:28 500 × 2/15 = 3 800(元)

第 5 年折旧额:28 500 × 1/15 = 1 900(元)

在上述几种折旧方法中,按年限平均法计算的各年折旧率和年折旧额都相同;而按双倍余额递减法计算的各年折旧率虽相同,但年折旧额因按固定资产净值变小,故逐年变小;按年数总和法进行计算,虽按原值减去净残值进行计算,但因各年折旧率逐渐变小,故年折旧额也逐年变小。但无论按哪种方法计算,只要折旧年限相同,所取净残值率相同,在设定的折旧年限内,总折旧额是相同的。

4. 修理费估算

修理费一般按固定资产原值或折旧额的一定百分比计提,确定修理费的费率应考虑不同行业、不同设备对修理的需求。

5. 无形资产和其他资产摊销费估算

无形资产又称"无形固定资产",是指不具有实物形态,而以某种特殊权利、技术知识、素质、信誉等价值形态存在于企业并对企业长期发挥作用的资产,如专利权、非专利技术、租赁权、特许营业权、版权、商标权、商誉、土地使用权等。

按照有关规定,无形资产从开始使用之日起,在有效使用期限内平均摊入成本。无形资产的摊销一般采用年限平均法,不计残值。

《企业会计制度》所称的其他资产是指除固定资产、无形资产和流动资产之外的其他资产,如长期待摊费用。项目评价中可将生产职工培训费、办公与生活家具购置费直接形成其他资产。其他资产的摊销也采用年限平均法,不计残值。

6. 经营成本估算

经营成本是为了便于工程经济分析,从产品总成本费用中分离出来的一部分费用,如折旧、利息、摊销费。即经营成本是总成本费用扣除固定资产折旧费、无形资产及其他资产摊销费和财务费用(一般仅指利息支出)后的成本费用。其计算公式为:

$$经营成本 = 总成本费用 - 折旧费 - 摊销费 - $$
$$维简费 - 计入成本的贷款利息 \qquad (2.20)$$

$$经营成本 = 外购原材料费 + 外购燃料及动力费 + $$
$$工资及福利费 + 修理费 + 其他费用 \qquad (2.21)$$

其他费用主要包括其他制造费用、其他管理费用和其他营业费用等。

经营成本涉及产品生产及销售、企业管理过程中的物料、人力和能源的投入费用,它反映企业的生产和管理水平。

第三节 收入、利润和所得税

一、收入

收入是指企业在日常活动中形成的、会导致所有者权益增加的、与所有者投入资本无关的计价利益的总流入。收入有狭义上的收入和广义上的收入之分,狭义上的收入,即营业收入,是指在销售商品、提供劳务及让渡资产使用权等日常活动中形成的经济利益的总流入,包括主营业务收入和其他业务收入,不包括为第三方或客户代收的款项;广义上的收入,包括营业收入、投资收益、补贴收入和营业外收入,建设工程经济分析中的收入通常是指狭义的收入。

1. 营业收入

工程项目的营业收入,是项目投入使用后运营期内各年销售产品或提供劳务等所取得的收入,是项目现金流入的主要内容。营业收入是项目建成投产后收回投资、补偿成本、上缴税金、偿还债务、保证企业再生产正常进行的前提。它是估算利润总额、营业税金及附加和增值税的基础数据,营业收入的计算公式如下:

$$年营业收入 = 产品销售单价 \times 产品年销售量 \qquad (2.22)$$

在工程项目经济分析中,产品年销售量应根据市场行情,采用科学的预测方法确定。

2. 销售价格的选择

在可行性研究和项目评估中,产品销售价格是一个很重要的因素,它对项目的经济效益变化有很大影响,要审慎选择。根据产品特点,可从口岸价格、市场价格或出厂价格中进行选择。

（1）口岸价格

如果项目产品是出口产品,或替代进口产品,或间接出口产品,可以口岸价格为基础确定销售价格。

（2）市场价格

如果同类产品或类似产品已在市场上销售,并且这种产品既与外贸无关,也不在计划控制的范围,可选择现行市场价格作为项目产品的销售价格。

（3）根据预计成本、利润和税金确定的出厂价格

如果拟建项目的产品属于新产品,则可根据下列公式估算其出厂价格:

$$出厂价格 = 产品计划成本 + 产品计划利润 + 产品计划税金 \qquad (2.23)$$

其中：
$$产品计划利润 = 产品计划成本 \times 产品成本利润率 \qquad (2.24)$$

$$产品计划税金 = \frac{产品计划成本 + 产品计划利润}{1 - 税率} \times 税率 \qquad (2.25)$$

以上几种情况,当难以确定采用哪一种价格时,可选择可供选择方案中价格最低的一种作为项目产品的销售价格。

二、利润

1. 利润的概念

利润是企业在一定时期内全部生产经营活动的最终成果,它集中反映了企业生产经营各方面的效益。

2. 利润的计算

企业利润的表现形式有营业利润、利润总额和净利润。企业的利润总额集中反映了企业经济活动的效益,是衡量企业经营管理水平和经济效益的重要综合指标。净利润表现为企业净资产的增加,是反映企业经济效益的一个重要指标。

（1）营业利润

营业利润是企业利润的主要来源,营业利润按下列公式计算:

$$营业利润 = 营业收入 - 营业成本(或营业费用) - 销售费用 - 管理费用 -$$
$$财务费用 - 资产减值损失 + 公允价值变动收益(损失为负) +$$
$$投资收益(损失为负) \qquad (2.26)$$

式中,营业收入是指企业经营业务所确认的收入总额,包括主营业务收入和其他业务收入。其中,主营业务收入是指企业为完成其经营目标而从事的经常性活动所实现的收入,如建筑业企业工程结算收入、工业企业产品销售收入、商业企业商品销售收入等;其他业务收入是

指企业除主营业务收入以外的其他销售或其他业务的收入,如建筑业企业对外出售不需用的材料的收入、出租投资性房地产的收入、劳务作业收入、多种经营收入和其他收入(技术转让利润、联合承包节省投资分成收入、提前竣工投产利润分成收入等)。

营业成本是指企业经营业务所发生的实际成本总额,包括主营业务成本和其他业务成本。

资产减值损失是指企业计提各项资产减值准备所形成的损失。

公允价值变动收益(或损失)是指企业交易性金融资产等公允价值变动形成的应计入当期损益的利得(或损失)。

投资收益(或损失)是指企业以各种方式对外投资所取得的投资收益减去投资损失后的净额,即投资净收益。

(2)利润总额

企业的利润总额是指营业利润加上营业外收入,再减去营业外支出后的金额,即:

$$利润总额 = 营业利润 + 营业外收入 - 营业外支出 \qquad (2.27)$$

式中,营业外收入(或支出)是指企业发生的与其生产经营活动没有直接关系的各项收入(或支出)。

(3)净利润

企业当期利润总额减去所得税费用后的金额,即企业的税后利润,或净利润,即:

$$净利润 = 利润总额 - 所得税费用 \qquad (2.28)$$

式中,所得税费用是指企业应计入当期损益的所得税费用。

三、所得税

所得税是指企业就其生产、经营所得和其他所得按规定交纳的税金,是根据应纳税所得额计算的,包括企业以应纳税所得额为基础的各种境内和境外税额。

《中华人民共和国企业所得税法》(简称《企业所得税法》)规定,在中华人民共和国境内,企业和其他取得收入的组织(以下统称企业)为企业所得税的纳税人,依照本法的规定缴纳企业所得税。企业所得税的税率为 25%。

《企业所得税法》第二十二条规定的应纳税额的计算公式为:

$$应纳税额 = 应纳税所得额 \times 适用税率 - 减免税额 - 抵免税额 \qquad (2.29)$$

公式中的减免税额和抵免税额,是指依照《企业所得税法》和国务院的税收优惠规定减征、免征和抵免的应纳税额。

四、利润分配

利润分配是指企业按照国家的有关规定,对当年实现的净利润和以前年度未分配的利润所进行的分配。

1. 税后利润的分配原则

《中华人民共和国公司法》(简称《公司法》)规定的公司税后利润的分配原则可以概括为以下几个方面:

(1) 按法定顺序分配的原则

不同利益主体的利益要求,决定了公司税后利润的分配必须从全局出发,照顾各方利益关系。这既是公司税后利润分配的基本原则,也是公司税后利润分配的基本出发点。

(2) 非有盈余不得分配原则

这一原则强调的是公司向股东分配股利的前提条件。非有盈余不得分配原则的目的是为了维护公司的财产基础及其信用能力。股东会、股东大会或者董事会违反规定,在公司弥补亏损和提取法定公积金之前向股东分配利润的,股东必须将违反规定分配的利润退还公司。

(3) 同股同权、同股同利原则

同股同权、同股同利不仅是公开发行股份时应遵循的原则,也是公司向股东分配股利应遵守的原则之一。

(4) 公司持有的本公司股份不得分配利润原则

这是《公司法》修改之后新增的,与新《公司法》规定的公司不得收购本公司股份的修改相一致。

2. 税后利润的分配顺序

按照《公司法》,公司税后利润的分配顺序为:

(1) 弥补公司以前年度亏损

公司的法定公积金不足以弥补以前年度亏损的,在依照规定提取法定公积金之前,应当先用当年利润弥补亏损。

(2) 提取法定公积金

我国《公司法》规定的公积金有两种:法定公积金和任意公积金。

法定公积金,又称强制公积金,是《公司法》规定必须从税后利润中提取的公积金。对于法定公积金,公司既不得以其章程或股东会决议予以取消,也不得削减其法定比例。因法定公积金的来源不同,其又分为法定盈余公积金和资本公积金。法定盈余公积金是按照法定比例从公司税后利润中提取的公积金。根据《公司法》第一百六十六条规定:"公司分配当年税后利润时,应当提取利润的百分之十列入公司法定公积金。公司法定公积金累计额为公司注册资本的百分之五十以上的,可以不再提取。"而资本公积金是直接由资本或资产以及其他原因所形成的,是公司非营业活动所产生的收益。《公司法》第一百六十七条对资本公积金的构成作出了规定:"股份有限公司以超过股票票面金额的发行价格发行股份所得的溢价款以及国务院财政部门规定列入资本公积金的其他收入,应当列为公司资本公积金。"一般说来,公司接受的赠与、公司资产增值所得的财产价额、处置公司资产所得的收入等均属于资本公积金的来源。法定公积金有专门的用途,一般包括以下三个方面的用途:

① 弥补亏损

公司出现亏损直接影响到公司资本的充实、公司的稳定发展以及公司股东、债权人权益的有效保障,因此,我国有关立法历来强调"亏损必弥补"。但是,根据《公司法》第一百六十八条的规定,资本公积金不得用于弥补公司的亏损。这是因为资本公积金不同于盈余公积金,其来源是公司股票发行的溢价款等,而非公司利润,因此从理论上讲不能用于弥补亏损是正确的。

② 扩大公司生产经营

公司要扩大生产经营规模,必须增加投资。在不可能增加注册资本的情况下,可用公积金追加投资。

③ 增加公司注册资本

用公积金增加公司注册资本,既壮大了公司的实力,又无需股东个人追加投资,于公司、于股东都有利。但如果将法定公积金全部转为资本,则有违公积金弥补亏损的效用,因此有必要限制其数额。《公司法》第一百六十八条规定:"法定公积金转为资本时,所留存的该项公积金不得少于转增前公司注册资本的百分之二十五。"

(3)经股东会或者股东大会决议提取任意公积金

任意公积金是公司在法定公积金之外,经股东会或者股东大会决议而从税后利润中提取的公积金。任意公积金由于并非法律强制规定要求提取的,因此对其提取比例、用途等《公司法》均未作出规定,而是交由公司章程或者股东会决议作出明确规定。

(4)向投资者分配的利润或股利

公司弥补亏损和提取公积金后所余税后利润,有限责任公司依照《公司法》第三十四条的规定分配;股份有限公司按照股东持有的股份比例分配,但股份有限公司章程规定不按持股比例分配的除外。

(5)未分配利润

可供投资者分配的利润,经过上述分配后,所余部分为未分配利润(或未弥补亏损)。未分配利润可留待以后年度进行分配。企业如发生亏损,可以按规定由以后年度利润进行弥补。企业未分配的利润(或未弥补的亏损)应当在资产负债表的所有者权益项目中单独反映。

复习思考题

一、单项选择题

1. 下列支出中,不属于企业生产经营支出,与企业生产经营活动没有直接的关系,但应从企业实现的利润总额中扣除的支出是( )。

    A. 资本性支出　　B. 收益性支出　　C. 营业外支出　　D. 利润分配支出

2. 财务会计中,制造费用属于( )。

  A. 生产成本　　　　B. 管理费用　　　　C. 期间费用　　　　D. 间接费用

3. 影响固定资产折旧年限的因素不包括(　　)。

  A. 预计生产能力　　　　　　　　　　B. 预计无形损耗

  C. 法律对资产使用的限制　　　　　　D. 预计净残值

4. 在不缩短折旧年限和不改变年折旧率的情况下,改变固定资产折旧额在各年之间的分布,在固定资产使用前期提取较多的折旧,这种计提折旧的方式属于(　　)。

  A. 平均年限法　　B. 工作量法　　C. 双倍余额递减法　D. 年数总和法

5. 在计算固定资产折旧额时,要计算每年年初固定资产净值的方法是(　　)。

  A. 平均年限法　　B. 双倍余额递减法　C. 工作量法　　　D. 年数总和法

6. 某设备原价 60 000 元,使用年限为 5 年,预计残值为 6 000 元,用双倍余额递减法和年数总和法计算的该设备第二年的折旧额分别是(　　)。

  A. 14 400 元,10 800 元　　　　　　B. 10 800 元,14 400 元

  C. 14 400 元,14 400 元　　　　　　D. 10 800 元,10 800 元

7. 关于收入的特征的说法,错误的是(　　)。

  A. 出售固定资产不能作为企业的收入

  B. 收入可能表现为企业资产的增加,也可能表现为企业负债的减少

  C. 收入是与所有者投入无关的经济利益的净流入

  D. 收入只包括本企业经济利益的流入,不包括为第三方或客户代收的款项

8. 建筑业企业销售的商品不包括(　　)。

  A. 周转材料　　　B. 固定资产　　　C. 商品混凝土　　　D. 低值易耗品

9. 企业利润是企业在一定会计期间的经营成果,其表现形式不包括(　　)。

  A. 营业利润　　　　B. 净利润　　　　C. 利润总额　　　　D. 未分配利润

10. 关于直接计入当期利润的利得和损失的说法,错误的是(　　)。

  A. 会影响企业当期损益　　　　　　B. 不会导致所有者权益发生变动

  C. 与所有者投入资本无关　　　　　D. 与向所有者分配利润无关

11. 下列收入中,属于主营业务收入的是(　　)。

  A. 工程结算收入　　　　　　　　　B. 劳务作业收入

  C. 出租投资性房地产的收入　　　　D. 出售不需用的材料的收入

12. 某建设项目采用施工总承包的方式,则总包单位收取的总承包管理费应从(　　)支出。

  A. 企业管理费　　B. 建设管理费　　C. 暂列金额　　　D. 基本预备费

13. 建设项目的环境影响评价及验收费应计入建设项目的(　　)。

  A. 可行性研究费　B. 研究试验费　　C. 建设单位管理费　D. 专项评价费

14. 施工企业发生的下列费用中,应计入建设项目研究试验费的是(　　)。

  A. 新产品试制费

  B. 对钢结构进行一般性鉴定发生的费用

C. 验证梁设计参数发生的费用

D. 施工企业进行新技术研制的费用

15. 某项目建成后交付使用前进行生产职工培训,生产工人培训期间的工资、劳动保护费等应计入(   )。

A. 建设单位管理费 　　　　　　　　B. 生产准备费

C. 建安工程人工费 　　　　　　　　D. 企业管理费

16. 按费用构成要素划分建设工程费,下列支出中应计入建筑安装工程人工费的是(   )。

A. 项目经理部人员的节假日加班工资

B. 为生产工人发放的劳动保护用具的费用

C. 高寒地区作业的临时津贴

D. 大型塔吊操作工人的工资

17. 施工企业自设试验室对建筑材料进行试验所耗用材料费应计入(   )。

A. 建安工程材料费 　　　　　　　　B. 企业管理费

C. 规费 　　　　　　　　　　　　　D. 措施项目费

18. 施工企业应业主要求赶工,发生的夜间施工照明设备摊销费用应计入(   )。

A. 措施项目费 　　　　　　　　　　B. 其他项目费

C. 企业管理费 　　　　　　　　　　D. 施工机具使用费

19. 在竣工验收前,施工企业对已经安装完成的设备采取必要的保护措施所发生的费用应计入(   )。

A. 措施项目费 　　　　　　　　　　B. 其他项目费

C. 安全文明施工费 　　　　　　　　D. 企业管理费

20. 施工企业为进行工程施工所必须搭设的生活和生产用的临时建筑物的相关费用应计入(   )。

A. 建设管理费 　　　　　　　　　　B. 安全文明施工费

C. 暂列金额 　　　　　　　　　　　D. 企业管理费

21. 发包人在工程量清单中暂定的用于施工中可能发生的工程变更的费用是(   )。

A. 材料费 　　　　B. 暂估价 　　　　C. 计日工 　　　　D. 暂列金额

二、多项选择题

1. 工程成本中的间接费用包括施工项目的(   )。

A. 固定资产折旧费及修理费 　　　　B. 检验试验费

C. 低值易耗品摊销费 　　　　　　　D. 场地清理费

E. 劳动保护费

2. 工程造价＝税前工程造价×(1＋增值税税率),税前工程造价包括(   )。

A. 人工费 　　　　B. 材料费 　　　　C. 其他项目费 　　　　D. 企业管理费

　　E. 利润

3. "营改增"后,关于建设工程的工程造价的说法,正确的有(　　)。

　　A. 税前工程造价中各费用项目均以包含增值税可抵扣进项税额的价格计算

　　B. 甲供材料和甲供设备费用应在计取现场保管费后,在税前扣除

　　C. 企业管理费中增加了城市建设维护税、教育费附加及地方教育附加

　　D. "营改增"后,要按新的造价规则制定不含增值税的预算合同成本

　　E. 税前工程造价为人工费、材料费、施工机具使用费、企业管理费和利润之和

4. 建筑安装工程费按照费用构成要素可划分为(　　)。

　　A. 人工费、材料费、施工机具使用费　　　B. 工程建设其他费

　　C. 措施项目费　　　　　　　　　　　　　D. 企业管理费和利润

　　E. 规费和税金

5. 下列费用中,应计入建筑安装工程材料费的有(　　)。

　　A. 材料原价　　　　　　　　　　　　　　B. 材料运杂费

　　C. 材料二次搬运发生的损耗　　　　　　　D. 材料采购和保管费

　　E. 对材料进行一般鉴定和检查的费用

6. 下列费用中,应计入施工机械台班单价的有(　　)。

　　A. 折旧费　　　　　　　　　　　　　　　B. 经常维护费

　　C. 安拆及场外运输费　　　　　　　　　　D. 动力费

　　E. 采购人员工资

7. 下列费用中,属于建安工程费中规费的有(　　)。

　　A. 工程排污费　　　　　　　　　　　　　B. 医疗保险费

　　C. 失业保险费　　　　　　　　　　　　　D. 意外伤害保险费

　　E. 工伤保险费

8. 建筑安装工程费按照造价形成可划分为(　　)。

　　A. 分部分项工程费　　　　　　　　　　　B. 措施项目费

　　C. 其他项目费　　　　　　　　　　　　　D. 规费和税金

　　E. 企业管理费和利润

9. 关于暂列金额的说法,正确的有(　　)。

　　A. 暂列金额是发包人根据工程特点估算的

　　B. 暂列金额施工过程中由承包人掌握,扣除合同调整款后如有余额,归发包人

　　C. 暂列金额是发包人在工程量清单中暂定但是不包括在合同价款中的款项

　　D. 暂列金额可以用于不可预见的材料价格上涨的额外支出

　　E. 暂列金额确定后还可以随着工程的进展而逐步调整数额

10. 下列费用必须按照省、自治区、直辖市或行业建设主管部门发布的标准计算,不得作为竞争性费用的有(　　)。

　　A. 规费　　　　　　　　　　　　　　　　B. 税金

C. 安全文明施工费   D. 建设管理费

E. 企业管理费

三、计算题

1. 某项资产原值为 2 500 元,预计使用 5 年,预计净残值率为 10%,分别用直线折旧法、双倍余额递减法、年数总和法求每年的折旧额。

2. 设备原值价值为 50 000 元,使用年限为 10 年,残值为 5 000 元,试用直线折旧法、双倍余额递减法、年数总和法计算各年的折旧额。

3. 某种设备的原值为 5.4 万元,预计净残值为 0.8 万元,折旧年限确定为 8 年,试采用双倍余额递减法、年数总和法计算各年的折旧额。

4. 某公司以 6 000 万元建造一栋商业大楼,其中 90% 形成固定资产,假定这座建筑的折旧期为 40 年(残值为零)。试分别采取以下方法计算第 10 年的折旧费及第 10 年末该固定资产的账面价值:(1)年数总和法;(2)双倍余额递减法。

5. 某一工厂建设项目,取得专利权及商标权花费 180 万元,该项目在建设期间的开办费为 50 万元。无形资产摊销期限为 10 年,递延资产摊销期限为 5 年。试求运营期第 3 年和第 9 年这两项的摊销费。

6. 某项目生产能力为 45 000 t,正常年份总成本费用为 32 480 万元,其中外购原材料、燃料动力 24 900 万元,产品销售价格 16 300 元/t,增值税税率 17%,所得税税率 25%,城市维护建设税税率为 5%,教育费附加税率取 3%,地方教育费附加税率为 2%。试计算:利润总额、净利润。

7. 某微波炉厂某月向某商业批发公司销售微波炉 500 台,每台 950 元(不含税):向某零售商店销售微波炉,营业收入 150 000 元;外购机器设备 1 台,含税价值为 20 000 元;外购微波炉零配件支付 50 000 元(含税)。增值税税率为 7%。试求该微波炉厂当月应缴纳的增值税税额。

第三章 现金流量及资金时间价值

第一节 现金流量及其表示方法

一、基本概念

在建设工程经济分析中,通常将建设工程项目或技术方案作为一个独立的经济系统,这个系统可以是一个建设项目、一个建设企业,也可以是一个地区、一个国家,通过考察该系统在一定计算期(可能包括建设期、生产期或全生命周期)内的经济效果,进而判断其可行性。

现金流量是建设工程经济学中的一个重要概念,是指建设企业在一定会计计算期内按照现金收付实现制,通过一定经济活动(包括经营活动、投资活动、筹资活动和非经常性项目等)而产生的现金流入、现金流出及其总量情况的总称(cash flow, CF)。其中流入系统的资金称现金流入(cash inflow),用符号 CI 表示,如企业的销售收入、回收流动资金;流出系统的资金称现金流出(cash outflow),用符号 CO 表示,如固定资产投资、经营成本;同一时点上现金流入与流出之差称为净现金流量,用符号$(CI-CO)$表示。

二、现金流量图

为了清晰描述一个建设项目或建设企业在不同时间点上的现金流入和现金流出情况,常采用现金流量图,如图 3.1 的形式所示,图中数值的单位为万元。

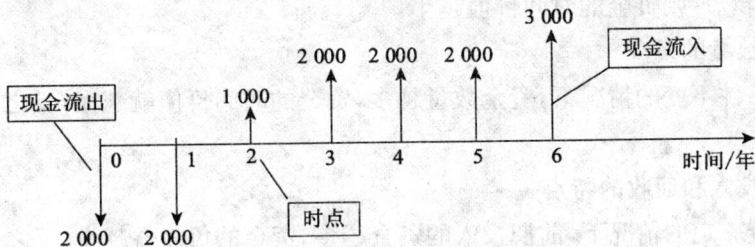

图 3.1 某建设项目现金流量图

现金流量图绘制规则:

(1) 以横轴为时间轴,轴上每一刻度表示一个时间单位,可取年、半年、季、月或天等,时间轴上的点称为时点,每个时点表示的是该时间单位末及下一时间单位初,如图 3.1

中,若时间单位为年,时点 1 表示第一年末及第 2 年初。如无特别说明,现金流量图中假设投资均发生在年初,销售收入、经营成本及残值回收等均发生在年末。

(2)箭头方向表示现金流动的方向,箭线向上表示现金流入,箭线向下表示现金流出,如图 3.1 中,时点 1 有向下指的箭线表示在第 1 年末或第 2 年初有 2 000 万元现金流出。

现金的流入或流出是一个相对概念,如某企业在 2018 年末存入银行 1 000 万元,这笔资金对于企业而言是现金流出,对银行而言是现金流入。

(3)箭线长短与现金流量数值大小应成比例,金额越大,相应的箭线长度应越长,如图 3.1 中,第 5 年的箭线比第 6 年的要短一些。

总之,要正确绘制现金流量图,必须把握好现金流量的三要素,即:现金流量的大小(现金流量数额)、方向(现金流入或现金流出)和时间点(现金流量发生的时点)。

第二节 资金的时间价值

一、资金时间价值概念

资金的时间价值,又称货币的时间价值(time value of money),是资金随时间的推移而产生的增值,其实质是资金作为生产经营要素,在扩大再生产及其资金流通过程中,资金随时间周转使用的结果。

二、影响资金时间价值的因素

影响资金时间价值的因素很多,其中主要有以下几点:

1. 资金的使用时间

在单位时间的资金增值率一定的条件下,资金使用时间越长,则资金的时间价值越大;使用时间越短,则资金的时间价值越小。

2. 资金数量的多少

在其他条件不变的情况下,资金数量越多,资金的时间价值就越大;反之,资金的时间价值则越小。

3. 资金投入和回收的特点

在总资金一定的情况下,前期投入的资金越多,资金的负效益越大;反之,后期投入的资金越多,资金的负效益越小。在资金回收额一定的情况下,离现在越近的时间回收的资金越多,资金的时间价值就越大;反之,离现在越远的时间回收的资金越多,资金的时间价值就越小。

4. 资金周转的速度

资金周转越快,在一定的时间内等量资金的周转次数越多,资金的时间价值越大;反之,资金的时间价值越小。

总之,资金的时间价值是客观存在的,建设工程企业生产经营的一项基本原则就是充分利用资金的时间价值并最大限度地获得其时间价值,这就要加速资金周转,尽早回收资金,并不断从事利润较高的投资活动。

三、衡量资金时间价值的尺度

衡量资金时间价值的尺度有两种:其一为其绝对尺度,即利息、盈利或收益;其二为其相对尺度,即利率、盈利率或收益率。

1. 利息

在借贷过程中,债务人支付给债权人超过原借贷金额的部分就是利息。即:

$$I = F - P \tag{3.1}$$

式中:I—— 利息;

F—— 目前债务人应付(或债权人应收)总金额,即还本付息总额;

P —— 原借贷金额,常称为本金。

从本质上看利息是由贷款发生利润的一种再分配。在工程经济研究中,利息常常被看成是资金的一种机会成本。这是因为如果放弃资金的使用权力,相当于失去收益的机会,也就相当于付出了一定的代价,故利息常常是指占用资金所付的代价或者是放弃使用资金所得的补偿。

2. 利率

利率就是在一定时间内所得利息额与原借贷金额之比,通常用百分数表示。即:

$$i = \frac{I_t}{P} \times 100\% \tag{3.2}$$

式中:i ——利率;

P ——本金;

I_t ——第 t 个计息周期的利息额。

用于表示计算利息的时间单位称为计息周期,计息周期通常为年、半年、季、月、周或天。

3. 利息的计算

利息计算有单利和复利之分。

(1)单利

所谓单利是以最初本金为基数,不计入先前计息周期中所累积增加的利息,即通常所说"息不生息"的计息方法,其计算式如下:

$$I_t = P \times i_单 \tag{3.3}$$

式中:I_t ——第 t 计息周期的利息额;

P ——本金;

$i_单$——计息周期单利利率。

而第 n 期末单利本利和 F 等于本金加上总利息，即：

$$F = P + I_n = P(1 + n \times i_单) \tag{3.4}$$

在以单利计息的情况下，总利息与本金、利率以及计息周期数成正比的关系。

【例3.1】 假如某企业以单利方式借入1 000万元，年利率5%，四年末偿还，则各年利息和本利和如下表3.1所示：

表3.1 单利计算分析表 单位：万元

使用年限/年	年初款额	年末利息	年末本利和	年末偿还
1	1 000	50	1 050	0
2	1 050	50	1 100	0
3	1 100	50	1 150	0
4	1 150	50	1 200	1 200

【解】 由表3.1可见，单利的年利息额都仅由本金产生，其新生利息不再加入本金产生利息，由于没有反映资金随时间的变化而增值的规律，也即没有完全反映资金的时间价值，因此，在建设工程经济分析中单利使用较少。

（2）复利

所谓复利是指在计算某一计息周期的利息时，本金要加上先前周期所累积的利息总额来计算利息，即"利滚利"的计息方式。其表达式如下：

$$I_t = i \times F_{t-1} \tag{3.5}$$

式中：i——计息周期复利利率；

F_{t-1}——第 $(t-1)$ 期末复利本利和。

而第 t 期末复利本利和的表达式如下：

$$F_t = F_{t-1}(1 + i) \tag{3.6}$$

【例3.2】 数据同上例3.1，按复利计算，则各年利息和本利和如表3.2所示：

表3.2 复利计算分析表 单位：万元

使用年限/年	年初款额	年末利息	年末本利和	年末偿还
1	1 000	1 000×5%=50	1 050	0
2	1 050	1 050×5%=52.5	1 102.5	0
3	1 102.5	1 102.5×5%=55.125	1 157.625	0
4	1 157.625	1 157.625×5%=57.881	1 215.506	1 215.506

【解】 从表3.2和表3.1可以看出，同一笔借款，在利率和计息周期均相同的情况下，用复利计算出的利息金额比用单利计算出的利息金额多。如例3.1与例3.2两者相

差15.506(1 215.506-1 200)万元。本金越大、利率越高、计息周期越多时,两者差距就越大。复利计息比较符合资金在社会再生产过程中运动的实际状况。因此,在实际中得到了广泛的应用,在工程经济分析中,一般采用复利计算。

第三节　资金的等值计算

所谓资金等值是指在不同的时点上的两笔不同数额的资金具有相同的经济价值,如现在100元与一年后的110元,其数额并不相等,但在10%的年利率条件下,它们具有相同的价值,则可以说现在的100元与一年后的110元,在10%的年利率条件下,它们是等值的。

一、与资金等值计算有关的概念

1. 时点与时值(time value)

时点是指现金流量图上时间轴上的某一点。资金的时值就是资金在其运动过程中处于某一时点上的价值。

2. 现值(P: present value)

现值又称为初值,常用 P 来表示,即在资金运动过程中,把未来一定时间收支的货币折算成计息周期开始时(即现金流量图零点)的数值。如图 3.1 中时点 0 的数值 2 000 万元就是现值。

3. 终值(F: future value)

终值又称将来值,常用 F 来表示,是指资金在计息期末的价值,即整个计息期的本利和,如图 3.1 中时点 6 的数值 3 000 万元就是终值。

4. 年值(A: annuity)

年值又称年金,通常记作 A,是指一定时期内每次等额收付的系列款项,如折旧、租金、利息、保险金、养老金等通常都采取年金形式。

5. 折现

折现也叫贴现,即把时点处的资金时值换算为现值的过程,贴现或折现所用的利率称之为折现率或贴现率。

二、资金的等值计算

进行等值换算是进行经济分析的基础,根据支付方式和等值换算点的不同,资金等值计算可分为一次支付类型和等额支付类型。

1. 一次支付类型

一次支付是指现金流量的流入或流出均在一个时点上一次发生,包括一次支付终值和一次支付现值的计算。

(1)一次支付终值(已知 P,求 F)

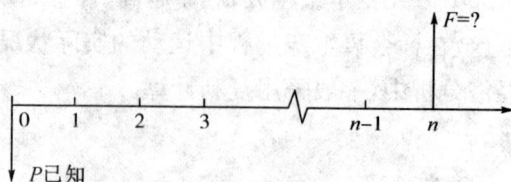

图 3.2　一次支付终值的现金流量图

如图 3.2 所示,已知某项目期初投资为 P,利率为 i,复利计息,求第 n 年末收回的本利和(终值)F。

根据复利的定义即可得到本利和 F 的计算公式,其计算过程如表 3.2 所示,第 n 年末的本利和 F 与本金 P 的关系为:

$$F = P(1+i)^n = P(F/P, i, n) \tag{3.7}$$

式中:P—— 现值;

F—— 终值;

i—— 利率;

n—— 计息周期数。

式(3.7)表示在利率为 i、计息周期数为 n 的条件下,终值 F 和现值 P 之间的关系,$(1+i)^n$ 称为一次支付终值系数,记为 $(F/P, i, n)$。

【例 3.3】 某人现在把 1 000 元存入银行,银行年利率为 5%,复利计息,试计算 3 年后该笔资金的本利和。

【解】 已知 $P = 1\,000$ 元,$i = 5\%$,$n = 3$,求 F。

由式(3.7)得:

$F = P(1+i)^n = 1\,000 \times (1+5\%)^3 = 1\,157.6$(元)

也可由书后附录中查出 $(F/P, 5\%, 3)$ 为 1.157 6,故

$F = P(F/P, i, n) = P(F/P, 5\%, 3) = 1\,000 \times 1.157\,6 = 1\,157.6$(元)

(2)一次支付现值(已知 F,求 P)

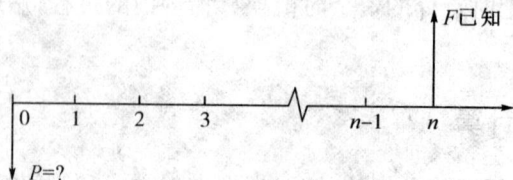

图 3.3　一次支付现值的现金流量图

如图 3.3 所示,已知某项目期末回收资金为 F,利率为 i,复利计息,问这笔资金相当于现在多少钱?即已知终值 F 求现值 P,是一次支付终值公式的逆运算。由式(3.7)可直接导出:

$$P = \frac{F}{(1+i)^n} = F(1+i)^{-n} \tag{3.8}$$

式中：$\dfrac{1}{(1+i)^n}$——一次支付现值系数，记为 $(P/F, i, n)$。

因此，式(3.8)也可表示为：

$$P = F(P/F, i, n) \tag{3.9}$$

【例 3.4】 如果银行利率为 5%，假定按复利计算，为在 3 年后获得 50 000 元款项，问现在应存入银行多少钱？

【解】 已知 $F = 50\,000$ 元，$i = 5\%$，$n = 3$，求 P。

由式(3.8)可得出：

$$P = \frac{F}{(1+i)^n} = 50\,000 \times (1+5\%)^{-3} = 43\,190 (元)$$

或先查附录表得出一次支付现值系数 $(P/F, 5\%, 3)$ 为 0.863 8，再计算：

$$P = F(P/F, i, n) = 50\,000 \times 0.863\,8 = 43\,190 (元)$$

2. 等额支付类型

(1) 年金终值计算(已知 A，求 F)

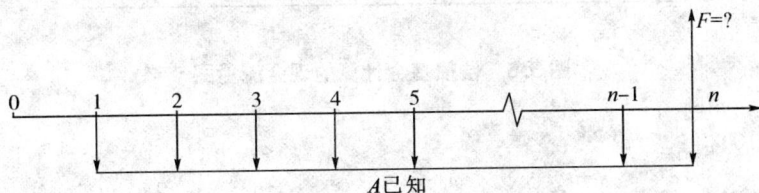

图 3.4　年金终值计算的现金流量图

如图 3.4 所示，某企业从第一个计息周期的期末开始，以后各个计息周期末都向银行等额存入一笔钱 A，年利率以 i 表示，(A 表示年金，F 表示终值)，求 n 年后企业这笔资金价值是多少。从图 3.4 中可以看出，第 n 年末的终值总额 F 等于各年存入资金 A 的终值总和，即：

$$F = A + A(1+i) + A(1+i)^2 + \cdots + A(1+i)^{n-2} + A(1+i)^{n-1}$$
$$= A[1 + (1+i) + (1+i)^2 + \cdots + (1+i)^{n-2} + (1+i)^{n-1}]$$

运用等比数列前 n 项求和公式得：

$$F = A\frac{(1+i)^n - 1}{i} \tag{3.10}$$

式中：$\dfrac{(1+i)^n - 1}{i}$——等额支付终值系数或年金终值系数，用符号 $(F/A, i, n)$ 表示。

则式(3.10)又可写成：

$$F = A(F/A, i, n) \tag{3.11}$$

【例 3.5】 某企业每年年末向银行存款 100 万元,连续 5 年,银行利率为 5%,问第 5 年年末能从银行取回多少钱?

【解】 $A = 100$ 万元,$n = 5$,$i = 5\%$

$$F = 100 \times \frac{(1+0.05)^5 - 1}{0.05} = 552.56(\text{万元})$$

也可查书后附录表,得出年金终值系数 $(F/A, 5\%, 5)$ 为 5.525 6,则

$$F = 100 \times 5.525\ 6 = 552.56(\text{万元})$$

(2)偿债基金(或存储基金)计算(已知 F,求 A)

如图 3.5 所示,某企业在第 n 年末需要资金为 F,年利率为 i,问每年应存入银行多少钱?

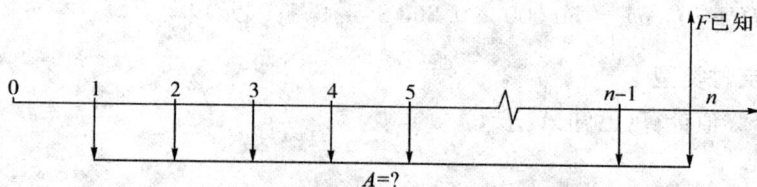

图 3.5　偿债基金计算的现金流量图

由式(3.10)得:

$$A = F \frac{i}{(1+i)^n - 1} \tag{3.12}$$

式中:$\dfrac{i}{(1+i)^n - 1}$——偿债基金系数,用符号 $(A/F, i, n)$ 表示。

所以,偿债基金公式又可以写成:

$$A = F(A/F, i, n) \tag{3.13}$$

【例 3.6】 某企业若要在五年内偿还 500 万元,年利率为 8%,问每年应偿还多少钱?

【解】 $F = 500$ 万元,$i = 8\%$,$n = 5$

$$A = 500 \times \frac{0.08}{(1+0.08)^5 - 1} = 85.25(\text{万元})$$

也可查书后附录表,得出偿债基金系数 $(A/F, 8\%, 5)$ 为 0.170 5,则

$$A = 500 \times 0.170\ 5 = 85.25(\text{万元})$$

(3)资金回收计算(已知 P,求 A)

如图 3.6 所示,某企业第一年年初投资一笔资金 P,年利率为 i,这笔资金在以后的 n 年内等额回收,问每年能收回多少钱?

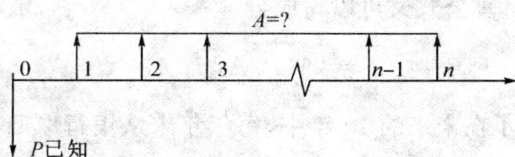

图 3.6　资金回收计算的现金流量图

由式(3.12)和式(3.7)得：

$$A = F \frac{i}{(1+i)^n - 1} = P \frac{i(1+i)^n}{(1+i)^n - 1} \tag{3.14}$$

式中：$\dfrac{i(1+i)^n}{(1+i)^n - 1}$——资金回收系数，用符号 $(A/P, i, n)$ 表示。

所以，资金回收公式又可以写成：

$$A = P(A/P, i, n) \tag{3.15}$$

【例 3.7】　某企业投资 2 000 万元，年利率为 8%，在 10 年内收回全部本利，则每年应收回多少钱？

【解】　$P = 2\,000$ 万元，$i = 8\%$，$n = 10$

由式(3.14)得：

$$A = P \frac{i(1+i)^n}{(1+i)^n - 1} = 2\,000 \times \frac{8\%(1+8\%)^{10}}{(1+8\%)^{10} - 1} = 298(万元)$$

也可由书后附录表查出 $(A/P, 8\%, 10)$ 为 0.149 0，则

$$A = 2\,000 \times 0.149 = 298(万元)$$

(4) 年金现值计算(已知 A，求 P)

如图 3.7 所示，若某企业每年年末都有一笔相等金额的收入(从第一年的年末开始)，年利率为 i，问 n 年后这笔资金相当于现值多少钱？

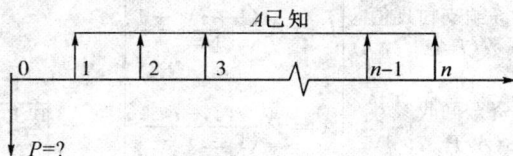

图 3.7　年金现值计算的现金流量图

由式(3.14)得：

$$P = A \frac{(1+i)^n - 1}{i(1+i)^n} \tag{3.16}$$

式中：$\dfrac{(1+i)^n - 1}{i(1+i)^n}$——等额支付现值系数或年金现值系数，用符号 $(P/A, i, n)$ 表示。

所以,年金现值的计算公式又可以写成:

$$P = A(P/A, i, n) \tag{3.17}$$

【例 3.8】 某人为了在未来的 10 年中,每年年末从银行取回 5 万元,年利率为 8%,问现需存入银行多少钱?

【解】 $A = 5$ 万元, $i = 8\%$, $n = 10$

$$P = 5 \times \frac{(1+0.08)^{10} - 1}{0.08 \times (1+0.08)^{10}} = 33.55(\text{万元})$$

也可由书后附录查出 $(P/A, 8\%, 10)$ 为 6.710 1,则

$$A = 5 \times 6.710 1 = 33.55(\text{万元})$$

3. 公式小结及注意事项

为便于记忆,这六个公式汇总在表 3.3 中:

表 3.3 资金等值计算公式汇总

支付类型	公式名称	已知	求解	系数名称和符号	公式	现金流量图
一次支付	终值公式	P	F	一次支付终值系数 $(F/P, i, n)$	$F = P(1+i)^n$	
	现值公式	F	P	一次支付现值系数 $(P/F, i, n)$	$P = F(1+i)^{-n}$	
等额支付	年金终值公式	A	F	等额支付终值系数 $(F/A, i, n)$	$F = A\dfrac{(1+i)^n - 1}{i}$	
	偿债基金公式	F	A	偿债基金系数 $(A/F, i, n)$	$A = F\dfrac{i}{(1+i)^n - 1}$	
	年金现值公式	A	P	等额支付现值系数 $(P/A, i, n)$	$P = A\dfrac{(1+i)^n - 1}{i(1+i)^n}$	
	资金回收公式	P	A	资金回收系数 $(A/P, i, n)$	$A = P\dfrac{i(1+i)^n}{(1+i)^n - 1}$	

在推导公式时所用的前提条件有以下几个:

(1) 方案的初始投资,假定发生在方案的寿命期初,即"零点"处;方案的经常性支出假定发生在计息期末;

(2) 本期的期末为下期的期初;

(3) 当问题包括 P 和 A 时,系列的第一个 A 是在 P 发生一个周期后发生的;

(4) 当问题包括 F 和 A 时,系列的最后一个 A 是与 F 同时发生的。

第四节 名义利率与实际利率

在复利计算中,利率周期通常以年为单位,它可以与计息周期相同,也可以不同。在实际应用中,可以是一年、半年、一个季度、一个月、一旬或一周,由于计息期数不同,本金产生的利息也不同,就出现了名义利率和实际利率的概念。

一、名义利率

所谓名义利率(用 r 表示)就是指计息周期利率 i 乘以一年内的计息周期数 m 所得的年利率,即:

$$r = i \cdot m \tag{3.18}$$

若计息周期月利率为 1%,则年名义利率为 12%。很显然,计算名义利率是采用单利计算的方法,忽略了前面各期利息再生的因素,通常所说的年利率都是名义利率。

二、实际利率

实际利率又称为有效利率,是指资金在计息中所发生的实际利率,包括计息周期实际利率和年实际利率两种情况。

(1) 计息周期实际利率,即计息周期利率 i,由式(3.18)可得:

$$i = \frac{r}{m} \tag{3.19}$$

(2) 年实际利率

若用计息周期利率来计算年有效利率,并将年内的利息再生因素考虑进去,这时所得的年利率称为年实际利率。

已知某年年初有资金 P,名义利率为 r,一年内计息 m 次,则计息周期利率为 $i = r/m$。根据一次支付终值公式 $F = P(1+i)^n$,可得该年的本利和 F,即:

$$F = P\left(1 + \frac{r}{m}\right)^m$$

根据利息的定义可得该年的利息 I 为:

$$I = F - P = P\left(1 + \frac{r}{m}\right)^m - P = P\left[\left(1 + \frac{r}{m}\right)^m - 1\right] \tag{3.20}$$

再根据利率的定义可得该年的实际利率,即实际利率 i_{eff} 为:

$$i_{eff} = \frac{I}{P} = \left(1 + \frac{r}{m}\right)^m - 1 \tag{3.21}$$

由此可见,实际利率 i_{eff} 和名义利率 r 的关系实质上与复利和单利的关系一样。

【例 3.9】 现设年名义利率 $r=10\%$,则按年、半年、季、月、日的年实际利率如表 3.4 所示:

表 3.4 年实际利率换算表

年名义利率 r	计息期	年计息次数 m	计息期利率	年实际利率 i_{eff}
10%	年	1	10%	10%
	半年	2	5%	10.25%
	季	4	2.5%	10.38%
	月	12	0.833%	10.47%
	日	365	0.027 4%	10.51%

【解】 从表 3.4 可以看出,年名义利率与年实际利率存在如下关系:

① 当 $m=1$ 时,年实际利率 i_{eff} 和年名义利率 r 相等;

② 当 $m>1$ 时,年实际利率 i_{eff} > 年名义利率 r;

③ 当计息周期 m 越大,年实际利率 i_{eff} 和年名义利率 r 相差越大。

【例 3.10】 某人现在存款 10 000 元,年利率 10%,半年复利一次,则 5 年末存款金额为多少?

【解】 存款的现金流量如图 3.8 所示:

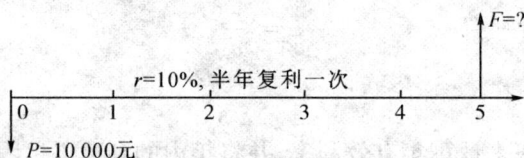

图 3.8 现金流量图

$$i_{eff} = \left(1+\frac{10\%}{2}\right)^2 - 1 = 10.25\%$$

$$F = P(1+i)^n = 10\,000 \times (1+10.25\%)^5 = 10\,000 \times 1.628\,89 = 16\,288.9(元)$$

【例 3.11】 某公司向银行贷款 2 000 万元,借款期 5 年,年利率为 10%,但每周复利计算一次。在进行资金运用效果评价时,该公司把年利率(名义利率)误认为实际利率,问该公司少算了多少利息?

【解】 该公司原计算的本利和为:

$$F = P(1+i)^n = 2\,000 \times (1+10\%)^5 = 3\,221.02(万元)$$

而实际利率 $i_{eff} = \left(1+\frac{10\%}{52}\right)^{52} - 1 = 10.37\%$

这样,实际的本利和应为:

$$F' = P(1+i)^n = 2\,000 \times (1+0.103\,7)^5 = 3\,275.60(万元)$$

少算的利息为:

$$F' - F = 3\,275.60 - 3\,221.02 = 54.58(万元)$$

【例 3.12】 某人每半年存款 100 元,年利率 8%,每季复利一次。问五年末存款金额为多少?

【解】 现金流量如图 3.9 所示:

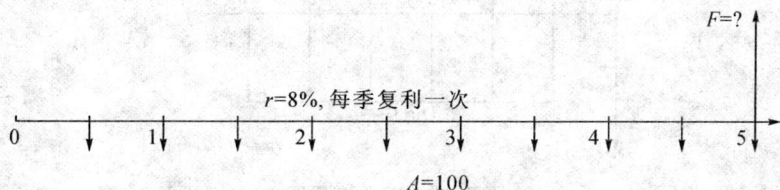

图 3.9 现金流量图

计息期利率 $i = \dfrac{r}{m} = \dfrac{8\%}{4} = 2\%$

半年期实际利率 $i_{半} = (1+2\%)^2 - 1 = 4.04\%$

则 $F = 100 \times (F/A, 4.04\%, 2\times5) = 100 \times 12.029 = 1\,202.9(元)$

第五节 资金等值计算的应用

【例 3.13】 某公司以单利方式一次性借入资金 2 000 万元,借款期限 3 年,年利率 8%,到期一次还本付息,则第 3 年年末应当偿还的本利和为多少万元?(注:2017 年一级建造师考试"建设工程经济"真题)。

【解】 本题考查单利计息的计算。

第一年利息:$2\,000 \times 8\% = 160(万元)$

三年总利息:$160 \times 3 = 480(万元)$

三年本利和:$2\,000 + 480 = 2\,480(万元)$

【例 3.14】 已知年名义利率为 8%,每季度复利计息一次,则年实际利率为多少?(注:2018 年一级建造师考试"建设工程经济"真题)

【解】 本题考查年名义利率与年实际利率的换算,根据公式(3.21)可得:

$$i_{\text{eff}} = \left(1+\frac{r}{m}\right)^m - 1 = \left(1+\frac{8\%}{4}\right)^4 - 1 = 8.24\%$$

【例 3.15】 某施工企业每年年末存入银行 100 万元,用于 3 年后的技术改造,已知银行存款年利率为 5%,按年复利计息,则到第 3 年年末可用于技术改造的资金总额为多

少？（注：2018 年一级建造师考试"建设工程经济"真题）

【解】 本题考查年金与终值的计算，根据公式（3.10）可得：

$$F = A(F/A, i, n) = A\frac{(1+i)^n-1}{i} = 100 \times \frac{(1+0.05)^3-1}{0.05} = 315.25（万元）$$

【例 3.16】 年利率 12%，每半年计息一次，某企业从现在起连续 3 年每半年支出 100 万元，问与其等值的现值是多少？

【解】 根据题意绘制出现金流量图，如图 3.10 所示：

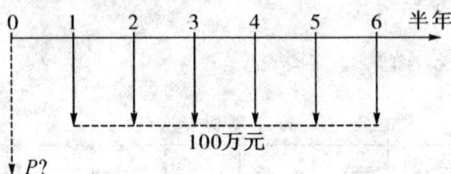

图 3.10 现金流量图

半年实际利率 $i = \frac{12\%}{2} = 6\%$，根据公式（3.16）可知：

$$P = A(P/A, i, n) = A\frac{(1+i)^n-1}{i(1+i)^n} = 100 \times \frac{(1+0.06)^6-1}{0.06 \times (1+0.06)^6}$$

$$=491.73（万元）$$

【例 3.17】 某人每年年初存入银行 1 000 元，年利率为 10%，8 年后的本利和是多少？

解：根据题意绘制出现金流量图，如图 3.11 所示：

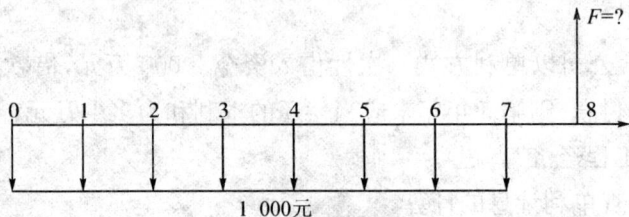

图 3.11 现金流量图

注意本题的年金 1 000 元的起点是第 0 点，与年金终值公式的现金流量图不同，需要进行转换，有两种不同的计算方法：

方法一：

$$F = 1\,000(F/A, 10\%, 8)(1+10\%) = 12\,579.49（元）$$

方法二：

$$F = 1\,000[(1+10\%)^8 + (1+10\%)^7 + (1+10\%)^6 + (1+10\%)^5 +$$
$$(1+10\%)^4 + (1+10\%)^3 + (1+10\%)^2 + (1+10\%)]$$

$$= 12\,579.49（元）$$

【例 3.18】　如果年利率为 10%,复利计息,问现在存入多少钱,才能恰好从第 4 年到第 8 年的每年年末等额提取 1 万元?

【解】　根据题意绘制出现金流量图,如图 3.12 所示:

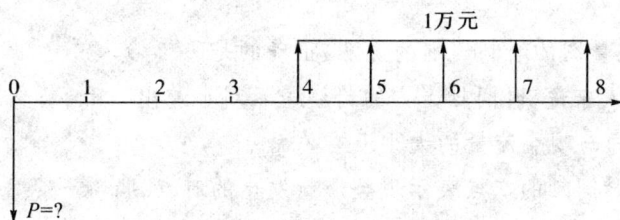

图 3.12　现金流量图

$$P = A(P/A, 10\%, 5)(P/F, 10\%, 3) = 1 \times 3.790\,8 \times 0.751\,3 = 2.85(万元)$$

【例 3.19】　某企业贷款 2 000 万元,建设工程项目,第二年年底建成投产,投产后每年收益 400 万元。若年利率为 10%,问自项目开工后多少年才能一次性归还 2 000 万元的本息?

【解】　(1)根据题意绘制出现金流量图,如图 3.13 所示:

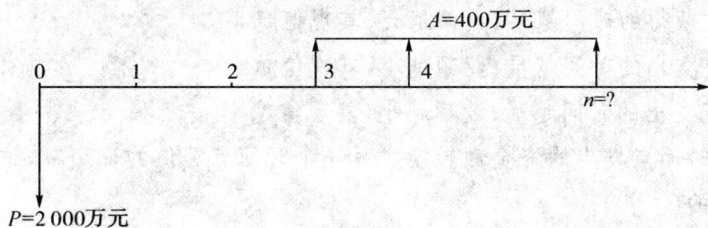

图 3.13　现金流量图

(2) 以投产之日第二年年底(即第三年初)为基准期,计算 F_P:

$$F_P = 2\,000(F/P, 10\%, 2) = 2\,000 \times 1.210\,0 = 2\,420(万元)$$

(3) 计算返本期:

由 $P = A(P/A, i, n)$ 得:

$$(P/A, i, n-2) = \frac{2\,420}{400} = 6.050\,0(万元)$$

查附录表得:$(P/A, 10\%, 9) = 5.759\,0$;$(P/A, 10\%, 10) = 6.144\,6$

由线性内插法求得:

$$n-2 = 9 + \frac{6.050\,0 - 5.759\,0}{6.144\,6 - 5.759\,0} \times (10-9) = 9.754\,7(年)$$

$$n = 9.754\,7 + 2 = 11.754\,7(年)$$

复习思考题

一、单项选择题

1. 关于现金流量图的绘制规则的说法,正确的是( )。

A. 对投资人来说,时间轴上方的箭线表示现金流出

B. 箭线长短与现金流量的大小没有关系

C. 箭线与时间轴的交点表示现金流量发生的时点

D. 时间轴上的点通常表示该时间单位的起始时点

2. 资金时间价值的表示方式是( )。

A. 利息   B. 利率   C. 利润   D. 终值

3. 利息是表示资金时间价值的( )。

A. 相对尺度   B. 绝对尺度

C. 重要依据   D. 两者无必然联系

4. 下列关于现金流量的说法中,正确的是( )。

A. 收益获得的时间越晚、数额越大,其现值越大

B. 收益获得的时间越早、数额越大,其现值越小

C. 投资支出的时间越早、数额越小,其现值越大

D. 投资支出的时间越晚、数额越小,其现值越小

5. 把一个时间点发生的资金额转换成另一个时间点等值的资金额,这个计算过程称为资金的( )。

A. 利率折算   B. 价值转换   C. 时间价值性   D. 等值计算

6. 某施工企业从银行借款100万元,期限为3年,年利率8%,按年计息并于每年末付息,则第3年年末企业需偿还的本利和为( )万元。(注:2016年一级建造师考试"建设工程经济"真题)

A. 100   B. 124   C. 126   D. 108

7. 某施工企业拟从银行借款500万元,期限为5年,年利率8%,下列还款方式中,施工企业支付本利和最多的还款方式是( )。

A. 每年年末偿还当期利息,第5年年末一次还清本金

B. 第5年年末一次还本付息

C. 每年年末等额本金还款,另付当期利息

D. 每年年末等额本息还款

8. 某人贷款1万元,贷款期限1年,年利率为12%,按月复利计息,实际利率为( )。

A. 12%   B. 15%   C. 12.68%   D. 10%

9. 某企业向银行贷款100万元,年利率为4%,按季度还款,则第3年年末应偿还本

利和应为（　　）万元。

    A. 112.7　　　　　　B. 112.5　　　　　　C. 112.0　　　　　　D. 117.2

10. 某企业开发某项目需投资 1 000 万元，假设年利率为 8%，在 10 年内收回本利，则每年应收回（　　）万元。

    A. 149.03　　　　　B. 150.03　　　　　C. 149.0　　　　　　D. 150

11. 当年名义利率一定时，每年的计算期数越多，则年有效利率（　　）。

    A. 与年名义利率的差值越大　　　　　　B. 与年名义利率的差值越小

    C. 与计息期利率的差值越小　　　　　　D. 与计息期利率的差值越趋于常数

12. 某工程项目建设期为 2 年，建设期内第 1 年年初和第 2 年年初分别贷款 600 万元和 400 万元，年利率为 8%。若运营期前 3 年每年年末等额偿还贷款本息，到第 3 年年末全部还清。则每年年末偿还贷款本息（　　）万元。

    A. 406.66　　　　　B. 439.19　　　　　C. 587.69　　　　　D. 634.70

13. 某项目建设期为 2 年，建设期内每年年初贷款 1 000 万元，年利率为 8%。若运营期前 5 年每年末等额偿还贷款本息，到第 5 年年末全部还清。则每年年末偿还贷款本息（　　）万元。

    A. 482.36　　　　　B. 520.95　　　　　C. 562.63　　　　　D. 678.23

14. 某企业从设备租赁公司租借一台价格为 100 万元的设备，总租期和寿命期均为 36 个月，每月月初支付租金，年名义利率为 12%，则月租金为（　　）万元。

    A. 3.10　　　　　　B. 3.29　　　　　　C. 3.32　　　　　　D. 3.47

15. 某企业在第一年年初向银行借款 300 万元用于购置设备，贷款年有效利率为 8%，每半年计息一次，今后 5 年内每年 6 月底和 12 月底等额还本付息。则该企业每次偿还本息（　　）万元。

    A. 35.46　　　　　　B. 36.85　　　　　　C. 36.99　　　　　　D. 37.5

16. 某企业在年初向银行借贷一笔资金，月利率为 1%，则在 6 月底偿还时，按单利和复利计算的利息应分别是本金的（　　）。

    A. 5%和5.10%　　 B. 6%和5.10%　　 C. 5%和6.15%　　 D. 6%和6.15%

17. 某项目建设期为 5 年，建设期内每年年初贷款 300 万元，年利率为 10%。若在运营期第 3 年年底和第 6 年年底分别偿还 500 万元，则在运营期第 9 年年底全部还清贷款本息时尚需偿还（　　）万元。

    A. 2 059.99　　　　B. 3 199.24　　　　C. 3 318.65　　　　D. 3 750.52

18. 某项目建设期为 2 年，建设期内每年年初分别贷款 600 万元和 900 万元，年利率为 10%。若在运营期前 5 年内于每年年末等额偿还贷款本息，则每年应偿还（　　）万元。

    A. 343.20　　　　　B. 395.70　　　　　C. 411.52　　　　　D. 452.68

二、多项选择题

1. 关于现金流量图绘制规则的说法，正确的有（　　）。

A. 横轴为时间轴,向右延伸表示时间的延续

B. 对投资人而言,横轴上方的箭线表示现金流出

C. 垂直箭线代表不同时点的现金流量情况

D. 箭线长短应体现各时点现金流量数值的差异

E. 箭线与时间轴的交点即为现金流量发生的时点

2. 影响资金等值的三要素是( )。

A. 资金等值的计算方法   B. 资金发生的时间

C. 金额的大小   D. 利率(折现率)的大小

E. 借贷关系

3. 下面关于时间价值的论述,正确的有( )。

A. 一般而言,时间价值按复利方式计算

B. 一般而言,时间价值按单利方式计算

C. 同等单位的货币其现值高于终值

D. 货币没有时间价值,只有资金才有时间价值

E. 资金投入生产才能增值,所以时间价值是在生产经营中产生的

4. 关于有效利率和名义利率关系的说法,正确的有( )。

A. 年有效利率和名义利率的关系实质上与复利和单利的关系一样

B. 每年计息周期数越多,则年有效利率和名义利率的差异越大

C. 只要名义利率大于零,则据此计算出来的年有效利率一定大于年名义利率

D. 计息周期与利率周期相同时,周期名义利率与有效利率相等

E. 单利计息时,名义利率和有效利率没有差异

三、简答题

1. 什么是资金的时间价值? 资金为什么具有时间价值? 影响资金时间价值的因素有哪些?

2. 借贷资金的计息制度分为哪两种形式? 什么是单利法? 什么是复利法? 单利法和复利法各有什么特点?

3. 简述资金时间价值的 6 个等值公式。

4. 什么是名义利率和实际利率? 其关系如何?

四、计算题

1. 某施工企业年初从银行借款 200 万元,按季度计息并支付利息,季度利率为 15%,则该企业一年支付的利息总计为多少万元? (注:2017 年一级建造师考试"建设工程经济"真题)

2. 向银行借款 1 000 元,借期 5 年,试分别用 8% 单利和 8% 复利计算借款的利息和本利和。

3. 下列等额支付的年金终值和年金现值各为多少?

(1) 年利率为 6%,每年年末借款 500 元,连续借款 12 年;

(2) 年利率为 9%,每年年初借款 4 200 元,连续借款 43 年;

(3) 年利率为 8%,每季度计息 1 次,每季度末借款 1 400 元,连续借 16 年;

(4) 年利率为 10%,每半年计息 1 次,每月月末借款 500 元,连续借款 2 年。

4. 下列终值的等额支付为多少?

    (1) 年利率为 12%,每年年末支付 1 次,连续支付 8 年,8 年末积累金额 15 000 元;

    (2) 年利率为 9%,每半年计息 1 次,每年年末支付 1 次,连续支付 11 年,11 年年末积累金额 4 000 元;

    (3) 年利率为 12%,每季度计息 1 次,每季度末支付 1 次,连续支付 8 年,8 年年末积累金额 15 000 元;

    (4) 年利率为 8%,每季度计息 1 次,每月月末支付 1 次,连续支付 15 年,15 年年末积累金额 17 000 元。

5. 下列现值的等额支付为多少?

    (1) 借款 5 000 元,得到借款后的第 1 年年末开始归还,连续 5 年,分 5 次还清,年利率按 4% 计算;

    (2) 借款 37 000 元,得到借款后的第 1 个月月末开始归还,连续 5 年,分 60 次还清,年利率为 9%,每月计息 1 次。

6. 某人购买住房时向银行贷款 10 万元,年利率为 5%,贷款期限是 10 年,问此人每个月应偿还银行多少元?

7. 某建筑公司进行技术改造,2012 年年初向银行贷款 100 万元,2013 年年初又向同一家银行贷款 200 万元,2017 年年末一次偿还,年利率为 4%,问共偿还本息多少万元?

8. 设年利率为 10%,现存入多少钱,才能正好从第四年到第八年的每年年末等额提取 2 万元?

9. 某厂计划一次存入银行 800 万元,希望从存款的第 3 年年末开始,连续 7 年每年年末等额取完存款本利;若银行利率 $i=10\%$,打算每年等额取出 250 万元现金,问能否实现?

10. 一家银行向其储户提供的名义利率为 6%,按月计息,请问储户获得的实际年利率是多少?

11. 某项目拟贷款 100 万元,还贷利率为 10%。按协议贷款期限三年;以一次支付方式还贷,并在期初先付清三年的利息。求此项目实际得到的贷款额。

12. 某学生贷款上大学,年利率 6%,每学年初贷款 1 万元,4 年毕业,毕业 1 年后开始还款,5 年内按年等额偿还,每年应付多少?

13. 某企业拟向银行贷款,现有甲、乙两个银行可以提供贷款。甲银行年贷款利率为 4%,按半年计息;乙银行年贷款利率为 3.5%,按月计息。问应向哪个银行贷款较为经济?

第四章 建设项目经济评价指标与方法

第一节 建设项目经济评价概述

一、建设项目经济评价概念

建设工程经济评价的任务就是根据所考察建设工程的预期目标和所拥有的资源条件,分析该工程的现金流量情况,选择合适的技术方案,以获得最佳的经济效果。技术方案是建设工程经济最直接的研究对象,而获得最佳的技术方案经济效果则是建设工程经济研究的目的。

建设项目经济评价是项目建议书和可行性研究的重要组成部分,它是根据国民经济与社会发展以及行业、地区发展规划的要求,在初步方案的基础上,采用科学的分析方法,对拟建项目的财务可行性和经济合理性进行分析论证,做出全面的经济评价,为项目的科学决策提供经济方面的依据。

二、建设项目经济评价的内容

在分析和评价一个建设项目投资方案的经济效果时,一般需进行盈利能力分析、偿债能力分析和财务生存能力分析等。

1. 盈利能力分析

盈利能力分析是指分析和测算项目计算期的盈利能力和盈利水平,其主要评价分析指标包括内部收益率、净现值、资本金内部收益率、投资回收期、总投资收益率和资本金净利润率等。

2. 偿债能力分析

偿债能力分析是指分析和测算项目财务主体偿还债务的能力,其主要分析指标有借款偿还期、利息备付率、偿债备付率和资产负债率等。

3. 财务生存能力分析

财务生存能力分析,也称资金平衡分析,是根据技术方案的财务计划现金流量表,通过考察拟定技术方案计算期内各年的投资、融资和经营活动所产生的各项现金流入和流出,计算净现金流量和累计盈余资金,分析技术方案是否有足够的现金流量维持正常运营,以实现财务可持续性。

通过编制建设项目的财务分析报表,计算财务指标,分析技术方案的盈利能力、偿债能力和财务生存能力,据此考察技术方案的财务可行性和财务可接受性,明确技术方案对财务主体及投资者的价值贡献,并得出建设项目经济效果评价结论。

三、经济效果评价指标分类

根据不同的划分标准,对投资项目评价指标体系可以进行不同的分类。

1. 按评价指标是否考虑资金时间价值来划分

按是否考虑资金的时间价值,经济评价指标可以划分为静态评价指标和动态评价指标两大类。

静态评价指标是指不考虑资金时间价值的评价指标,如静态投资回收期、投资收益率、投资利润率等。静态评价指标的特点是计算简便、直观和易于掌握,但是,静态评价指标由于忽略了资金的时间价值,造成反映项目投资经济效益并不准确,以此作为投资决策的依据,通常容易导致资金的积压和浪费。

动态评价指标是指考虑资金时间价值的指标,如动态投资回收期、净现值、内部收益率等。动态评价指标克服了静态评价指标的缺点,但它需要较多的数据和资料,计算各种指标往往比较复杂,工作量比较大,通常要借助计算机等辅助工具。

常用的静、动态经济评价指标如图 4.1 所示:

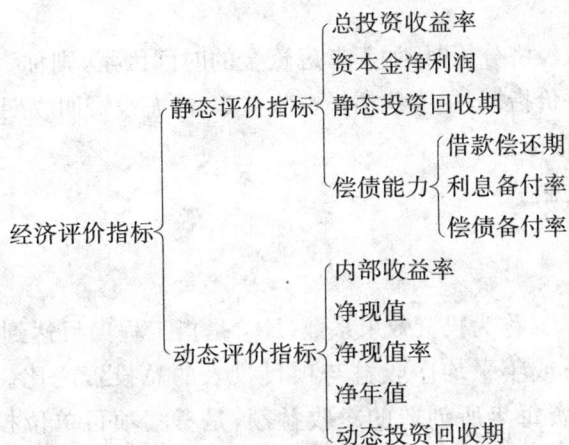

```
                                      ┌ 总投资收益率
                                      │ 资本金净利润
                      ┌ 静态评价指标 ┤ 静态投资回收期
                      │               │          ┌ 借款偿还期
                      │               └ 偿债能力 ┤ 利息备付率
经济评价指标 ┤                                  └ 偿债备付率
                      │               ┌ 内部收益率
                      │               │ 净现值
                      └ 动态评价指标 ┤ 净现值率
                                      │ 净年值
                                      └ 动态投资回收期
```

图 4.1 静态和动态评价指标体系

2. 按评价指标所反映的经济性质划分

项目的经济性一般表现在项目投资的回收速度、投资的盈利能力和资金的使用效率三个方面。与此相对应,可将评价指标划分为时间性评价指标、价值性评价指标和比率性评价指标,如图 4.2 所示。

时间性评价指标是指利用时间的长短来衡量项目对其投资回收或清偿能力的指标。常用的时间性评价指标有静态投资回收期、动态投资回收期、借款偿还期等。

$$
经济评价指标 \begin{cases} 时间性评价指标 \begin{cases} 投资回收期 \\ 借款偿还期 \end{cases} \\ 价值性评价指标 \begin{cases} 费用现值与净现值 \\ 费用年值与净年值 \end{cases} \\ 比率性评价指标 \begin{cases} 内部收益率 \\ 投资收益率 \\ 净现值率 \\ 利息备付率 \\ 偿债备付率 \end{cases} \end{cases}
$$

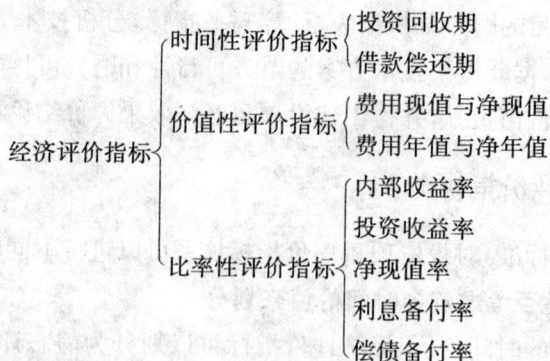

图 4.2 项目评价指标体系

价值性评价指标是指反映项目投资的净收益绝对值大小的指标,常用的价值性评价指标有净现值、净年值、费用现值、费用年值等。

比率性评价指标是指反映项目单位投资获利能力或项目对贷款利率的最大承受能力的指标。常用的比率性指标有投资收益率、内部收益率、净现值率、利息备付率等。

第二节 建设项目静态评价指标

在进行建设项目经济分析时,如不考虑资金的时间因素,则称为静态评价,所使用的评价指标称为静态评价指标,主要包括投资收益率、静态投资回收期、借款偿还期、利息备付率、偿债备付率等指标。

一、投资收益率

1. 概念

投资收益率(R),又称为投资效果系数(E),是指工程项目达到设计生产能力后,一个正常年份的净收益或年平均净收益与项目投入的总投资之比。它表明在项目正常生产年份中,单位投资每年所创造的净收益额,是考察项目单位投资盈利能力的静态指标。

2. 计算

投资收益率计算公式为:

$$
R = \frac{NB}{I} \tag{4.1}
$$

式中:R——投资收益率;

$\quad I$——投资总额;

$\quad NB$——正常年份的净收益或年平均净收益。

3. 判别准则

设 R_c 为基准投资收益率,则:

若 $R \geqslant R_c$,则项目可以考虑接受;

若 $R < R_c$,则项目应予以拒绝。

【**例 4.1**】 某投资项目总投资额为 1 000 万元,正常年份的销售收入为 600 万元,年销售税金与附加为 20 万元,年总成本费用为 300 万元,试求投资收益(利润)率;若行业基准投资收益率 $R_c = 20\%$,判断项目财务可行性。

【**解**】 该项目年净利润总额为:$600 - 20 - 300 = 280$(万元)

投资收益率为:$R = \dfrac{280}{1\,000} = 28\%$

由于投资收益率:$R > R_c$,故项目可以考虑接受。

投资收益率指标经济意义明确、直观,计算简便,在一定程度上反映了投资效果的优劣,适用于各种投资规模。但由于没有考虑投资收益的时间因素,在实际评价工作中,往往带有一定的人为因素和不确定性。因此,投资收益率主要适用于计算期较短或尚不具备综合分析所需详细资料的早期阶段的方案经济效果评价。

二、静态投资回收期

1. 概念

投资回收期又称返本期,包括静态投资回收期和动态投资回收期,静态投资回收期是不考虑资金时间价值,以项目的净收益回收其全部投资所需要的时间。投资回收期通常以"年"表示,一般从投资开始年算起。

根据静态投资回收期的定义,其表达式为:

$$\sum_{t=0}^{P_t} (CI - CO)_t = 0 \tag{4.2}$$

式中:P_t——静态投资回收期;

$\quad CI$——现金流入量;

$\quad CO$——现金流出量;

$\quad (CI - CO)_t$——第 t 年净现金流量。

2. 计算

静态投资回收期的计算公式为:

$$P_t = (累计净现金流量出现正值的年份 - 1) + \frac{上年累计净现金流量的绝对值}{出现正值年份的净现金流量} \tag{4.3}$$

3. 判别准则

将计算出的静态投资回收期(P_t)与基准投资回收期(P_c)进行比较,评价准则为:

若 $P_t \leqslant P_c$,表明项目投资能在规定的时间内收回,则方案可接受;

若 $P_t > P_c$，则方案是不可行的。

【例 4.2】 某投资方案的净现金流量如表 4.1 所示，计算其静态投资回收期。

表 4.1 静态投资回收期计算表 单位：万元

年份	0	1	2	3	4	5
净现金流量	−100	−60	50	60	70	90
累计净现金流量	−100	−160	−110	−50	20	110

【解】 根据公式(4.3)得：

$$P_t = (4-1) + \left| \frac{-50}{70} \right| = 3.71(年)$$

即静态投资回收期为 3.71 年。

静态投资回收期经济意义明确、直观，计算简便，在一定程度上反映资本的周转速度。但是，由于静态投资回收期没有考虑资金的时间价值，也没有考虑方案在整个计算期内的总收益和获利能力，所以，只能作为辅助指标，配合其他指标使用。

三、借款偿还期

1. 概念

借款偿还期是指在有关财税规定及项目具体财务条件下，项目投产后可用作还款的收益(利润、折旧、摊销及其他收益)偿还建设投资借款本金和利息所需要的时间，一般以年为单位。

2. 计算

借款偿还期的计算公式如下：

$$借款偿还期 = (借款偿还开始出现盈余的年份数 - 1) +$$
$$\frac{开始盈余当年应还借款额}{开始盈余当年可用于还款的资金额} \tag{4.4}$$

3. 判别准则

当借款偿还期满足贷款机构要求的期限时，即认为项目具有借款偿还能力。

借款偿还期适用于那些不预先给定借款偿还期限，而是按项目的最大偿还能力和尽快还款原则还款的项目。

四、利息备付率

1. 概念

利息备付率(ICR)，也称为已获利息倍数，是指项目在款偿还期内各年可用于支付利息的息税前利润($EBIT$)与当期应付利息(PI)的比值，即：

$$利息备付率(ICR) = \frac{息税前利润(EBIT)}{当期应付利息(PI)} \tag{4.5}$$

式中：$EBIT$——息税前利润，即利润总额与计入总成本费用的利息费用之和；

PI——计入总成本费用的应付利息。

2. 判别准则

利息备付率应分年计算，它从付息资金来源的充裕性角度反映企业偿付债务利息的能力，利息备付率高，说明利息支付的保证度大，偿债风险小。正常情况下利息备付率应当大于 1，并结合债权人的要求确定；利息备付率小于 1，表示付息能力保障程度不足，没有足够资金支付利息，偿债风险大。对于正常运营的企业，一般要求利息备付率不宜低于 2。

五、偿债备付率

1. 概念

偿债备付率（$DSCR$）是指项目在借款偿还期内，各年可用于还本付息资金（$EBITDA - T_{AX}$）与当期应还本付息金额（PD）的比值，即：

$$偿债备付率(DSCR) = \frac{可用于还本付息资金(EBITDA - T_{AX})}{当期应还本付息金额(PD)} \tag{4.6}$$

式中：$EBITDA$——息税前利润加折旧和摊销；

T_{AX}——企业所得税；

PD——当期应还本付息金额，包括当期应还贷款本金及计入成本的利息。

2. 判别准则

偿债备付率分年计算。偿债备付率表示可用于还本付息的资金偿还借款本息的保证倍率。在正常情况下，偿债备付率应当大于 1，且越高越好，但应结合债权人的要求确定；当偿债备付率小于 1 时，表示当年资金来源不足以偿付当期债务，需要通过短期借款偿付已到期债务。根据我国历史数据统计分析，偿债备付率不宜低于 1.3。

第三节　建设项目动态评价指标

一、动态投资回收期

1. 概念

动态投资回收期（P_t'）是指考虑资金的时间价值，在给定的基准收益率（i_c）下，以折算的各年净收益的现值来回收全部投资的现值所需要的时间，即累计净现值等于零时的年份就是动态投资回收期，表达式为：

$$\sum_{t=0}^{P'_t} (CI - CO)_t (1 + i_c)^{-t} = 0 \tag{4.7}$$

式中：P'_t——动态投资回收期；

$(CI - CO)_t$——第 t 年净现金流量；

i_c——基准收益率。

2. 计算

用下列公式计算：

$$P'_t = （累计的净现金流量现值出现正值的年份 - 1） +$$

$$\frac{上年累计净现金流量现值的绝对值}{出现正值年份净现金流量现值} \tag{4.8}$$

3. 判别准则

将计算出的动态投资回收期（P'_t）与所确定的基准动态投资回收期（P'_c）进行比较：

若 $P'_t \leqslant P'_c$，表明项目投资能在规定的时间内收回，则方案可以考虑接受；

若 $P'_t > P'_c$，则方案不可行。

4. 动态投资回收期指标的优缺点

动态投资回收期是反映方案投资实际回收能力的动态评价指标，虽然计算较为复杂，但考虑了时间因素，比静态投资回收期更真实反映资金回收情况，在实际项目经济评价中应用较多。该指标受基准折现率 i_c 影响较大，若折现率不同，其反映的投资回收年限则不同。

【**例 4.3**】 某方案各年的现金流量数据同例 4.1，若 $i_c = 10\%$，求项目的动态投资回收期。

【**解**】 计算结果见表 4.2 所示：

表 4.2 动态投资回收期计算表　　　　　　　　单位：万元

年份	0	1	2	3	4	5
净现金流量	-100	-60	50	60	70	90
累计净现金流量	-100	-160	-110	-50	20	110
现值系数 $(1 + 10\%)^{-t}$	1.0	0.909 1	0.826 4	0.751 3	0.683 0	0.620 9
折现值	-100	-54.546	41.32	45.078	47.81	55.881
累计折现值	-100	-154.546	-113.226	-68.148	-20.338	35.543

则依据公式(4.8)有：

$$P'_t = (5 - 1) + \frac{|-20.338|}{55.881} = 4.36（年）$$

动态投资回收期为 4.36 年,较静态投资回收期 3.71 年长 0.65 年。

二、净现值

1. 概念及计算公式

净现值(net present value,NPV)是将项目整个计算期内各年所发生的净现金流量,按某个给定的基准折现率 i_c,都折现到计算期期初(第 0 年)现值之和,其表达式为:

$$NPV = \sum_{t=0}^{n} (CI - CO)_t (1 + i_c)^{-t} \tag{4.9}$$

式中:NPV——净现值;

$(CI - CO)_t$——第 t 年的净现金流量;

n——方案计算期,等于该方案的建设期、投产期与正常生产年数之和,一般为技术方案的寿命周期;

i_c——给定的基准折现率。

2. 判别准则

对单一项目方案而言,净现值法的评判准则是:

若 $NPV \geqslant 0$ 时,说明方案能够满足基准折现率要求的盈利水平,故该方案可行;

若 $NPV < 0$ 时,说明方案不能满足基准折现率要求的盈利水平,故该方案不可行。

3. 指标的优缺点

净现值是反映方案投资盈利能力的一个重要动态指标,广泛应用于方案的经济评价中。其优点是考虑到了资金时间价值,比较直观。但净现值指标存在以下缺点:

(1) 需首先确定一个符合经济现实的基准收益率 i_c,而确定基准收益率有时是比较难的;

(2) 不能说明在项目运营期间各年经营成果;

(3) 不能真正反映项目投资中单位投资的使用效率。

4. 净现值与折现率之间的关系

对于常规项目而言,若投资方案各年的现金流量已知,则该方案净现值的大小完全取决于折现率的大小,即 NPV 可以看作 i 的函数:

$$NPV(i) = \sum_{t=0}^{n} (CI - CO)_t (1 + i)^{-t}$$

NPV 与 i 的关系可用图 4.3 来说明。

从图 4.3 可知,净现值函数一般有以下特点:

(1) i 越大,$NPV(i)$ 越小,故 i

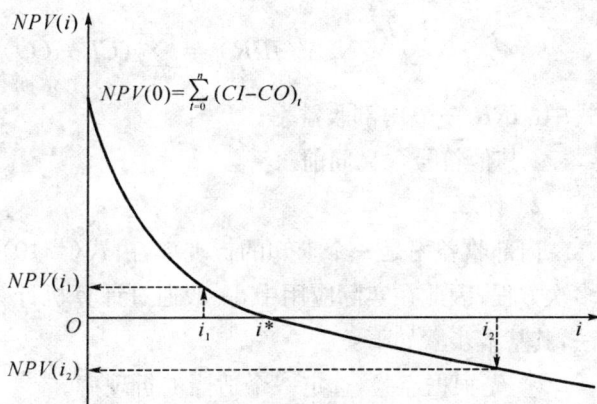

图 4.3 常规投资项目净现值函数曲线

定得越高,可行的方案就越少;

(2) 存在一个 i^*,当 $i = i^*$ 时,$NPV(i^*) = 0$;当 $i < i^*$ 时,$NPV(i) > 0$;当 $i > i^*$ 时,$NPV(i) < 0$,i^* 是一个具有重要经济意义的折现率临界值。

【例 4.4】 求例 4.3 项目的净现值。

【解】 该项目的净现值如表 4.2 所示,为 35.543 万元。

【例 4.5】 某技术方案的净现金流量见表 4.3 所示,若基准收益率为 6%,则该方案的净现值为多少万元?(注:2018 年一级建造师"建设工程经济"考试真题)

表 4.3　项目现金流量表　　　　　　　　　　单位:万元

计算期(年)	0	1	2	3
净现金流量(万元)	−1 000	200	400	800

【解】 根据公式(4.9)计算:

$$NPV = -1\,000 + \frac{200}{1+6\%} + \frac{400}{(1+6\%)^2} + \frac{800}{(1+6\%)^3} = 216.38 (万元)$$

【例 4.6】 某投资方案总投资为 500 万元,投产后,每年现金流出 50 万元,每年现金流入为 150 万元。产品经济寿命期为 10 年,在 10 年末还能回收资金 20 万元,基准折现率为 10%,求计算期内净现值。

【解】 根据式(4.9)计算:

$$NPV = -500 + (150 - 50) \times (P/A, 10\%, 10) + 20 \times (P/F, 10\%, 10)$$
$$= 122.17 (万元)$$

三、内部收益率

1. 概念

内部收益率是指项目计算期内各年净现金流量的现值为零时的折现率,内部收益率可通过解下述方程求得:

$$NPV(IRR) = \sum_{t=1}^{n} (CI - CO)_t (1 + IRR)^{-t} = 0 \qquad (4.10)$$

式中:IRR ——内部收益率;

　　　其他符号含义同前。

2. 计算

内部收益率是一个未知的折现率,由式(4.10)可知,内部收益率的计算需要求解一元多次方程,因此在实际应用中,一般通过计算机计算,手算时可采用试算法结合线性插值法,其基本步骤如下:

① 先根据经验,选定一个适当的折现率。

② 计算方案的净现值 $NPV(i_0)$。

③ 若 $NPV(i_0) > 0$,则适当增大 i_0;若 $NPV(i_0) < 0$,则适当减小 i_0。

④ 重复步骤③，直到找到的两个折现率 i_1，i_2，其所对应求出的净现值满足：

$$NPV(i_1) > 0 \to 0,$$

$$NPV(i_2) < 0 \to 0,$$

其中 $(i_2 - i_1)$ 一般在 $2\% \sim 5\%$。

⑤ 采用线性插值法（图 4.4）计算内部收益率的近似值。在图 4.4 中，当 $(i_2 - i_1)$ 足够小时，可以将曲线段 AB 近似看成直线段 AB，直线段 AB 与横坐标的交点处的折现率 i^* 即为 IRR 的近似值。根据相似三角形相似关系得到：

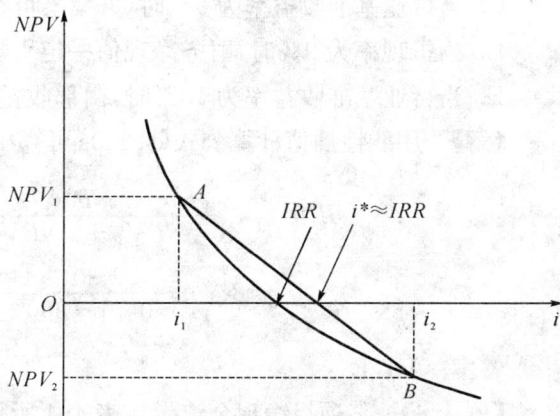

图 4.4 内部收益率插值法计算示意图

$$\frac{NPV_1}{|NPV_2|} = \frac{i^* - i_1}{i_2 - i^*}$$

从上式中解得：

$$IRR \approx i^* = i_1 + \frac{NPV(i_1)}{NPV(i_1) + |NPV(i_2)|}(i_2 - i_1) \tag{4.11}$$

3. 判别准则

内部收益率指标评价投资方案的判别准则为：

若 $IRR \geqslant i_c$，则 $NPV(i_c) \geqslant 0$，方案可以接受；

若 $IRR < i_c$，则 $NPV(i_c) < 0$，方案不可行。

4. 内部收益率的经济含义

内部收益率可以理解为方案占用资金的恢复能力或可承受的最大投资贷款利率，是项目对初始投资的偿还能力或项目对贷款利率的最大承担能力，其值越高，则该方案的盈利能力越高，效益越好。

5. 内部收益率的优缺点

内部收益率的优点是考虑了资金的时间价值，对项目进行动态评价，并考察了项目在整个计算期内的全部收支情况。因此，我国进行项目经济评价时通常把内部收益率作为主要的经济评价指标之一。内部收益率的主要缺点是计算烦琐，试算通常很难一次成功。内部收益率不适用于只有现金流入或现金流出项目的经济评价。

【例 4.7】 某常规技术方案当折现率为 10% 时，财务净现值为 -360 万元；当折现率为 8% 时，财务净现值为 30 万元，则关于该方案经济效果评价的说法，正确的有（ ）。（2018 年一级建造师考试"建设工程经济"真题）

A. 内部收益率在 $8\% \sim 9\%$ 之间

B. 当行业基准收益率为 8% 时，方案可行

C. 当行业基准收益率为 9% 时，方案不可行

D. 当折现率为 9% 时，财务净现值一定大于 0

E. 当行业基准收益率为 10% 时，内部收益率小于行业基准收益率

【解】 用线性插值计算公式(4.11)，可算出 IRR 的近似解：

$$IRR = i_1 + \frac{NPV_1}{NPV_1 + |NPV_2|}(i_2 - i_1)$$

$$= 8\% + \frac{30}{30 + |-360|} \times (10\% - 8\%) = 8.15\%$$

答案：ABCE

【例 4.8】 某项目净现金流量如表 4.4 所示。试计算该项目的内部收益率指标。

表 4.4 某项目净现金流量

年序	0	1	2	3	4	5
净现金流量	-50	20	30	20	40	40

【解】 此项目净现值的计算公式为

$$NPV = -100 + 20(P/F, i, 1) + 30(P/F, i, 2) + 20(P/F, i, 3) + 40(P/F, i, 2)(P/F, i, 3)$$

分别设 $i_1 = 12\%$，$i_2 = 15\%$，计算相应的 $NPV_1(i_1)$ 和 $NPV_2(i_2)$。

$$NPV_1(12\%) = 54.126(万元)$$

$$NPV_2(15\%) = -45.985(万元)$$

用线性插值计算公式(4.11)，可算出 IRR 的近似解：

$$IRR = i_1 + \frac{NPV_1}{NPV_1 + |NPV_2|}(i_2 - i_1)$$

$$= 12\% + \frac{54.126}{54.126 + |-45.985|} \times (15\% - 12\%)$$

$$= 13.62\%$$

四、净现值率

1. 概念

净现值率($NPVR$)是项目净现值与项目全部投资现值之比，其经济含义是单位投资现值所能带来的净现值，是一个考察项目单位投资盈利能力的指标。

2. 计算

净现值率($NPVR$)计算式如下：

$$NPVR = \frac{NPV}{K_p} \tag{4.12}$$

式中：K_p——总投资的现值和；

其他符号意义同前。

3. 判别准则

单一项目方案，若 $NPVR \geqslant 0$，投资方案应予以接受，若 $NPVR < 0$，投资方案应予以拒绝。

五、净年值

1. 概念

净年值（net annual value，NAV）是以一定的基准收益率，将项目计算期内净现金流量等值换算而成的等额年值。

2. 计算

净年值的计算公式为：

$$NAV = NPV(A/P, i, n) \tag{4.13}$$
$$= \left[\sum_{t=0}^{n} (CI - CO)_t (1+i_c)^{-t}\right](A/P, i, n)$$

3. 判别准则

若 $NAV \geqslant 0$，则项目在经济上可以接受；

若 $NAV < 0$，则项目在经济上应予拒绝。

4. 净年值指标的优缺点

由于在某些决策结构形式下，采用净年值比采用净现值更为简便和易于计算，故净年值指标在经济效果评价指标体系中占有相当重要的地位，常用在具有不同计算期的技术方案经济比较中。

【例 4.9】 根据图 4.5 的现金流量图计算该项目的净年值（万元），基准折现率 i_c 为 10%。

【解】 根据公式得：

$$NAV = -900(A/P, 10\%, 6) + 450 - 150$$
$$= 93.36（万元）$$

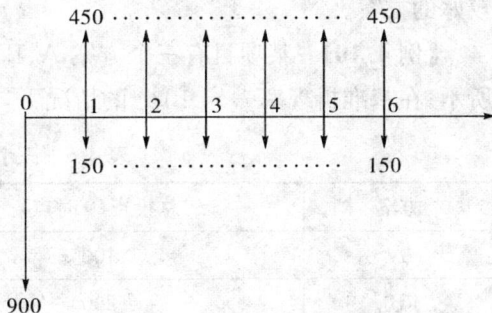

图 4.5 某项目现金流量图

六、费用现值

当多个方案比较选优时，如果各方案产出价值相同，或者某些方案产出效益难以用价值形态（货币）计量（如环保、教育、保健、国防等项目）时，在此情况下，为简便起见，可省略收入，只计算支出。这就出现了经常使用的两个指标：费用现值和费用年值。

1. 概念

费用现值，就是把不同方案计算期内的年成本按基准收益率换算为基准年的现值，再加上方案的总投资现值。

2. 计算

$$PC = \sum_{t=0}^{n} CO_t (1+i_c)^{-t} \tag{4.14}$$

式中：PC——费用现值；

CO_t——第 t 年现金流出；

i_c——基准折现率。

3. 判别准则

费用现值的判别准则：费用现值可用于多方案比选，但各方案必须具备相同的研究周期，费用现值最小的方案为优。

七、费用年值

1. 概念

费用年值是将投资方案的投资及费用，按照预定的贴现率折算成等值的年成本。

2. 计算

$$AC = \Big[\sum_{t=0}^{n} CO_t (1+i_c)^{-t} \Big] (A/P, i_c, n) = PC(A/P, i_c, n) \tag{4.15}$$

式中：AC——费用年值；

其他符号含义同式(4.14)。

3. 判别准则

费用年值的判别准则：费用年值可用于多方案比选，费用年值最小的方案是经济性较好的方案。

【例 4.10】 某项目有三个方案 A、B、C，均能满足同样的功能；其费用数据如表 4.5 所示；在基准折现率 $i_c = 10\%$ 的情况下，试分别用费用现值和费用年值确定最优方案。

表 4.5　三个方案的费用数据表　　　　　　　　　单位：万元

方案	总投资（0 时点）	年运营费用（1～10 年）
A	100	80
B	200	60
C	150	70

【解】（1）各方案的费用现值计算如下：

$PC_A = 100 + 80(P/A, 10\%, 10) = 591.57(万元)$

$PC_B = 200 + 60(P/A, 10\%, 10) = 568.68(万元)$

$PC_C = 150 + 70(P/A, 10\%, 10) = 580.12(万元)$

通过计算比较，B 方案最优。

（2）各方案的费用年值计算如下：

$AC_A = 100(A/P, 10\%, 10) + 80 = 96.27(万元)$

$AC_B = 200(A/P, 10\%, 10) + 60 = 92.54(万元)$

$AC_C = 150(A/P, 10\%, 10) + 70 = 94.41(万元)$

通过计算比较，B方案最优。

复习思考题

一、单项选择题

1. 关于技术方案财务净现值与基准收益率，说法正确的是（　　）

    A. 基准收益率越大，财务净现值越小

    B. 基准收益率越大，财务净现值越大

    C. 基准收益率越小，财务净现值越小

    D. 两者之间没有关系

2. 技术方案的盈利能力越强，则技术方案的（　　）越大。

    A. 投资回收期   B. 盈亏平衡产量

    C. 速动比率   D. 财务净现值

3. 某常规技术方案，$NPV(16\%) = 160$ 万元，$NPV(18\%) = -80$ 万元，则方案的内部收益率最可能为（　　）。

    A. 15.98%   B. 16.21%   C. 17.33%   D. 18.21%

4. 要保证技术方案生产运营期有足够资金支付到期利息，方案的利息备付率最低不应低于（　　）。

    A. 0.5   B. 1   C. 3   D. 5

（注：以上4题来自2017年一级建造师考试"建设工程经济"真题）

5. 当项目的净现值等于零时，则（　　）。

    A. 说明项目没有收益，故不可行   B. 此时的贴现率即为其内部收益率

    C. 动态投资还本期等于其寿命期   D. 增大贴现率即可使净现值变大

6. 同一净现金流量系列的净现值随折现率 i 的增大而（　　）。

    A. 增大   B. 减少

    C. 不变   D. 在一定范围内波动

7. 某建设项目的现金流量为常规现金流量，当基准收益率为8%时，净现值为400万元。若基准收益率变为10%，该项目的 NPV（　　）。

    A. 不确定   B. 等于400万元

    C. 小于400万元   D. 大于400万元

8. 某建设项目固定资产投资为5 000万元，流动资金为450万元，项目投产期年利润总额为900万元，达到设计生产能力的正常年份年利润总额为1 200万元，则该项

目正常年份的投资利润率为（　　）。

    A. 24％　　　　　　　　B. 22％　　　　　　　　C. 18％　　　　　　　　D. 17％

二、多项选择题

1. 动态评价指标包括（　　）。

    A. 财务内部收益率　　　　　　　　　　B. 财务净现值率

    C. 借款偿还期　　　　　　　　　　　　D. 财务净现值

    E. 偿债备付率

2. 技术方案的偿债能力评价指标有（　　）。（注：2018 年一级建造师考试"建设工程经济"真题）

    A. 资产负债率　　　　　　　　　　　　B. 投资回收期

    C. 财务净现值　　　　　　　　　　　　D. 生产能力利用率

    E. 速动比率

3. 某投资方案的基准收益率为 10％，内部收益率为 15％，则该方案（　　）。

    A. 无法判断是否可行　　　　　　　　　B. 该方案可行

    C. 净现值小于零　　　　　　　　　　　D. 该方案不可行

    E. 净现值大于零

4. 关于基准收益率的说法，正确的有（　　）。（注：2017 年一级建造师考试"建设工程经济"真题）

    A. 测定基准收益率不需要考虑通货膨胀因素

    B. 基准收益率是投资资金应获得的最低盈利水平

    C. 测定基准收益率应考虑资金成本因素

    D. 基准收益率取值高低应体现对项目风险程度的估计

    E. 债务资金比例高的项目应降低基准收益率取值

5. 关于有效利率和名义利率关系的说法，正确的有（　　）。（注：2017 年一级建造师考试"建设工程经济"真题）

    A. 年有效利率和名义利率的关系实质上与复利和单利的关系一样

    B. 每年计息周期数越多，则年有效利率和名义利率的差异越大

    C. 只要名义利率大于零，则据此计算出来的年有效利率一定大于年名义利率

    D. 计息周期与利率周期相同时，周期名义利率与有效利率相等

    E. 单利计息时，名义利率和有效利率没有差异

三、计算题

1. 某项目估计建设投资为 1 000 万元，全部流动资金为 200 万元，建设当年即投产并达到设计生产能力，各年净收益均为 270 万元。则该项目的静态投资回收期为多少年？（2018 年一级建造师考试"建设工程经济"真题）

2. 某方案的现金流量如表 4.6 所示，基准收益率为 10％，试计算：

    （1）静态与动态投资回收期；

(2) 净现值 NPV,净年值 NAV;

(3) 内部收益率。

表 4.6 某方案现金流量表 单位:万元

年份	0	1	2	3	4	5
净现金流量	−1 500	400	500	600	700	800

3. 某企业基建项目设计方案总投资为 2 000 万元,投产后年经营成本为 500 万元,年销售额为 1 500 万元,第三年年末工程项目配套追加投资 1 000 万元,若计算期为 5 年,基准收益率为 10%,残值等于零。试计算投资方案的净现值和净年值。

4. 某项目计算期 20 年,各年净现金流量如表 4.7 所示。基准折现率 $i_c = 10\%$。试根据项目的财务净现值 NPV 判断此项目是否可行,并计算项目的静态投资回收期和动态投资回收期。

表 4.7 某方案净现金流量表 单位:万元

年份	0	1	2	3	4	5
净现金流量	−180	−250	150	80	100	150

5. 某项目财务现金流量表的数据如表 4.8 所示,试计算项目的静态投资回收期。如基准收益率为 8%,试计算项目的动态投资回收期和净现值。

表 4.8 某方案现金流量表 单位:万元

年份	0	1	2	3	4	5	6
现金流入	—	—	800	1 200	1 200	1 200	1 200
现金流出	600	900	500	700	700	700	700

6. 某项目净现金流量如表 4.9 所示,寿命期为 5 年。试计算其静态、动态投资回收期、净现值、净年值、净现值率(基准收益率为 10%)。

表 4.9 某项目净现金流量表 单位:万元

年份	0	1	2	3	4	5
净现金流量	−1 000	−800	500	700	800	1 000

7. 某方案初始投资额为 500 万元,此后每年年末的作业费用为 40 万元,方案的寿命期为 10 年,10 年后的残值为零。假设基准收益率为 10%,求该方案的费用现值和费用年值。

8. 某方案初始投资额为 500 万元,每年年末的净收益为 150 万元,方案的寿命期为 15 年,设基准收益率为 10%。

(1) 求该投资所产生的净收益的现值和年值。

(2) 该投资的内部收益率为多少?

（3）用每年的净收益将初期投资额全部回收的时间是几年？分别按静态方法和动态方法进行计算。

9. 某开发区拟定一个 15 年规划，分三期建成，开始投资 6 万元，5 年后再投资 5 万元，10 年后再投资 4 万元。每年的维护费：前 5 年每年 1 500 元，次 5 年每年 2 500，最后 5 年每年 3 500 元，15 年年末的残值为 8 000 元，试用 6% 的基准收益率计算该规划的费用现值和费用年值。

10. 某公共事业拟订一个 15 年规划，分三期建成，期初投资 60 000 元，5 年后再投资 50 000 元，10 年后再投资 40 000 元。每年的保养费均发生在年末，前 5 年每年 1 500 元，次 5 年每年 2 500 元，最后 5 年每年 3 500 元，15 年年末残值为 8 000 元，试用 8% 的基准收益率计算该规划的费用现值和费用年值。

11. 某投资方案初始投资为 120 万元，年营业收入为 100 万元，寿命为 6 年，残值为 10 万元，年经营费用为 50 万元，投资发生在年初，其余现金流量的发生遵循年末习惯法。试求该投资方案的内部收益率。

第五章　建设项目的经济评价与优选

第一节　建设项目的经济评价概述

一、建设项目经济评价的方法

1. 按评价方法的性质分类

按评价方法的性质不同,分为定量分析和定性分析。

(1) 定量分析

在建设项目经济评价中考虑的定量分析因素包括资产价值、资本成本、有关销售额、成本等一系列可以以货币表示的一切费用和收益。

(2) 定性分析

定性分析是指对无法精确度量的重要因素实行的估量分析方法。在建设项目方案经济评价中,应坚持定量分析与定性分析相结合,以定量分析为主的原则。

2. 按评价方法是否考虑时间因素分类

对定量分析,按其是否考虑时间因素又可分为静态分析和动态分析。

(1) 静态分析

静态分析是不考虑资金的时间因素的,静态分析可根据建设项目方案的具体情况选做。

(2) 动态分析

动态分析是在分析建设项目方案的经济效果时,对发生在不同时间的现金流量折现后来计算分析指标。在建设项目方案经济效果评价中,应坚持动态分析与静态分析相结合,以动态分析为主的原则。

3. 按评价是否考虑融资分类

建设项目经济分析可分为融资前分析和融资后分析。一般宜先进行融资前分析,在融资前分析结论能够满足要求的情况下,初步设定融资方案,再进行融资后分析。

(1) 融资前分析

融资前分析排除了融资方案变化的影响,从建设项目投资总获利能力的角度,考察建设项目设计的合理性,作为建设项目初步投资决策与融资方案研究的依据和基础。融资前分析应以动态分析为主,静态分析为辅。

(2) 融资后分析

融资后分析应以融资前分析和初步的融资方案为基础,考察建设项目在拟定融资条件下的盈利能力、偿债能力和财务生存能力,判断建设项目在融资条件下的可行性。融资后分析用于比选融资方案,帮助投资者做出融资决策。

二、建设项目经济评价方案的类型

由于技术经济条件的不同,实现同一目的的建设项目方案也各有不同。因此,经济评价的基本对象就是实现预定目的的各种方案。评价方案的类型是指一组备选建设项目方案之间所具有的相互关系。这种关系一般分为单一方案(又称独立型方案)和多方案两类。而多方案常见的主要有互斥型、互补型、现金流量相关型和混合相关型等。

1. 独立型方案

独立型方案是指技术方案间互不干扰、经济上互不相关的方案,即这些技术方案是彼此独立无关的,选择或放弃其中一个技术方案,并不影响其他技术方案的选择。对独立型方案的评价选择,其实质就是在"做"与"不做"之间进行选择。

2. 互斥型方案

互斥型方案又称排他型方案,在若干备选技术方案中,各个技术方案彼此可以相互代替,技术方案具有排他性,选择其中任何一个技术方案,则其他技术方案必然被排斥。

3. 互补型方案

在多方案中,出现技术经济互补的方案称为互补型方案。根据互补方案之间相互依存的关系,互补方案可能是对称的,如建设一个大型非坑口电站,必须同时建设铁路、电厂,它们无论在建成时间、建设规模上都要彼此适应,缺少其中任何一个项目,其他项目就不能正常运行,它们之间是互补的,又是对称的。

4. 现金流量相关型方案

现金流量相关是指各方案的现金流量之间存在着相互影响。例如,一个过江项目,有两个考虑方案:一个是建桥方案 A,另一个是轮渡方案 B,两个方案都是收费的,此时任一方案的实施或放弃都会影响另一方案的现金流量。

5. 混合相关型方案

在方案众多的情况下,方案间的相关关系可能包括多种类型,称为混合相关型方案。

第二节　独立方案的评价与优选

独立型方案是指建设项目方案的采纳与否只受自身条件的制约,方案之间不具有排斥性。一个国家、一个地区,或一个大企业,一定时期的投资计划有时很多,采纳 A 方案并不要求放弃 B 方案,需要确定应该采纳哪些投资方案。独立型方案的评价和选择可分资金不受限制和资金有限两种情况。

在资金不受限制的情况下,独立型方案的采纳与否,只取决于方案自身的经济效果如何。也就是说,只需检验它们是否通过某些基准指标的评价标准,方案通过了自身的"绝对经济效果检验",即可以认为它们在经济效果上是可以接受的,否则应予拒绝。

在资金有限的情况下,将可能导致出现并不是所有通过"绝对经济效果检验"的方案都能采用的情况,即可能不得不放弃一些方案。一般可以采用独立方案互斥组合法和效率指标排序法进行分析。

一、互斥组合法评价

独立方案互斥组合法的基本思想是把各个独立方案进行组合,其中每一个组合方案就代表一个相互排斥的方案,这样就可以利用互斥方案的评选方法,选择最佳的方案组合。

独立方案互斥组合法的基本步骤如下:

(1) 列出全部相互排斥的组合方案。如果有 m 个独立方案,那么组合方案数 $N = 2^m - 1$(不投资除外)。这 N 个组合方案相互排斥。

(2) 在所有组合方案中,除去不满足约束条件的各独立方案组合,并且按投资额大小顺序排列。

(3) 对符合投资要求的所有组合方案按互斥方案的比较方法确定最优的组合方案。

(4) 最优组合方案所包含的独立方案即为该组独立方案的最佳选择。

互斥组合法的优点是遵循了互斥方案的评价方法,先考察互斥方案的绝对经济效益,再进行相对经济效益比较,比较全面。故互斥组合法可以实现资金限量条件下独立方案的总效益最大。

互斥方案组合法是在各种情况下都能确保实现独立型方案最优选择的更为可靠的方法。下面通过示例来看一下互斥方案组合法的具体分析过程。

【例 5.1】 某公司有 4 个独立的技术改造方案。基准折现率为 12%,其有关参数列于表 5.1 中,假定资金限额为 600 万元,应选择哪些方案?

表 5.1 某公司技术改造方案表　　　　　　　　　　单位:万元

独立方案	初始投资	净现值 NPV
A	210	185
B	250	190
C	150	110
D	220	120

【解】 (1) 对于 m 个独立的方案,列出全部相互排斥组合方案,共($2^m - 1$) 个。本例原有 4 个项目方案,则互斥组合方案共 15 个,见表 5.2 所示。

表 5.2　排除组合方案列表　　　　　　　　　　单位：万元

组合序号	组合方案	投资	可行与否	NPV
1	A	210	√	185
2	B	250	√	190
3	C	150	√	110
4	D	220	√	120
5	AB	460	√	375
6	AC	360	√	295
7	AD	430	√	305
8	BC	400	√	300
9	BD	470	√	310
10	CD	370	√	230
11	ABC	610	×	485
12	ABD	680	×	495
13	ACD	580	√	415
14	BCD	620	×	420
15	ABCD	830	×	605

（2）保留投资额不超过投资限额且净现值或净现值指数大于等于零的组合方案，淘汰其余组合方案。如上表所示，ABC、ABD、BCD、ABCD 的组合超过了投资限额，应该淘汰。

（3）从净现值最大的原则，对保留的方案进行优选。ACD 组合的净现值为 415 万元是资金限额内最优的方案。

二、效率指标评价法

效率指标评价方法是通过选取能反映投资效率的指标，把投资方案按投资效率的高低顺序进行排列，在资金约束下选择最佳方案组合，使有限资金能获得最大效益。常用的排序指标有净现值率与内部收益率。

1. 净现值率排序法

净现值率排序法，就是在计算各方案净现值率的基础上，将净现值率大于或等于零的方案按大小排序，并依此选取项目方案，直至所选取方案的投资总额最大限度地接近或等于投资限额为止。本方法所要达到的目标是在一定的投资限额的约束下使所选项目方案的净现值最大。

采用这种方法一般能得到投资经济效益较大的方案组合,但不一定是最优的方案组合。其具体做法如下:

(1) 以各方案的净现值率高低为序,逐项计算累计投资额,并与限定投资总额进行比较。

(2) 当截止到某项投资项目(假定为第 j 项)的累计投资额恰好达到限定的投资总额时,则第1至第 j 项的项目组合为最优的投资组合。

(3) 若在排序过程中未能直接找到最优组合,必须按下列方法进行必要的修正:

第一,当排序中发现第 j 项的累计投资额首次超过限定投资额,而删除该项后按顺延的项目计算的累计投资额却小于或等于限定投资额时,可将第 j 项与第 $(j+1)$ 项交换位置,继续计算累计投资额。这种交换可连续进行。

第二,超过限定投资额,又无法与下一项进行交换,第 $(j-1)$ 项的原始投资大于第 j 项原始投资时,可将第 j 项与第 $(j-1)$ 项交换位置,继续计算累计投资额。这种交换亦可连续进行。

第三,若经过反复交换,已不能再进行交换,仍未找到能使累计投资额恰好等于限定投资额的项目组合时,可按最后一次交换后的项目组合作为最优组合。

【例 5.2】 某公司有一组投资项目(表 5.3),受资金总额的限制,只能选择其中部分方案。该资金总额为 400 万元。求最优的投资组合。

表 5.3　独立方案的相关数据表　　　　　　　　单位:万元

独立方案	初始投资	净现值 NPV	NPVR	排序
A	110	14	0.13	3
B	210	17	0.08	4
C	100	2	0.02	5
D	90	16	0.18	2
E	100	19.5	0.20	1

【解】 从表 5.3 可知方案的优先顺序为 E、D、A、B、C,但是前四个方案的投资总额超过限额,故可以在选取了前三个方案 EDA 的前提下,选取绝对经济效果可行的方案 C;但组合方案 EDB 的净现值明显要大于组合方案 EDAC。所以,这一方法并不总能给出直接答案,原则上是选取在投资总额内累加净现值最大的方案组合。

2. 内部收益率排序法

内部收益率排序法,就是在计算各方案内部收益率的基础上,将内部收益率大于或等于基准内部收益率的方案按内部收益率大小排序,并依此次序选取项目方案,直至所选取方案的投资总额最大限度地接近或等于投资限额为止。

用内部收益率排序法进行方案优选,其原理与净现值指数排序法相同。

【例 5.3】 现有 8 个互相独立的投资方案 A、B、C、D、E、F、G、H,投资的寿命期为 3 年,投资额及每年的净收益如表 5.4 所示。基准利率为 12%,可利用的资金总额为 3 100

万元,最优的选择是什么?

表 5.4　某公司技术改造方案　　　　　　　　　单位:万元

方案	投资	净收益/年	方案	投资	净收益/年
A	540	230	E	840	340
B	620	270	F	890	345
C	730	375	G	960	400
D	810	360	H	1 020	485

【解】　(1)计算各独立方案的内部收益率。

$230(P/A, IRR_A, 3) - 540 = 0, IRR_A = 14\%$

$270(P/A, IRR_B, 3) - 620 = 0, IRR_B = 15\%$

$375(P/A, IRR_C, 3) - 730 = 0, IRR_C = 25\%$

$360(P/A, IRR_D, 3) - 810 = 0, IRR_D = 16\%$

$340(P/A, IRR_E, 3) - 840 = 0, IRR_E = 10\%$

$345(P/A, IRR_F, 3) - 890 = 0, IRR_F = 8\%$

$400(P/A, IRR_G, 3) - 960 = 0, IRR_G = 12\%$

$485(P/A, IRR_H, 3) - 1 020 = 0, IRR_H = 20\%$

(2)对未达到基准收益率水平的方案予以剔除,即剔除方案 E、F,其余方案按 IRR 从大到小进行排序,$IRR_C > IRR_H > IRR_D > IRR_B > IRR_A > IRR_G$。

(3)从 IRR 最大的方案开始,依次作方案投资的累计额计算,再依资金限制额进方案的评选。在资金限额为 3 100 万元的条件下,应取 C、H、D 三个方案进行投资,此时剩余 540 万元资金,无法实施方案 B,但是可以选择方案 A($IRR_A > i$),以提高整个方案的效益,因而,最终选择的方案应是 C、H、D、A。对于效率指标评价方法,有时用 IRR 指标和用 NPV 指标评选独立关系方案的结果并不一致。这是因为,对于一个特定项目,无论基准折现率 i_c 取何值,其 IRR 值总是唯一的,因而多项目的 IRR 排序也不会发生变化。

第三节　互斥方案的评价与优选

方案的互斥性导致在若干方案中只能选择一个方案实施。为使资金发挥最大的效益,选出的方案应是若干备选方案中经济性最优的。为此就需要对任一方案与其他所有方案进行一一对比。本文从静态和动态两方面针对寿命期相等、寿命期不等、无限寿命的互斥方案三种情况讨论互斥方案的经济效果评价。

一、互斥方案静态评价

互斥方案常用的静态评价方法有增量投资收益率法、增量静态投资回收期法、年折算费用法、综合总费用法等。

1. 增量投资收益率法

增量投资收益率法主要指通过计算互斥方案增量投资收益率,判断互斥方案相对经济效果,并据此选择最佳方案。

投资额不等的互斥方案比选的实质是判断差额投资(或称增量投资)的经济性,判断投资大的方案相对于投资小的方案多投入的那部分资金能否带来满意的增量收益。显然,若差额投资能够带来满意的增量收益,则投资额大的方案优于投资额小的方案,若差额投资不能带来满意的增量收益,则投资额小的方案优于投资额大的方案。

设 I_1、I_2 分别为 1、2 方案的投资额,C_1、C_2 为 1、2 方案的总成本费用。

如 $I_2 > I_1$,$C_2 < C_1$,则增量投资收益率 R_{2-1} 为:

$$R_{2-1} = \frac{C_1 - C_2}{I_2 - I_1} \times 100\% \tag{5.1}$$

当相互对比的两个方案生产能力相同时,即年收入相同时,它们年总成本费用的节约额,实质上就是它们年利润总额之差。

以 O 表示年产量,P 表示单位售价,$O \cdot P$ 为年收入;C_1、C_2 分别表示 1、2 方案的年总成本费用;A_1、A_2 分别表示 1、2 方案的年利润总额。

$$A_1 = O \cdot P - C_1$$
$$A_2 = O \cdot P - C_2$$
$$A_2 - A_1 = (O \cdot P - C_2) - (O \cdot P - C_1) = C_1 - C_2$$

式(5.1)即可写为:

$$R_{2-1} = \frac{C_1 - C_2}{I_2 - I_1} \times 100\% = \frac{A_2 - A_1}{I_2 - I_1} \times 100\% \tag{5.2}$$

若计算出来的增量投资收益率大于基准投资收益率,则选择投资大的方案,它表明投资的增量 $(I_2 - I_1)$ 完全可以由总成本费用的节约 $(C_1 - C_2)$ 或增量利润总额 $(A_2 - A_1)$ 来得到补偿。反之,选择投资小的方案为优方案。

【例 5.4】 某企业因设备不足影响生产,拟租入几台设备。经测算,得到租入设备数量与其引起收益的增加额的关系(表 5.5)。每台设备的月租金为 5 600 元,公司的月基准收益率为 3.5%,问租入多少设备适宜?

表 5.5 数据表　　　　　　　　　　　　　　　　单位:元/月

设备租入数量/台	1	2	3
比未租入设备前收入增加	9 360	16 880	24 400
租入设备增加的运营费用	3 000	4 500	5 800

【解】(1)各方案的投资及净收益见表 5.6 所示。

表 5.6　生成方案与相关数据表　　　　　　　　　单位：元/月

方案	设备租入数量	投资额(租金)	运营费用增加	收入增加	净收益
A	1	5 600	3 000	9 360	760
B	2	11 200	4 500	16 880	1 180
C	3	16 800	5 800	24 400	1 800

（2）A 方案与 B 方案比较，追加投资收益率为：

$$(1\,180 - 760) \div (11\,200 - 5\,600) = 7.5\% > i$$

则 B 为当前最优方案。

（3）C 方案与 B 方案比较，追加投资收益率为：

$$(1\,800 - 1\,180) \div (16\,800 - 11\,200) = 11\% > i$$

则 C 为当前最优方案。

因所有的方案比较完毕，故 C 方案为最优方案。

2. 增量投资回收期法

当互斥方案的产量相等时，增量投资回收期就是用经营成本的节约或增量净现金流量来补偿其增量投资的年限。

当各年经营成本的节约 $(C_1 - C_2)$ 或增量净现金流量 $(A_2 - A_1)$ 基本相同时，其计算公式为：

$$P_{t(2-1)} = \frac{I_2 - I_1}{C_1 - C_2} = \frac{I_2 - I_1}{A_2 - A_1} \tag{5.3}$$

当各年经营成本的节约 $(C_1 - C_2)$ 或增量净现金流量 $(A_2 - A_1)$ 差异较大时，其计算公式为：

$$(I_2 - I_1) = \sum_{t=1}^{P_t(2-1)} (A_2 - A_1) \tag{5.4}$$

计算出来的增量投资回收期，若小于基准投资回收期，则投资大的方案可行。反之，选投资小的方案。

【例 5.5】　某项目投资有三个方案备选，各方案投资总额及年经营费用见表 5.7 所示，且方案 A 已被认为是合理的，若基准投资回收期 $P = 6$ 年，试选出最优方案。

表 5.7　投资和经营费用表　　　　　　　　　　　单位：万元

方案	初始投资	年经营费用
A	2 600	2 400
B	2 900	2 000
C	3 400	2 150

【解】 首先对投资方案按投资额从小到大排序,如表 5.7 所示。

因方案 A 投资最少,且已经被认为是合理的,以此为比较基础,计算方案 B 相对方案 A 的增量投资回收期:

$$P_{t(B-A)} = \frac{I_B - I_A}{C_A - C_B} = \frac{2\,900 - 2\,600}{2\,400 - 2\,000} = 0.75(年)$$

由于 $P_{t(B-A)} < P_c$,说明方案 B 优于方案 A,方案 B 为优势方案,淘汰方案 A。

再计算方案 C 相对于方案 B 的差额投资回收:

$$P_{t(C-B)} = \frac{I_C - I_B}{C_B - C_C} = \frac{3\,400 - 2\,900}{2\,150 - 2\,000} = 3.33(年)$$

由于 $P_{t(C-B)} < P_c$,说明方案 C 优于方案 B,方案 C 为优势方案,淘汰方案 B。

结论:方案 C 为最优方案,应选择方案 C。

3. 年折算费用法

当互斥方案个数较多且产量相同时,可用年折算费用法评价互斥方案,即将投资额用基准投资回收期分摊到各年,再与各年的年经营成本相加。年折算费用计算公式如下:

$$Z_j = \frac{I_j}{P_c} + C_j \tag{5.5}$$

式中:Z_j——第 j 方案的年折算费用;

　　　I_j——第 j 方案的总投资;

　　　P_c——基准投资回收期;

　　　C_j——第 j 方案的年经营成本。

在多方案比较时,以方案的年折算费用大小作为评价准则,选择年折算费用最小的方案为最优方案。这与增量投资收益法的结论是一致的。

二、互斥方案动态评价

动态评价强调利用时间价值将不同时点发生的现金流量,换算成同一时点的价值,从而消除方案在时间上的不可比性,并能反映方案在未来时期的发展变化情况。

互斥型多方案的经济效果动态评价包括寿命期相同的互斥方案、寿命期不同的互斥方案及其他类型的互斥方案等几种不同情形。

1. 寿命期相同的互斥方案的评价与优选

一般寿命期相同的互斥方案的比较选择方法有:净现值法、净年值法、费用现值与费用年值法、差额内部收益率法。

(1) 净现值法

净现值法对互斥方案进行比较的步骤是:

① 绝对效果检验。首先根据现金流量表分别计算各个方案的净现值 $NPV_j(i_c)$,并加以检验,剔除 $NPV < 0$ 的方案。

② 相对效果检验。对所有通过绝对效果检验（即 $NPV_j(i_c) \geqslant 0$）的方案，比较其净现值。

③ 方案选优。优选准则是 $NPV \geqslant 0$ 且 $\mathrm{Max}(NPV_j(i_c))$，即选择净现值最大的方案为最优方案。

【例 5.6】 有三个互斥方案，寿命期均为 5 年，$i = 12\%$，各方案的初始投资和年净收益见表 5.8 所示，在三个方案中选择最优方案。

表 5.8 现金流量表 单位：万元

方案	初始投资	年净收益
A	50	20
B	65	25
C	75	30

【解】 $NPV_A = -50 + 20(P/A, 12\%, 5) = 22.08$（万元）

$NPV_B = -65 + 25(P/A, 12\%, 5) = 25.10$（万元）

$NPV_C = -75 + 30(P/A, 12\%, 5) = 33.12$（万元）

三个方案的净现值均大于 0，且 C 方案的净现值最大，因此 C 为经济上最优方案，则应选择 C 方案进行投资。

净现值法是对计算期相同的互斥方案进行相对经济效果评价最常用的方法。有时我们在采用不同的评价指标对方案进行比选时，可能会得出不同的结论，这时往往以净现值指标作为最后的衡量标准。

（2）净年值法

净年值法对互斥方案进行比较的步骤是：

① 绝对效果检验。首先根据现金流量表分别计算各个方案的净年值 $NAV_j(i_c)$，并加以检验，剔除 $NAV < 0$ 的方案。

② 相对效果检验。对所有通过绝对效果检验，即 $NAV_j(i_c) \geqslant 0$ 的方案，比较其净年值。

③ 方案选优。优选准则是 $NAV \geqslant 0$ 且 $\mathrm{Max}(NAV_j(i_c))$，即选择净年值最大的方案为最优方案。

【例 5.7】 对例 5.6 中的一组互斥方案用年值法比较。

【解】 $NAV_A = -50(A/P, 12\%, 5) + 20 = 6.13$（万元）

$NAV_B = -65(A/P, 12\%, 5) + 25 = 6.97$（万元）

$NAV_C = -75(A/P, 12\%, 5) + 30 = 9.20$（万元）

三个方案的净年值均大于 0，且 C 方案的净年值最大，因此 C 为经济上最优方案，应选择 C 方案进行投资。

由于方案的净年值与净现值之间的关系为：$NAV = NPV \cdot (A/P, i_c, n)$，对于寿命期同的互斥方案，$(A/P, i, n)$ 为常数，则 NPV 最大的方案，其 NAV 必然也最大，因此用

NPV 法和用 NAV 比较互斥方案,可以得出相同的结论。

（3）费用现值与费用年值法

在工程经济分析中,当方案所产出的效益相同（或基本相同）,但效益无法或很难用货币直接计量时,常用费用现值 PC 法或费用年值 AC 法替代净现值法或净年值法进行互斥方案的比较和评价。因此,首先计算各备选方案的费用现值 PC 或费用年值 AC,然后进行对比,以费用现值（费用年值）最低的方案为最优方案。

【例 5.8】　某企业需购买一台设备,现市场上有两种不同型号、功能相同的设备可供选择,经济数据如表 5.9 所示。若基准收益率为 12%,试对两设备的经济性进行比较。

单位：元

表 5.9　两种设备的经济数据

设备	价格	年运转费用		第六年末残值
		前三年	后三年	
A	900	400	500	300
B	700	500	500	0

【解】　用费用现值或费用年值进行比较：

$$PC_A = 900 + 400(P/A, 12\%, 3) + 500(P/A, 12\%, 3)(P/F, 12\%, 3) - 300(P/F, 12\%, 6) = 2\,562.94(元)$$

$$PC_B = 700 + 500(P/A, 12\%, 6) = 2\,755.70(元)$$

$$AC_A = 2\,562.94(A/P, 12\%, 6) = 623.31(元)$$

$$AC_B = 2\,755.70(A/P, 12\%, 6) = 670.18(元)$$

经上面的分析计算,由于设备 A 的费用现值（或费用年值）小于设备 B 的费用现值（或费用年值）,所以,设备 A 优于设备 B。

【例 5.9】　某企业拟建一幢建筑面积为 8 500 m² 的综合办公大楼,该办公楼供暖热源拟由社会热网公司提供,室内采暖方式考虑两种：方案 A 为低温地热辐射采暖,方案 B 为供暖热源采用地下水源热泵,室内供热为集中空调（同时也用于夏季制冷）,不考虑建设期的影响,初始投资设在期初。$i = 10\%$。有关投资和费用资料如下：

① 一次性支付社会热网公司入网费 50 元/m²,每年缴纳外网供暖费用为 24 元/m²（其中包含应由社会热网公司负责的室内外维修支出费用 5 元/m²）。

② 方案 A 的室内外工程初始投资为 120 元/m²；每年日常维护管理费用 5 元/m²；该方案应考虑室内有效使用面积增加带来的效益（按每年 2 元/m² 计算）,使用寿命均为 50 年,大修周期均为 10 年,每次大修费用均为 15 元/m²。

③ 方案 B 初始工程投资为 300 元/m²；每年地下水资源费用为 12 元/m²,每年用电及维护管理等费用 50 元/m²；大修周期 15 年,每次大修费 18 元/m²,使用寿命为 50 年,不计残值。该方案应考虑室内有效使用面积增加和冬期供暖、夏季制冷使用舒适度带来的效益（按每年 5 元/m² 计算）。初始投资和每年运行费用、大修费用及效益均按 55% 为采

暖,45%为制冷计算。

问题一:计算 A 方案的费用现值。

问题二:在方案 A、B 中选择较经济的方案。

【解】 问题一:

① 方案 A 初始投资费用、年运行费用、每次大修费用:

初始投资费用:$W_A = 50 \times 8\,500 + 120 \times 8\,500 = 144.5$(万元)

年运行费用:$W'_A = 24 \times 8\,500 + (5-2) \times 8\,500 = 22.95$(万元)

每次大修费用:$15 \times 8\,500 = 12.75$(万元)

② 方案 A 的费用现值:

$$P_A = 22.95 \times (P/A, 10\%, 50) + 12.75 \times (P/F, 10\%, 10) + 12.75 \times$$
$$(P/F, 10\%, 20) + 12.75 \times (P/F, 10\%, 30) + 12.75 \times (P/F, 10\%, 40)$$
$$+ 144.5$$
$$= 379.87(万元)$$

问题二:

① 方案 B 初始投资费用、年运行费用、每次大修费用:

初始投资费用:$W_B = 300 \times 8\,500 \times 55\% = 140.25$(万元)

年运行费用:$W'_B = (12 \times 8\,500 + 50 \times 8\,500 - 5 \times 8\,500) \times 55\% = 26.65$(万元)

每次大修费用:$18 \times 8\,500 \times 55\% = 8.42$(万元)

② 方案 B 的费用现值:

$$P_B = 26.65 \times (P/A, 10\%, 50) + 8.42 \times (P/F, 10\%, 15) + 8.42 \times$$
$$(P/F, 10\%, 30) + 8.42 \times (P/F, 10\%, 45) + 140.25$$
$$= 407.10(万元)$$

因为费用现值 $P_A < P_B$,所以选择方案 A。

(4) 差额内部收益率(ΔIRR)法

应用内部收益率(IRR)对互斥方案进行评价,能不能直接按各互斥方案的内部收益率($IRR_i \geqslant i_c$)的高低来选择方案呢?答案是否定的。因为内部收益率不是项目初始投资的收益率,而且内部收益率受现金流量分布的影响很大,净现值相同的两个分布状态不同的现金流量,会得出不同的内部收益率。因此,直接按各互斥方案的内部收益率的高低来选择方案并不一定能选出净现值(基准收益率下)最大的方案,即 $IRR_2 > IRR_1 \geqslant i_c$ 并不意味着一定有 $IRR_{2-1} = \Delta IRR > i_c$。

【例 5.10】 用 ΔIRR 法比较例 5.6 中的互斥方案。

【解】 (1) 将 B 方案与当前最优方案 A 进行比较。差额内部收益率 ΔIRR_{B-A} 满足:

$$-(65-50) + (25-20)(P/A, \Delta IRR_{B-A}, 5) = 0$$

则求得 $\Delta IRR_{B-A} = 19.9\% > i_c = 12\%$,所以 B 为当前最优方案。

(2) 将 C 方案与当前最优方案 B 进行比较。差额内部收益率 ΔIRR_{C-B} 满足:

$$-(75-65)+(30-25)(P/A,\Delta IRR_{C-B},5)=0$$

则求得 $\Delta IRR_{C-B}=42\%>i_c=12\%$，所以 C 仍然是当前最优方案。

因所有方案比较完毕，所以 C 方案为所有方案中最优方案。

2. 寿命期不同的互斥方案的评价与优选

以上所讨论的都是对比方案的寿命期相同的情形。然而，现实中很多方案的寿命期往往是不同的。对于互斥方案，如果其寿命期不相同，就不能直接采用净现值等方法比较，为了满足时间可比的要求，就需要对各备选方案的计算期和计算公式进行适当的处理，使各个对比方案在相同的条件下进行比较，才能得出合理的结论。常用的方法有净年值法、净现值法（最小公倍数法和研究期法）、增量内部收益率法等。

（1）净现值（NPV）法

净现值反映方案在整个计算期内的盈利能力（经济效果），因此采用净现值指标进行方案比选时，就要求各备选方案具有一个共同的计算期（分析期）。

若采用现值（净现值或费用现值）法对寿命不同的互斥方案进行比选，则需对各备选方案的寿命期做统一处理，即设定一个共同的分析期，使方案满足可比性的要求。处理的方法通常有两种，即最小公倍数法和研究期法。

① 最小公倍数法。最小公倍数法又称方案重复法，是以各备选方案寿命期的最小公倍数作为进行方案比选的共同计算期，并假设各个方案均在这样一个共同的计算期内重复进行，对各方案计算期内各年的净现金流量进行重复计算，直至与共同的计算期相等。例如有 A、B 两个互斥方案，A 方案计算期为 6 年，B 方案计算期为 8 年，则其共同的计算期为 24 年，然后假设 A 方案将重复实施 4 次，B 方案将重复实施 3 次，分别对其净现金流量进行重复计算，计算出在共同的计算期内各个方案的净现值（或费用现值），以净现值较大（费用现值较小）的方案为最佳方案。

最小公倍数法解决了寿命不等的方案之间净现值的可比性问题。但这种方法所依赖的方案可重复实施的假定不是在任何情况下都适用的。对于某些不可再生资源开发型项目，或者寿命原本较长的项目，在进行计算期不等的互斥方案比选时，方案可重复实施的假定不再成立，这种情况下就不能用最小公倍数法确定计算期。

【例 5.11】 某建设项目有 1、2 两个方案，其净现金流量如表 5.10 所示，若 $i=12\%$，试用最小公倍数法对方案进行比选。（设方案现金流出发生在年末）

表 5.10　1、2 两方案的净现金流量表　　　　　　　单位：万元

年份	1	2～5	6～9	10
方案 1	−360	70	70	100
方案 2	−120	55	—	—

【解】 方案 1 计算期 10 年，方案 2 计算期为 5 年，则其共同的计算期为 10 年，也即方案 2 需再实施一次。参见图 5.1 所示。

计算在计算期为 10 年的情况下，1、2 两个方案的净现值。

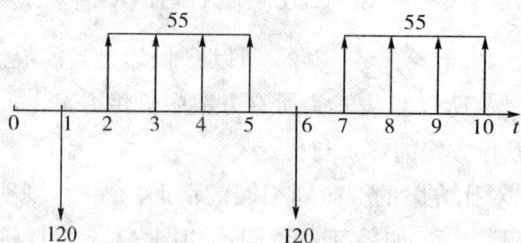

图 5.1 方案 2 的现金流量图

$$NPV_1 = [70(P/A，12\%，8) - 360](P/F，12\%，1) + 100(P/F，10\%，10)$$
$$= 21.25(万元)$$

$$NPV_2 = [55(P/A，12\%，4) - 120](P/F，12\%，6) + [55(P/A，12\%，4) -$$
$$120](P/F，12\%，1) = 65.85(万元)$$

由于 $NPV_2 > NPV_1 > 0$，所以方案 2 为最佳方案。

② 研究期法。针对上述最小公倍数法的不足，对计算期不相等的互斥方案，可采用另一种确定共同计算期的方法——研究期法。这种方法是根据对市场前景的预测，直接选取一个适当的分析期作为各个方案共同的计算期。

所谓研究期法，就是针对寿命期不相等的互斥方案，一般以互斥方案中年限最短或最长方案的计算期作为互斥方案评价的共同研究期。当然也可取所期望的计算期为共同研究期。通过比较各个方案在该研究期内的净现值来对方案进行比选，以净现值最大的方案为最佳方案。其中，计算期的确定要综合考虑各种因素，在实际应用中，为简便起见，往往直接选取诸方案中最短的寿命期作为各个方案的共同的计算期，所以研究期法又称最小计算期法。

【例 5.12】 某建设项目有 1、2 两个方案，其净现金流量如表 5.11 所示，若 $i_c = 12\%$，试用研究期法对方案进行比选。（设方案现金流出发生在年末）

表 5.11 1、2 两方案的净现金流量表 单位：万元

年份	1	2	3~7	8~10
方案 1	−500	−300	400	—
方案 2	−1 100	−700	600	600

【解】 取 1、2 两方案中较短的计算期为共同的计算期，也即 $n = 7$(年)，分别计算当计算期为 7 年时 1、2 两方案的净现值：

$$NPV_1 = -500(P/F，12\%，1) - 300(P/F，12\%，2) + 400(P/A，12\%，5)$$
$$(P/F，12\%，2) = 463.89(万元)$$

$$NPV_2 = [-1 100(P/F，12\%，1) - 700(P/F，12\%，2) + 600(P/A，12\%，8)$$
$$(P/F，12\%，2)](A/P，12\%，10)(P/A，12\%，7) = 675.15(万元)$$

因为 $NPV_1 < NPV_2$

故选择方案 2 为最优方案。

采用研究期法对方案进行比选时,其计算步骤、判别准则均与净现值法完全一致,需要注意的是:对于计算期(或者是计算期加其延续)比共同研究期长的方案,要对其在研究期以后的现金流量余值进行估算,并回收余值。该项余值估算的合理性及准确性,对方案比选结论有重要影响。

(2) 净年值法

净年值(NAV)法是对寿命期不相等的互斥方案进行比较时用到的一种简单的方法。它是通过分别计算各备选方案净现金流量的等额年值(NAV)并进行比较,以 $NAV \geqslant 0$,且 NAV 最大者为最优方案。其中净年值的计算公式为:

$$NAV(i_c) = \left[\sum_{t=0}^{n} (CI - CO)_t (1+i_c)^{-t} \right] \cdot (A/P, i_c, n) \tag{5.6}$$
$$= NPV(i_c) \cdot (A/P, i_c, n)$$

用净年值进行寿命不等的互斥方案经济效果评价,实际上隐含着这样一种假定:各备选方案在其寿命结束时均可按原方案重复实施或以与原方案经济效果水平相同的方案继续。净年值是以"年"为时间单位比较各方案的经济效果,一个方案无论重复实施多少次,其净年值是不变的,从而使寿命不等的互斥方案间具有可比性。故净年值更适用于评价具有不同计算期的互斥方案的经济效果。

【例 5.13】　根据例 5.11 的资料,试用净年值法对方案进行比选。

【解】　先求出 1、2 两个方案的净现值

$$NPV_1 = [70(P/A, 12\%, 8) - 360](P/F, 12\%, 1) + 100(P/F, 10\%, 10)$$
$$= 21.25(万元)$$
$$NPV_2 = [55(P/A, 12\%, 4) - 120](P/F, 12\%, 1) = 42.01(万元)$$

再求出 1、2 两个方案的净年值
$$NAV_1 = NPV_1(A/P, i_c, n_1) = 21.25(A/P, 12\%, 10) = 3.76(万元)$$
$$NAV_2 = NPV_2(A/P, i_c, n_2) = 42.01(A/P, 12\%, 5) = 11.65(万元)$$
由于 $NAV_2 > NAV_1 > 0$,所以方案 2 为最佳方案。

(3) 增量内部收益率(ΔIRR)法

用增量内部收益率进行寿命不等的互斥方案评价,需要首先对各备选方案进行绝对效果检验,然后再对通过绝对效果检验(NPV、NAV 不小于零,IRR 不小于基准收益率)的方案用计算增量内部收益率的方法进行比选。

求解寿命不等互斥方案间增量内部收益率的方程可用令两方案净年值相等的方式建立:

$$\sum_{t=0}^{n_A} A_{At}(P/F, \Delta IRR, t)(A/P, \Delta IRR, n_A)$$
$$= \sum_{t=0}^{n_B} A_{Bt}(P/F, \Delta IRR, t)(A/P, \Delta IRR, n_B) \tag{5.7}$$

$$\sum_{t=0}^{n_A} A_{At}(P/F, \Delta IRR, t)(A/P, \Delta IRR, n_A) -$$

$$\sum_{t=0}^{n_B} A_{Bt}(P/F, \Delta IRR, t)(A/P, \Delta IRR, n_B) = 0 \qquad (5.8)$$

在 ΔIRR 存在的情况下：

若 $\Delta IRR > i_c$ 则初始投资大的方案为优；

若 $0 < \Delta IRR < i_c$，则初始投资小的方案为优。

对于仅有或仅需计算费用现金流量的寿命不等的互斥方案，求解方案间增量内部收益率的方程可用令两方案费用年值相等的方式建立：

$$\sum_{t=0}^{n_A} CO_{At}(P/F, \Delta IRR, t)(A/P, \Delta IRR, n_A) -$$

$$\sum_{t=0}^{n_B} CO_{Bt}(P/F, \Delta IRR, t)(A/P, \Delta IRR, n_B) = 0 \qquad (5.9)$$

在 ΔIRR 存在的情况下：

若 $\Delta IRR > i_c$，则初始投资大的方案为优；

若 $0 < \Delta IRR < i_c$，则初始投资小的方案为优。

【例 5.14】 已知表 5.12 中的资料数据，试用 NPV、AW 指标进行方案比较。设 $i_c = 10\%$。

表 5.12 A、B 两方案的净现金流量表　　　　　　　　单位：万元

	方案 A	方案 B
总投资(0 年发生)	3 000	4 500
年净现金流量(年末发生)	1 200	1 100
估计寿命(年)	4	8

【解】 (1)绘制现金流量图(图 5.2、图 5.3)

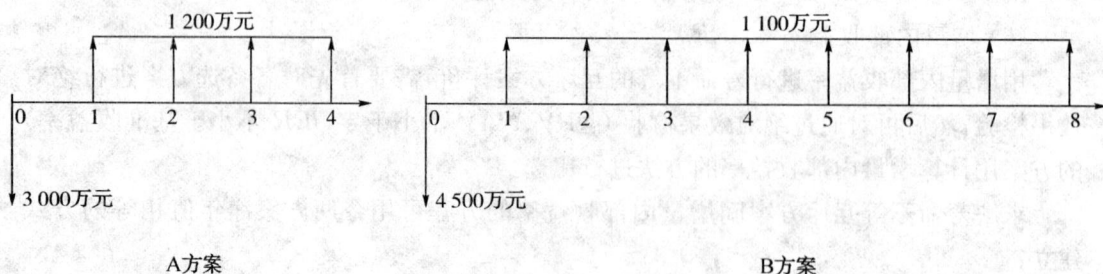

A方案　　　　　　　　　　　　　　　　　　B方案

图 5.2 现金流量图

(2)净现值评价

① 利用各方案研究期的最小公倍数计算。本例即为 8 年的研究期：

$$NPV_A = -3\,000 - 3\,000(P/F,\,10\%,\,4) + 1\,200(P/A,\,10\%,\,8)$$
$$= -3\,000 - 3\,000 \times 0.683\,0 + 1\,200 \times 5.334\,9 = 1\,352.88(万元)$$

$$NPV_B = -4\,500 + 1\,100(P/A,\,10\%,\,8) = -4\,500 + 1\,100 \times 5.334\,9$$
$$= 1\,368.39(万元)$$

故选择 B 方案。

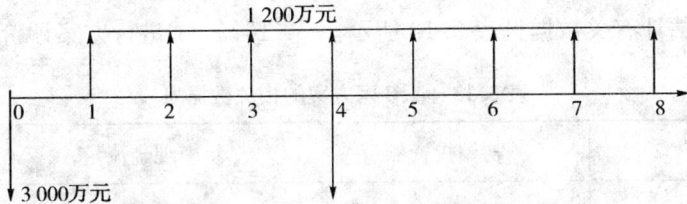

图 5.3 A 方案 *NPV* 最小公倍数法现金流量图

② 取年限短的方案计算期作为共同的研究期。本例为 4 年。

$$NPV_A = -3\,000 + 1\,200(P/A,\,10\%,\,4) = -3\,000 + 1\,200 \times 3.169\,9$$
$$= 803.88(万元)$$

$$NPV_B = [-4\,500 + 1\,100(P/A,\,10\%,\,8)](A/P,\,10\%,\,8)(P/A,\,10\%,\,4)$$
$$= 812.88(万元)$$

故选择 B 方案。

(3) 年值 AW 评价

$$AW_A = -3\,000(A/P,\,10\%,\,4) + 1\,200 = -3\,000 \times 0.315\,5 + 1\,200$$
$$= 253.5(万元)$$

$$AW_B = -4\,500(A/P,\,10\%,\,8) + 1\,100 = -4\,500 \times 0.187\,5 + 1\,100$$
$$= 256.7(万元)$$

故选择方案 B。

第四节 相关方案的评价与优选

相关方案评价主要有现金流量相关方案和混合相关方案等的评价。

一、现金流量相关方案经济评价

对现金流量相关方案,不能简单地按照独立方案或互斥方案的评价方法来分析,而应首先确定方案之间的相关性,对其现金流量之间的相互影响作出准确的估计,然后根据方案之间的关系,把方案组合成互斥方案(如跨江收费项目的建桥方案 A 或轮渡方案 B,可以考虑的方案组合是方案 A、方案 B 和 AB 混合方案。在 AB 混合方案中,方案 A 的收入将因另一方案 B 的存在而受到影响),最后按照互斥方案的评价方法对组合方案进行比选。主要思路是:先将各方案组合成互斥方案,计算各互斥方案的现金流量,再应用各种经济效果评估指标进行评价。

【例 5.15】 两座城市间有两个投资方案 A、B,A 为建高速公路,B 为建铁路,只上一个项目时各项目的净现金流量见表 5.13 所示;两个方案同时上时,会对另一方案的现金流量产生影响,估计有关数据见表 5.13 所示。$i = 10\%$,试进行方案评价择优。

表 5.13　A、B 两方案的相关数据表　　　　　单位:亿元

方案	初始投资额	年净现金流量	寿命期
高速公路 A	−60	12	50
铁路 B	−35	8	50
A+B	−85	15	50

【解】 A、B 两方案为现金流相关方案,可用方案组合法评价择优。

第一步,先将各相关方案组合成互斥方案。

第二步,对各互斥方案进行评价择优,用净年值法。

$$NAV_A = -60(A/P, 10\%, 50) + 12 \approx 5.95(亿元)$$
$$NAV_B = -35(A/P, 10\%, 50) + 8 \approx 4.47(亿元)$$
$$NAV_{A+B} = -85(A/P, 10\%, 50) + 15 \approx 6.42(亿元)$$
$$NAV_{A+B} > NAV_A > NAV_B$$

故两个方案同时采纳为最佳。

二、混合相关方案评价

对混合相关方案评价,不管项目间是独立的或是互斥的或是有约束的,它们的解法都一样,即把所有的投资方案的组合排列出来,然后进行排序和取舍。

综上分析,进行多方案经济比选基本思路就是先变相关为互斥,再用互斥方案的评价方法来评价。评价时应注意如下问题:

(1) 方案经济评价,应遵循效益与费用计算口径对应一致的原则,注意各方案的可比性。

(2) 在方案不受资金约束的情况下,一般采用增量内部收益率、净现值和净年值等指标评价方案。当有资金限制,且各方案占用资金远低于资金总拥有量时,一般宜采用净现值率评价方案。

(3) 对计算期不同的方案进行比选时,宜采用净年值和年费用等指标。如果采用增量内部收益率、净现值率等方法进行比较时,则应对各方案的计算期进行适当处理。

（4）对效益相同或效益基本相同但难以具体估算的方案进行比较时，可采用最小费用法，包括费用现值比较法和年费用比较法。

复习思考题

一、单项选择题

1. 某企业拟新建一项目，有两个备选方案技术均可行。甲方案投资 5 000 万元。计算期 15 年，财务净现值为 200 万元。乙方案投资 8 000 万元，计算期 20 年，财务净现值为 300 万元。则关于两方案比较的说法，正确的是（　　）。
   A. 甲、乙方案必须构造一个相同的分析期限才能比选
   B. 甲方案投资少于乙方案，净现值大于零，故甲方案较优
   C. 乙方案净现值大于甲方案，且都大于零，故乙方案较优
   D. 甲方案计算期短，说明甲方案的投资回收速度快于乙方案

2. 关于财务内部收益率的说法，正确的是（　　）。
   A. 财务内部收益率大于基准收益率时，技术方案在经济上可以接受
   B. 财务内部收益率是一个事先确定的基准折现率
   C. 财务内部收益率受项目外部参数的影响较大
   D. 独立方案用财务内部收益率评价与财务净现值评价，结论通常不一样

3. 某施工项目有两个工艺方案：方案 1 需投资 2 000 万元，年生产成本 500 万元；方案 2 与方案 1 应用环境相同，需投资 2 800 万元，年生产成本 400 万元。则两方案相比较的增量投资收益率为（　　）。
   A. 18.75%　　　　B. 12.50%　　　　C. 25.00%　　　　D. 16.67%

4. 寿命期不等的互斥方案比较，可（　　）。
   A. 直接计算净现值　　　　　　　　B. 直接计算方案的年值
   C. 最小公倍数法计算净现值　　　　D. 用 $P = A/i$ 计算其净现值

5. 寿命期不等的互斥方案比较，最简单的方法是直接计算两方案的（　　）。
   A. 净现值　　　　　　　　　　　　B. 年值
   C. 动态投资回收期　　　　　　　　D. 差额投资内部收益率

6. 关于技术方案财务净现值与基准收益率，说法正确的是（　　）。
   A. 基准收益率越大，财务净现值越小
   B. 基准收益率越大，财务净现值越大
   C. 基准收益率越小，财务净现值越小
   D. 两者之间没有关系

二、简答题

1. 多方案之间的关系类型有哪些？

2. 方案的可比性表现在哪些方面?

3. 互斥多方案有哪些静态评价方法? 有哪些动态评价方法?

4. 对一组独立多方案进行比选,常用哪些方法?

三、计算题

1. 有 A、B、C 三个独立投资方案,其寿命期相同,各方案的现金流量见表 5.14,基准收益率为 10%。

表 5.14　各方案现金流量　　　　　单位:万元

方案	0	1	2	3	4
A	-1 000	600	600	600	600
B	-2 500	1 000	1 000	1 000	1 000
C	-4 500	2 300	2 300	2 300	2 300

试求:(1)若资金没有限制条件,选择最优的组合方案;(2)若资金限额为 6 000 万元,用互斥组合法求最优方案组合;(3)若资金限额为 10 000 万元,用净现值率排序法进行最佳项目组合的选择。

2. 某小电厂的年热损失费为 520 万元,为解决此问题制定了两个方案(互斥关系):A 方案可以减少 60% 的热损失,投资 300 万元;B 方案可以减少 55% 的热损失,投资 250 万元。若基准收益率 8%,方案的寿命期为 10 年。请用下列方法评价两方案:(1)净现值法;(2)增量内部收益率法。

3. 已知某企业拟购买一台设备,现有两种规格供选择,设备 A 的购置费为 50 万元,年经营成本为 15 万元;设备 B 的购置费为 70 万元,年经营成本为 10 万元。两种设备所生产的产品完全相同,使用寿命相同,且期末均无残值,要求:

(1) 试用增量投资收益率法选择最优方案。

(2) 采用增量投资回收期法比选方案,基准投资回收期为 5 年。

(3) 采用年折算费用法比选方案(基准投资收益率为 15%)。

4. 某建设工程有两个可行方案,每个方案均按两期进行建设。

A 方案:第一期工程初始投资 100 万元,年经营费用 5 万元,服务期 10 年,期末残值 5 万元;第二期工程自第 6 年开始生产,第 6 年年初二期工程投资 30 万元,年经营费用 2 万元,服务期 5 年,期末残值为 0。

B 方案:第一期工程初始投资 80 万元,年经营费用 6 万元,服务期 10 年,期末残值 3 万元;第二期工程自第 5 年开始生产,第 5 年年初二期工程投资 40 万元,年经营费用 3 万元,服务期 6 年,期末残值为 0。

设两个方案完成的功能是相同的(收益相同),基准收益率为 10%,请选择方案。

第六章　建设项目的不确定性分析与风险分析

第一节　不确定性分析与风险分析概述

建设项目的技术经济分析是在对其各经济要素预测的基础上进行的。但是由于自然、社会、经济环境的多变性,导致对其经济基本要素预测的未来变化带有不确定性,不确定性与确定性是相对的,一旦存在不确定性因素,未来就会存在风险,不确定性分析和风险分析是建设项目经济效果评价中的重要内容。而建设项目的经济效果评价都以一些确定的数据和参数为基础,实际上这些数据和参数大部分是分析人员在对未来各种情况所作的预测与判断的基础上进行的。因此,不管用什么方法预测或估计,都会存在诸多不确定性因素,这种不确定性的程度有大有小,风险发生和导致的结果也会有大有小。

一、不确定性分析

1. 不确定性的概念

本书中所阐述的不确定性有两个方面:一方面是指影响经济效果的各种经济要素,包括市场需求和价格,生产成本、销售价格、销售量等会因为科技进步和经济、政治形势的变化而发生变化,它们的未来变化带有不确定性;另一方面是指各种经济要素的取值,会因为工作人员缺乏足够的信息或测算方法上的误差,使得建设项目经济效果评价带有不确定性。

2. 不确定性产生的原因

(1)项目基本数据收集不充分或者统计有偏差。比如建设项目投资和流动资金是经济效果评价中重要的基础数据,但在实际应用中,往往会由于各种原因而高估或低估了它的数额,从而影响了建设项目经济效果评价的结果。

(2)未来经济形势的变化。一是通货膨胀的存在,会导致物价的波动,从而会影响建设项目经济效果评价中所用的价格;二是市场供求结构的变化,会影响到产品的市场供求状况,进而对某些指标值产生影响。

(3)技术进步。技术进步会引起新旧产品和工艺的更新替代,会导致相关数据发生偏差,如年营业收入、年经营成本。

(4)其他外部影响因素。如政府政策的变化,新的法律、法规的颁布,国际政治、经济、社会形势的变化等,均会对建设项目的经济效果产生一定的影响。

在建设项目的经济效果评价中人们很难全面分析这些因素的变化对其经济效果的影响,所以在实际工作中,往往要着重分析和把握关键因素,方能取得较好的效果。

3. 不确定性分析的方法

常用的不确定性分析方法有盈亏平衡分析法、敏感性分析法。一般来讲,盈亏平衡分析只适用于项目的财务评价,而敏感性分析则可同时用于财务评价和国民经济评价。

二、风险分析

1. 风险的概念

随着时间的推移、科技的进步以及人类认知的进化,风险的概念被大家解释成两种类型,第一,确定为预期与实际的差距即为风险,这一方面的研究人员觉得风险是指在特殊条件下,在一段时间内某种因素可能对结果产生的改变,改变越大风险越大。第二,风险确定为不确定的事件,它是从管理和保险两方面出发,用概率的知识看待问题。人类的知识总是会不断地提炼汲取,最后研究人员将这两方面的风险解释糅合成更为全面的定义。不仅重点说出了风险的本质,而且也表明了这种性质所带来的损害程度。

2. 风险的分类

风险分类可以为风险识别提供不一样的识别思路。风险可以从不同的界面进行分类,一般来讲风险有如下几种分类,如表 6.1 所示:

表 6.1　不同原因下的风险分类

序号	分类	具体内容
1	损失产生的原因	分为自然风险和人为风险
2	风险的性质	分为纯粹风险和投机风险
3	损失的环境	分为静态风险和动态风险
4	风险形成的原因	分为主观风险和客观风险
5	风险的对象	分为财产风险、人身风险和责任风险
6	风险存在方式	分为潜在风险、延缓风险和突发风险
7	风险的来源	分为特殊风险和基本风险,特殊风险是来源于个人的风险,基本风险是来源于某个组织和整个社会的风险

3. 建设项目风险的主要来源

(1) 市场风险,指由于市场供求和价格的不确定性导致损失的可能性。主要包括市场需求量、需求偏好以及市场竞争格局、政治法律等方面的变化,导致市场行情可能发生不利的变化,而使工程项目经济效果或企业发展目标达不到预期的水平,市场风险是最直接也是最主要的风险。

(2) 技术风险,指高新技术的应用和技术进步使建设项目目标发生损失的可能性。在项目建设和运营阶段一般都涉及各种高新技术的应用。由于种种原因,实际的应用效果可能达不到预期的水平，从而也就可能使项目的目标无法实现，形成高新技术应用风险。

（3）财产风险，指与项目建设有关的企业和个人所拥有、租赁或使用财产，面临可能被破坏、被损毁以及被盗窃的风险。财产风险的来源包括项目建设和运营过程中火灾、闪电、洪水、地震、飓风、暴雨、偷窃、爆炸、暴乱、冲突等。

（4）责任风险，指承担法律责任后对受损一方进行补偿而使自己蒙受损失的可能性。经济主体必须谨慎识别那些可能对自己造成影响的责任风险。

（5）信用风险，指由于有关行为主体不能做到重合同、守信用而导致目标损失的可能性。在工程项目的建设和运营过程中，合同行为作为市场经济运行的基本单元具有普遍性和经常性。

第二节　盈亏平衡分析

一、盈亏平衡分析的概念

盈亏平衡分析是在一定市场、生产能力及经营管理条件下，分析产品产量、成本、利润三者之间相互关系，判断企业对市场需求变化的适应能力的一种不确定性分析方法。在工程经济评价中，它的作用是找出建设项目的盈亏临界点，以判断不确定性因素对项目经济效果的影响程度，进而确定项目实施的风险大小及承担风险的能力，为建设项目投资决策提供科学依据。此方法计算简单，可直接分析项目的关键因素，因此，至今仍作为项目不确定分析的主要方法之一。

二、盈亏平衡分析的基本原理

盈亏平衡分析是以成本和产品数量的关系为基础，研究利润与销售收入和总成本费用之间的关系。其目的是通过盈亏平衡分析确定盈亏平衡点、正确规划项目的生产发展水平、合理安排项目的生产能力、及时了解项目的经营状况以判断不确定因素对方案经济效果的影响程度，选择出风险最小、经济效益较好的运行方案。

1. 销售收入与产品产量的关系

根据市场条件的不同，销售收入与产品销售量的关系有两种情况：

（1）在无竞争市场中，产品价格不随销售量的增加而变化，可以看作一个常数，销售收入与销售量之间为线性关系。

（2）在有竞争市场中，随着产品销售量的增加，产品价格有所下降。这时，销售收入与销售量之间不再是线性关系，而是非线性关系。

2. 产品成本与产量的关系

盈亏平衡分析有一个基本假设，即生产单位按销售量组织生产，产品销售量等于产品产量。按照与产量关系的不同,产品成本大体上可分为固定成本和变动成本。固定成本包括固定资产折旧费、大修理费、管理费等。

3. 盈亏平衡点及其计算原理

盈亏平衡点又称盈亏临界点。通常是指项目当年的收入等于全部成本时的产量。它是方案盈利与亏损的临界点。以盈亏平衡点为界限,当销售收入高于盈亏平衡点时项目盈利,反之,项目就亏损。在盈亏平衡点上,项目既无盈利,又无亏损。在不确定性分析中,投资者需要确定这一平衡点处于何种水平上,判断项目的可行性。

总成本费用分解为固定成本和变动成本后,基于利润与销售收入、税金和总成本费用的关系,建立盈亏平衡的基本数学模型,其表达式为:

$$利润 = 销售收入 - 总成本 - 税金 \tag{6.1}$$
$$= 销售收入 - (固定成本 + 变动成本) - 税金$$

假设产量等于销售量,并且项目的销售收入与总成本均是产量的线性函数,则:

$$销售收入 = 单位售价 \times 销售量 \tag{6.2}$$

$$总成本 = 变动成本 + 固定成本$$
$$= 单位变动成本 \times 产量 + 固定成本 \tag{6.3}$$

$$销售税金 = 单位产品销售税金 \times 销售量 \tag{6.4}$$

将式(6.2)、式(6.3)和式(6.4)代入式(6.1),并用字母表示,会有:

$$B = PQ - C_V Q - C_F - tQ \tag{6.5}$$

式中:B——利润;

P——单位产品售价;

Q——销量或生产量;

t——单位产品销售税金或单位产品增值税;

C_V——单位产品变动成本;

C_F——固定成本。

根据总成本费用、销售收入与产量之间是否呈线性关系,盈亏平衡分析分为线性盈亏平衡分析和非线性盈亏平衡分析。

三、线性盈亏平衡分析

1. 线性盈亏平衡分析的前提条件

线性盈亏平衡分析除了应具备盈亏平衡分析共有的条件外,还应满足下列前提条件:

(1) 产量等于销售量;

(2) 产量变化,单位可变成本不变,从而总生产成本是产量的线性函数;

(3) 产量变化,销售单价不变,从而销售收入是销售量的线性函数;

(4) 只生产单一产品,或者生产多种产品,但可以换算为单一产品计算。

将销量、成本、利润的关系反映在直角坐标系中,即线性盈亏平衡分析图,如图 6.1 所示。

图中:S——销售收入线;

$\qquad$ C——销售成本线;

$\qquad$ BEP——盈亏平衡点;

$\qquad$ C_F——固定成本;

$\qquad$ C_V'——变动成本;

$\qquad$ $C_F + C_V'$——总成本。

从图 6.1 可知,销售收入线与成本线的交点是盈亏平衡点,也叫保本点。此点既没有利润,也不发生亏损。在此基础上,增加销售量,销售收入超过总成本,收入线与成本线之间的距离为利润值,形成盈利区;反之形成亏损区。

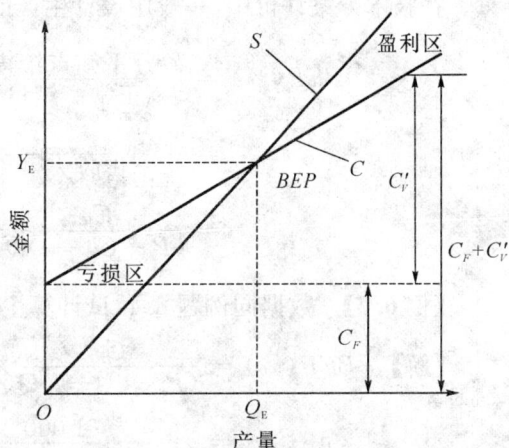

图 6.1　线性盈亏平衡分析图

2. 线性盈亏平衡分析的方法

盈亏平衡点 BEP(break even point)的表达形式有多种,可以用产销量、单位产品售价、单位产品的可变成本,以及年总固定成本的绝对量等表示。其中,以产销量和生产能力利用率表示的盈亏平衡点的应用最为常见。

(1)产销量盈亏平衡分析的方法

产销量是盈亏平衡点的一个重要表达形式。根据式(6.5),令利润 $B = 0$,此时可导出以产量表示的盈亏平衡点。即:

$$
\begin{aligned}
BEP(Q) &= \frac{年固定总成本}{单位产品销售价格 - 单位产品可变成本 - 单位产品税金} \\
&= \frac{C_F}{P - C_V - t}
\end{aligned}
\tag{6.6}
$$

运用盈亏平衡点分析时应注意:盈亏平衡点要按项目投产达到设计生产能力后正常年份的产销量、变动成本、固定成本、产品价格、增值税金及附加等数据来计算,而不能按计算期内的平均值计算。正常年份一般选择还款期间的第一个达产年和还款后的年份分别计算,以便分别给出最高和最低的盈亏平衡点区间范围。

【例 6.1】　某项目年设计生产能力为 12 万台,年固定成本为 1 000 万元,产品单台销售价格为 800 元,单台产品可变成本为 550 元,单台产品增值税为 120 元。试求盈亏平衡点的产销量。

【解】　$BEP(Q) = \dfrac{C_F}{P - C_V - t} = \dfrac{10\,000\,000}{800 - 550 - 120} = 76\,923$(台)

计算结果表明,当项目产销量低于 76 923 台时,项目亏损;当项目产销量大于 76 923 台时,项目盈利。

(2)生产能力利用率盈亏平衡分析的方法

生产能力利用率表示的盈亏平衡点 $BEP(\%)$,是指盈亏平衡点产销量占技术方案正常产销量的比重。所谓正常产销量是指正常市场和正常开工情况下,技术方案的产销数量。在技术方案评价中,一般用设计生产能力表示正常产销量。

$$BEP(\%) = \frac{盈亏平衡点销售量}{正常产销量} \times 100\% = \frac{BEP(Q)}{Q} \times 100\%$$

$$= \frac{年固定总成本}{年销售收入 - 年可变成本 - 年销售税金} \times 100\%$$

$$= \frac{C_F}{(P - C_V - t)Q} \times 100\% \tag{6.7}$$

【例 6.2】 数据同例题 6.1,试计算生产能力利用率表示的盈亏平衡点。

【解】 $BEP(\%) = \dfrac{C_F}{(P - C_V - t)Q} \times 100\%$

$$= \frac{1\,000}{(800 - 550 - 120) \times 12} \times 100\% = 64.1\%$$

计算结果表明,当项目生产能力利用率低于 64.1% 时,项目亏损;当项目生产能力利用率大于 64.1% 时,则项目盈利。

(3)用年销售收入表示的盈亏平衡点 $BEP(S)$

单一产品企业在现代经济中只占少数,大部分企业产销多种产品。多品种企业可以使用年销售收入来表示盈亏平衡点。

$$BEP(S) = \frac{单位产品销售价格 \times 年固定总成本}{单位产品销售价格 - 单位产品可变成本 - 单位产品税金}$$

$$= \frac{P \times C_F}{P - C_V - t} \tag{6.8}$$

(4)用销售单价表示的盈亏平衡点 $BEP(P)$

如果按设计生产能力进行生产和销售,BEP 还可以由盈亏平衡点价格 $BEP(P)$ 来表达,即:

$$BEP(P) = \frac{年固定总成本}{设计生产能力} + 单位产品可变成本 + 单位产品税金$$

$$= \frac{C_F}{Q} + C_V + t \tag{6.9}$$

【例 6.3】 某企业生产一种结构构件,设计年产销量为 10 万件,每件的价格为 280 元,单位产品的可变成本 100 元,单位产品增值税金及附加 20 元,年固定成本 300 万元。问题:

(1)该企业不亏不盈时的最低年产销量是多少?

(2)达到设计能力时盈利是多少?

(3)年利润为 100 万元时的年产销量是多少?

【解】 (1)计算该公司不亏不盈时的最低年产销量:

$$BEP(Q) = \frac{C_F}{P - C_V - t} = \frac{3\,000\,000}{280 - 100 - 20} = 18\,750(件)$$

计算结果表明,当公司生产结构构件产销量低于 18 750 件时,公司亏损;当公司产销量大于 18 750 件时,则公司盈利。

(2) 计算达到设计能力时的盈利:

$$B = PQ - C_V Q - tQ - C_F = 280 \times 10 - 100 \times 10 - 20 \times 10 - 300$$
$$= 1\,300(万元)$$

(3) 计算年利润为 100 万元时的年产销量:

$$Q = \frac{B + C_F}{P - C_V - t} = \frac{1\,000\,000 + 3\,000\,000}{280 - 100 - 20} = 25\,000(件)$$

该企业不亏不盈时的最低年产销量是 18 750 件;达到设计能力 10 万件时盈利是 1 300万元;年利润为 100 万元时的年产销量是 25 000 件。

【例 6.4】 某新建项目正常年份的设计生产能力为 100 万件某产品,年固定总成本为 600 万元,每件产品销售价预计 60 元,销售税金及附加税率为 6%,单位产品可变成本估算额 40 元。问题:

(1) 对项目进行盈亏平衡分析,计算项目的产量盈亏平衡点和单价盈亏平衡点。

(2) 在市场销售良好的情况下,正常生产年份的最大可能盈利额多少?

(3) 在市场销售不良情况下,企业欲保证年利润 120 万元的年产量应为多少?

(4) 在市场销售不良情况下,企业将产品的市场价格由 60 元降低 10% 销售,则欲保证年利润 60 万元的年产量应为多少?

(5) 从盈亏平衡分析角度,判断该项目的可行性。

【解】 (1) 项目产量盈亏平衡点和单价盈亏平衡点计算如下:

$$产量盈亏平衡 = \frac{年固定总成本}{单位产品销售价格 - 单位产品可变成本 - 单位产品税金}$$
$$= \frac{6\,000\,000}{60(1 - 6\%) - 40} = 365\,853(件) = 36.59(万件)$$

$$单价盈亏平衡点 = \frac{年固定总成本}{设计生产能力} + 单位产品可变成本 + 单位产品税金$$
$$= \frac{600 + 100 \times 40}{100 \times (1 - 6\%)} = 48.94(元/件)$$

(2) 在市场销售良好的情况下,正常年份最大可能盈利额为:

最大可能盈利额 R = 正常年份总收益额 - 正常年份总成本

R = 设计能力 × [单价 × (1 - 销售税金及附加税率)] -
　　(年固定总成本 + 设计能力 × 单位产品可变成本)

$$= 1\,000\,000 \times 60 \times (1 - 6\%) - (6\,000\,000 + 1\,000\,000 \times 40) = 10\,400\,000(元)$$
$$= 1\,040(万元)$$

(3) 在市场销售不良情况下,每年欲获 120 万元利润的最低年产量为:

$$产量 = \frac{年固定总成本 + 利润}{单位产品销售价格 - 单位产品可变成本 - 单位产品税金}$$

$$= \frac{6\,000\,000 + 1\,200\,000}{60(1 - 6\%) - 40} = 439\,024(件) = 43.90(万件)$$

(4) 在市场销售不良情况下,为了促销,产品的市场价格由 60 元降低 10% 时,还要维持每年 60 万元利润额的年产量应为:

$$产量 = \frac{6\,000\,000 + 600\,000}{(60 - 60 \times 10\%)(1 - 6\%) - 40} = 613\,383(件) = 61.34(万件)$$

(5) 根据上述计算结果分析如下:

① 本项目产量盈亏平衡点 36.59 万件,而项目的设计生产能力为 100 万件,远大于盈亏平衡产量,可见,项目盈亏平衡产量仅为设计生产能力 36.59%,所以,该项目盈利能力和抗风险能力较强。

② 本项目单价盈亏平衡点 48.94 元/件,而项目预测单价为 60 元/件,高于盈亏平衡的单价。在市场销售不良情况下,为了促销,产品价格降低在 18.6% 以内,仍可保本。

③ 在不利的情况下,单位产品价格即使压低 10%,只要年产量和年销售量达到设计能力的 61.34%,每年仍能盈利 60 万元,所以,该项目获利的机会大。

综上所述,从盈亏平衡分析角度判断该项目可行。

3. 线性盈亏平衡分析的应用——互斥方案盈亏平衡分析

在需要对若干个互斥方案进行比选的情况下,如果有某个共有的不确定因素影响这些方案的取舍,可以先求出两方案的盈亏平衡点,再根据盈亏平衡点进行方案取舍。

【例 6.5】 某房地产开发商拟投资开发建设住宅项目,项目建筑面积 1 000~5 000 m²,现有 1、2、3 种建设方案,各方案的技术经济数据见表 6.2 所示。现假设基准收益率为 10%,试确定各建设方案经济合理的建筑面积范围。

表 6.2 各方案的费用数据

独立方案	单位面积造价/(元/m²)	运营费/万元	寿命/年
1	1 000	30	50
2	1 200	20	50
3	1 500	15	50

【解】 $(A/P, 10\%, 50) = 0.100\,9$,假设建筑面积为 Y,则各方案的年度总成本 AC 为:

$AC(Y)_1 = 1\,000\,元/m^2 \times Y \times (A/P, 10\%, 50) + 300\,000\,元$

$AC(Y)_2 = 1\,200\,元/m^2 \times Y \times (A/P, 10\%, 50) + 200\,000\,元$

$AC(Y)_3 = 1\,500\,元/m^2 \times Y \times (A/P, 10\%, 50) + 150\,000\,元$

令:$AC(Y)_1 = AC(Y)_2$ 得出 $Y_{12} = 4\,955\,m^2$

$AC(Y)_2 = AC(Y)_3$ 得出 $Y_{23} = 1\,652\,m^2$

$$AC(Y)_1 = AC(Y)_3 \text{ 得出 } Y_{13} = 2\,973 \text{ m}^2$$

以横轴表示建筑面积,纵轴表示年度总成本,绘出盈亏平衡分析图,如图 6.2 所示。当建筑面积小于 1 652 m² 时,方案 3 为优;当建筑面积为 1 652~4 955 m² 时,方案 2 为优;当建筑面积为大于 4 955 m² 时,方案 1 为优。

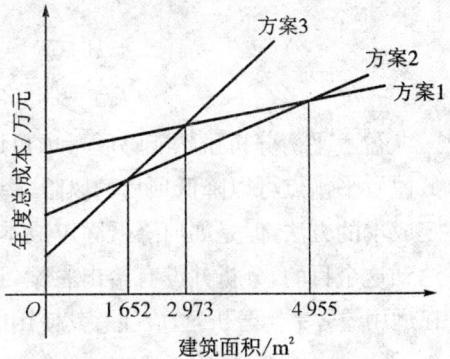

图 6.2　各方案盈亏平衡分析图

四、非线性盈亏平衡分析

在实际生产经营过程中,由于各种因素相互制约相互联系,产品的销售收入与销售量之间、成本费用与产量之间,并不一定呈现出线性的关系。在这种情况下进行的盈亏平衡分析称为非线性盈亏平衡分析。

非线性盈亏平衡分析的基本原理与线性盈亏平衡分析基本相同,即运用基本的盈亏平衡方程求解,但是此时的盈亏平衡点不止一个,需判断各区间的盈亏情况。

非线性盈亏平衡分析过程如图 6.3 所示,当产量小于 Q_1 或大于 Q_2 时,项目都处于亏损状态,只有当产量处于 $Q_1 \leqslant Q \leqslant Q_2$ 时,项目才处在盈利区域,因此 Q_1 和 Q_2 是项目的两个盈亏平衡点。

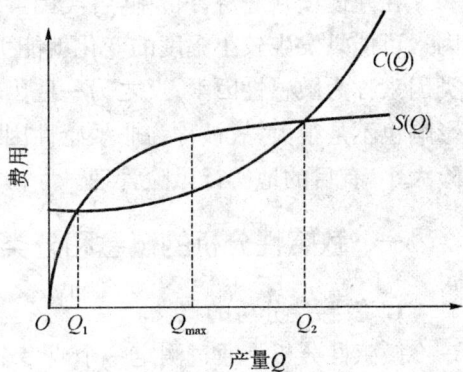

图 6.3　非线性盈亏平衡分析

分别用一元二次曲线表示总成本费用和销售收入函数。运用销售收入等于总成本的基本方程求解,即可求得盈亏平衡点以及最优规模。

【**例 6.6**】　某项目投产以后,正常年份的年固定成本为 33 000 元,单位可变成本为 15 元,单位销售价为 45 元。由于原材料整批购买,每多生产一件产品,单位可变成本可降低 0.001 5 元;销量每增加一件产品,售价下降 0.003 2 元。试求盈亏平衡点的产量 Q_1 和 Q_2 及最大利润时的销售量 $Q_{\max}$。

【**解**】　单位产品的售价为:$(45 - 0.003\,2Q)$;单位产品的可变成本为:$(15 - 0.001\,5Q)$。

(1) 求盈亏平衡点时的产量 Q_1 和 Q_2:

$$C(Q) = 33\,000 + (15 - 0.001\,5Q)Q = 33\,000 + 15Q - 0.001\,5Q^2$$

$$R(Q) = 45Q - 0.003\,2Q^2$$

根据盈亏平衡原理,令

$$C(Q) = R(Q),\text{ 即费用 } 33\,000 + 15Q - 0.001\,5Q^2 = 45Q - 0.003\,2Q^2$$

解方程得:$Q_1 = 1\,179$(件),$Q_2 = 16\,470$(件)

(2) 求最大利润时的产量 $Q_{\max}$

由 $B = R - C$ 得:$B = -0.001\,7Q^2 - 30Q + 33\,000$

$$令 B'(Q) = 0 \ 得: \ 0.003\,4Q - 30 = 0$$

$$Q_{max} = 8\,823(件)$$

盈亏平衡分析虽然能够度量项目风险的大小,但并不能揭示产生项目风险的来源。降低盈亏平衡点可以降低项目的风险,提高项目的安全性,并且降低盈亏平衡点可采取降低固定成本的方法,但是如何降低固定成本,应该采取哪些可行的方法或通过哪些有效的途径来达到这个目的,分析并没有给出答案,还需采用其他一些方法来帮助达到这个目的。因此,在运用盈亏平衡分析时,应注意其使用的场合及欲达到的目的,以便能够正确地运用此方法。

第三节　敏　感　性　分　析

在建设项目经济评价中,各类因素的变化对经济指标的影响程度是不相同的。有些因素可能只发生较小幅度的变化就能引起经济评价指标发生很大程度的变动,我们将此类因素称为敏感性因素;反之另一些因素即使发生了较大幅度的变化,对经济评价指标的影响也不是很大,故被称为非敏感性因素。投资者有必要把握敏感性因素,分析方案的风险大小,有目的地实行风险管理。

一、敏感性分析的概念和分类

1. 敏感性分析的概念

敏感性分析是通过测定一个或多个不确定性因素的变化所引起的项目基本方案经济评价指标的变化幅度,计算项目预期目标(效益)受各个不确定性因素变化的影响程度。从中找出对方案经济效果影响程度较大的因素即敏感性因素,并确定其影响程度。分析项目预期目标对于不确定性因素的敏感程度,并根据其敏感程度大小制定相应的对策,确保项目达到预期目标。

一般来说,若预期基本参数在越小的范围内发生变动,会较大范围地影响原来结论的有效性,则说明该参数的敏感性越强;反之,就意味敏感性越弱。

2. 敏感性分析的分类

敏感性分析有单因素敏感性分析和多因素敏感性分析两种。

单因素敏感性分析是对单一不确定因素变化的影响进行分析,即假设各个不确定性因素之间相互独立,每次只考察一个因素变动,其他因素保持不变,以分析这个可变因素对经济评价指标的影响程度和敏感程度。单因素敏感性分析是敏感性分析的基本方法。

多因素敏感性分析是假设两个或两个以上互相独立的不确定因素同时变化时,分析这些变化的因素对经济评价指标的影响程度和敏感程度。由于项目评估过程中的参数和变量同时发生变化的情况非常普遍,所以,多因素敏感性分析也有很强的实用价值。

二、敏感性分析的步骤

建设项目评价中的敏感性分析,是在确定性分析的基础上,通过进一步分析、预测项目主要不确定因素的变化对项目评价指标（如内部收益率、净现值等）的影响，从中找出敏感因素，确定评价指标对该因素的敏感程度和项目对其变化的承受能力。下列是敏感性分析的基本步骤。

1. 确定敏感性分析指标

建设项目评价的各种经济效果指标，如财务净现值、财务内部收益率、静态投资回收期等，都可以作为敏感性分析的指标。

2. 选择不确定因素，并设定其变化幅度

对于一般的项目而言，常用作敏感性分析的因素有投资额、建设期、产量或销售量、产品价格、经营成本、寿命期、汇率和折现率等。

在选定了需要分析的不确定性因素后，还要结合实际情况，根据各不确定性因素可能波动的范围，设定不确定因素的变化幅度，如±5％、±10％、±15％、±20％等。

3. 确定敏感性因素

敏感性分析的目的在于寻求敏感因素，这可以通过计算敏感度系数和临界点来判断。

(1) 敏感度系数（S_{AF}）

敏感度系数表示建设项目经济评价指标对不确定因素的敏感程度。计算公式为：

$$S_{AF} = \frac{\dfrac{\Delta A}{A}}{\dfrac{\Delta F}{F}} \tag{6.10}$$

式中：S_{AF} —— 评价指标 A 对于不确定性因素 F 的敏感度系数；

$\dfrac{\Delta F}{F}$ —— 不确定性因素 F 的变化率（％）；

$\dfrac{\Delta A}{A}$ —— 不确定性因素 F 发生 ΔF 变化时，评价指标 A 的相应变化率（％）。

计算敏感度系数判别敏感因素的方法是一种相对测定法，即根据不同因素相对变化对建设项目经济评价指标影响的大小，可以得到各个因素的敏感性程度排序。

$S_{AF} > 0$，表示评价指标与不确定因素同方向变化；

$S_{AF} < 0$，表示评价指标与不确定因素反方向变化。

$|S_{AF}|$ 越大，表明评价指标 A 对于不确定因素 F 越敏感；反之，则不敏感。据此可以找出哪些因素是最关键的因素。

(2) 临界点

临界点是指项目允许不确定因素向不利方向变化的极限值。超过极限，项目的效益指标将不可行。临界点可用专用软件的财务函数计算，也可由敏感性分析图直接求得近似值。

4. 综合评价，优选方案

根据敏感因素对方案评价指标的影响程度及敏感因素的多少，判断项目风险的大小，并结合不确定性分析的结果，对方案进行综合评价。如果进行敏感性分析的目的是对不同的投资项目或某一项目的不同方案进行选择，一般应选择敏感程度小、承受风险能力强、可靠性大的项目或方案。

【例 6.7】 某投资项目的单因素敏感性分析中,基本方案对应的销售量为 40 万台/年,财务内部收益率为 25%。当产品的销售量减少 10% 时,该项目的财务内部收益率降低到 22%,则此时的敏感度系数为( )。

A. 0.30   B. 0.83   C. 1.20   D. 1.36

【解】 敏感度系数 $= \dfrac{\Delta A}{\Delta F} = \dfrac{\dfrac{25\% - 22\%}{25\%}}{10\%} = 1.20$,选 C。

三、单因素敏感性分析

单因素敏感性分析是指假定允许一个不确定因素发生变动,其他因素均保持不变时所进行的敏感性分析。

【例 6.8】 某投资项目的设计生产能力为年产 10 万台某种设备,主要经济参数的估算值为:初始投资额为 1 200 万元,预计产品价格为 40 元/台(40 万元/万台),年经营成本 170 万元,运营年限 10 年,运营期末残值为 100 万元,基准收益率为 12%。

问题一:以财务净现值为分析对象,就项目的投资额、产品价格和年经营成本等因素进行敏感性分析。

问题二:保证项目可行的前提下,计算该产品价格下浮临界百分比。

【解】 问题一:

(1) 计算初始条件下项目的净现值:

$$NPV_0 = -1\,200 + (40 \times 10 - 170)(P/A, 12\%, 10) + 100(P/F, 12\%, 10)$$
$$= -1\,200 + 230 \times 5.650\,2 + 100 \times 0.322\,0$$
$$= -1\,200 + 1\,299.55 + 32.20 = 131.75(万元)$$

(2) 分别对投资额、单位产品价格和年经营成本,在初始值的基础上按照 ±10%、±20% 的幅度变动,逐一计算出相应的净现值。

① 投资额在 ±10%、±20% 范围内变动:

$$NPV_{10\%} = -1\,200(1+10\%) + (40 \times 10 - 170)(P/A, 12\%, 10) +$$
$$100 \times (P/F, 12\%, 10)$$
$$= -1\,320 + 230 \times 5.650\,2 + 100 \times 0.322\,0 = 11.75(万元)$$

$$NPV_{20\%} = -1\,200(1+20\%) + 230 \times 5.650\,2 + 100 \times 0.322\,0$$
$$= -108.25(万元)$$

$$NPV_{-10\%} = -1\,200(1-10\%) + 230 \times 5.650\,2 + 100 \times 0.322\,0$$
$$= 251.75(万元)$$

$$NPV_{-20\%} = -1\,200(1-20\%) + 230 \times 5.650\,2 + 100 \times 0.322\,0$$
$$= 371.75(万元)$$

② 单位产品价格在 ±10%、±20% 范围内变动

$$NPV_{10\%} = -1\ 200 + [40(1+10\%) \times 10 - 170](P/A, 12\%, 10) +$$
$$100(P/F, 12\%, 10)$$
$$= -1\ 200 + 270 \times 5.650\ 2 + 100 \times 0.322\ 0 = 357.75(万元)$$

$$NPV_{20\%} = -1\ 200 + [40(1+20\%) \times 10 - 170](P/A, 12\%, 10) +$$
$$100(P/F, 12\%, 10)$$
$$= -1\ 200 + 310 \times 5.650\ 2 + 100 \times 0.322\ 0 = 583.76(万元)$$

$$NPV_{-10\%} = -1\ 200 + [40(1-10\%) \times 10 - 170](P/A, 12\%, 10) +$$
$$100(P/F, 12\%, 10)$$
$$= -1\ 200 + 190 \times 5.650\ 2 + 100 \times 0.322\ 0 = -94.26(万元)$$

$$NPV_{-20\%} = -1\ 200 + [40(1-20\%) \times 10 - 170](P/A, 12\%, 10) +$$
$$100(P/F, 12\%, 10)$$
$$= -1\ 200 + 150 \times 5.650\ 2 + 100 \times 0.322\ 0 = -320.27(万元)$$

③ 年经营成本在 $\pm 10\%$、$\pm 20\%$ 范围内变动

$$NPV_{10\%} = -1\ 200 + [40 \times 10 - 170(1+10\%)](P/A, 12\%, 10) +$$
$$100(P/F, 12\%, 10)$$
$$= -1\ 200 + 213 \times 5.650\ 2 + 100 \times 0.322\ 0 = 35.69(万元)$$

$$NPV_{20\%} = -1\ 200 + [40 \times 10 - 170(1+20\%)](P/A, 12\%, 10) +$$
$$100(P/F, 12\%, 10)$$
$$= -1\ 200 + 196 \times 5.650\ 2 + 100 \times 0.322\ 0 = -60.36(万元)$$

$$NPV_{-10\%} = -1\ 200 + [40 \times 10 - 170(1-10\%)](P/A, 12\%, 10) +$$
$$100(P/F, 12\%, 10)$$
$$= -1\ 200 + 247 \times 5.650\ 2 + 100 \times 0.322\ 0 = 227.80(万元)$$

$$NPV_{-20\%} = -1\ 200 + [40 \times 10 - 170(1-20\%)](P/A, 12\%, 10) +$$
$$100(P/F, 12\%, 10)$$
$$= -1\ 200 + 264 \times 5.650\ 2 + 100 \times 0.322\ 0 = 323.85(万元)$$

将计算结果列于表 6.3 中。

表 6.3 单因素敏感性分析表 单位：万元

因素	−20%	−10%	0	10%	20%	平均+1%	平均−1%
投资额	371.75	251.75	131.75	11.75	−108.25	−9.11%	+9.11%
单位产品价格	−320.27	−94.26	131.75	357.75	583.76	+17.15%	−17.15%
年经营成本	323.85	227.80	131.75	35.69	−60.36	−7.29%	+7.29%

由表 6.3 可以看出，在变化率相同的情况下，单位产品价格的变动对净现值的影响为最大。当其他因素均不发生变化时，单位产品价格每下降 1%，净现值下降 17.15%，对净现值影响次大的因素是投资额。当其他因素均不发生变化时，投资额每上升 1%，净现值

将下降 9.11%；对净现值影响最小的因素是年经营成本。当其他因素均不发生变化时，年经营成本每增加 1%，净现值将下降 7.29%。由此可见，净现值对各个因素敏感程度的排序是：单位产品价格、投资额、年经营成本，最敏感的因素是产品价格。因此，从方案决策角度来讲，应对产品价格进行更准确的测算。使未来产品价格发生变化的可能性尽可能地减少，以降低投资项目的风险。

问题二：设净现值 $=0$ 时，产品价格的下浮率为 X，则 X 便是产品价格下浮临界百分比。

$$-1\,200+[40(1+X)\times10-170](P/A,12\%,10)+100\times(P/F,12\%,10)=0$$
$$-1\,200+(400+400X-170)\times5.650\,2+100\times0.322=0$$
$$-1\,200+2\,260.08X+1\,299.55+32.20=0$$
$$2\,260.08X=1\,200-1\,299.55-32.20=-131.75$$
$$X=-131.75\div2\,260.08=-0.058\,3=-5.83\%$$

所以该项目产品价格下浮临界百分比为 -5.83%，即：最多下浮 5.83%。

四、多因素敏感性分析

单因素敏感性分析的方法容易理解，但有不足之处。由于忽略了各因素之间的相关性，所以具有相应的局限性。现实生活中，一个因素的变动往往会引起多个因素的变动，多因素敏感性分析考虑了这种相关性，并弥补了单因素敏感分析的局限性。因此，在对一些有特殊要求的项目进行敏感性分析时，不仅要进行单因素敏感性分析，还应进行多因素敏感性分析。

【例 6.9】 某建设项目期初一次性投资 20 万元，年销售收入为 4 万元，年经营费用为 2 500 元，项目寿命期为 10 年，固定资产残值为 2 万元。基准收益率为 12%，试就初始投资和年销售收入对该项目的净现值进行双因素的敏感性分析。

【解】 设 X 表示初始投资变化率，Y 表示同时改变的年销售收入的变化率，则有：

$$NPV(12\%)=-20(1+X)+4(1+Y)(P/A,12\%,10)-0.25(P/A,12\%,10)+2(P/F,12\%,10)$$

当 $NPV(12\%)\geqslant0$，则该技术方案可行。即

$$3.744\,8-20X+24.78Y\geqslant0$$
$$Y\geqslant-0.151\,1+0.807X$$

将这个不等式在坐标图上表示出来，如图 6.4 所示。斜线及其以上的区域，$NPV(12\%)\geqslant0$；斜线以下的区域，$NPV(12\%)<0$，显示了两因素允许同时变化的幅度。也就是初始投资和销售收入同时变动，只要变动范围不超过斜线以上的区域（包括斜线上的点），技术方案就可以接受。

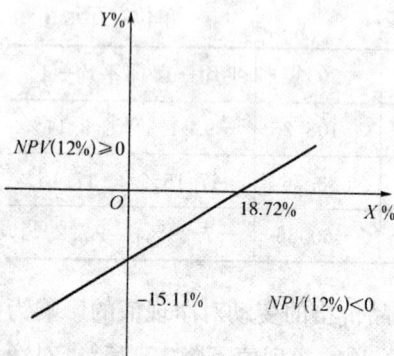

图 6.4 双因素敏感性分析图

双因素敏感性分析一般保持技术方案现金流中其他参数不变,每次考虑两因素同时变化对技术方案影响。

五、敏感性分析的优缺点

敏感性分析在一定程度上就各种不确定因素的变动对方案经济效果的影响做了定量描述。这有助于决策者了解方案的风险情况,有助于确定在决策过程中及各方案实施过程中需要重点研究与控制的因素。

但是,敏感性分析没有考虑各种不确定因素在未来发生变化的概率,这可能会影响分析结论的准确性。可能有这样的情况:通过敏感性分析找出的某一敏感因素未来发生不利变动的概率很小,因而实际上所带来的风险并不大,以至于可以忽略不计;而另一不太敏感的因素未来发生不利变动的概率却很大,实际上所带来的风险比找出的那个敏感因素更大。这种问题是敏感性分析所无法解决的,必须借助于风险概率分析方法。

第四节　风　险　分　析

风险分析是一种识别和测算风险,设计和选择方案来控制这些风险的有组织的手段。风险分析的步骤包括:风险识别、风险估计、风险评价、风险决策和风险应对。风险分析可同时用于财务评价和国民经济评价。

一、风险分析的步骤

1. 风险识别

风险识别是一个过程,最终的目的就是将隐藏的风险因素挖掘、总结、归纳。而且它是风险分析过程中最重要、最困难的工作,也是风险分析的基础、起点。风险识别的过程可分为三步进行:第一,收集资料;第二,预估风险形式;第三,识别潜在的风险。

2. 风险估计与风险评价

在识别出存在的主要风险后,需要进行风险估计与评价,也是衡量风险可能的损失以及对总体目标的影响。

风险估计是一个计算的过程,主要是对具体风险损失的估量。经过估算衡量之后进行下一步的任务,看看是不是需要采取一定的安全措施。整体来看,一般意义上我们会把估计和评价两个步骤同时进行。

3. 风险决策

人是决策的主体,在风险条件下决策行为取决于决策者的风险态度。对同一风险决策问题,风险态度不同的人决策的结果通常有较大的差异。风险决策是一个动态过程,其主要任务是有效地控制和妥善处理风险所致的损失,并且达到以最小的成本获得最大的安全保障的目标。

4. 风险应对

风险应对就是对已经识别的风险进行定性分析、定量分析和进行风险排序,之后制订相应的应对措施和整体策略。下面介绍几种应对风险的方法。

(1)风险规避。通过变更项目计划,从而消除风险或消除风险产生的条件,或者保护项目目标免受风险的影响。

(2)风险转移。风险转移就是设法将某风险的结果和对风险应对的权利转移给第三方,如给外包上保险。

(3)风险减轻。风险减轻就是化解风险,设法将某一负面风险事件的概率及其后果降低到可以承受的限度。如提早采取措施,可以降低风险发生的概率或风险对项目的影响。

(4)风险接受。风险接受实际上是一种积极的接受活动,就是制订一个风险的应急计划,一旦风险发生,就可以实施风险应急计划根据不同条件,不同的环境或者不同的问题可以选择不同的对策。

二、风险分析的方法

风险分析是通过对风险因素的概率分布进行分析,判断其对项目经济效益评价指标的影响,从而对项目的风险情况作出分析的一种定量分析方法。风险分析的方法很多,这里主要介绍常用的概率分析法。

1. 概率分析法的概念

概率分析法是通过计算项目净现值的期望值和净现值大于或等于零时的累计概率,来比较方案或项目的优劣、确定其可行性和风险程度的方法。由于风险因素的发生表现为某种概率分布状态,所以项目经济状况的评价指标表现的状态也为概率分布状态。这里可利用变量分布状态的期望值、标准差来考察项目的风险状况。

2. 概率分析的步骤

(1)选定分析指标

选定项目效益指标作为分析对象,并分析与这些指标有关的不确定因素,同时注意概率分析时所选定的分析指标应与确定性分析的评价指标保持一致。一般应列入的指标有投资回收期、净现值、内部收益率等。

(2)确定各主要因素可能发生的状态或变化范围

找出各主要因素的变化范围,最好将变化范围划分为若干个区间,并根据历史资料或经验做出预测或统计,判断出变化发生在各个区间内的可能性。

(3)计算投资经济效益的期望值和标准差

计算在各关键因素的影响下,投资经济效益的期望值和表明期望值稳定性的标准差,必要时还需计算变异系数。

① 期望值

期望值也称数学期望值,它是随机事件的各种变量与相应概率的加权平均值。期望值就是代表了不确定因素在实际中最可能出现的值。离散型随机变量及连续型随机变量期望值的计算公式是不一样的。离散型随机变量是指发生的可能变化为有限次数并且每次发生的概率值为确定的随机变量。它的期望值计算公式为:

$$E(X) = \sum_{i=1}^{n} X_i P_i \qquad (6.11)$$

式中: $E(X)$——随机变量 X 的期望值;

$\quad i$——随机变量的序数, $i = 1, 2, \cdots, n$;

$\quad X_i$——随机变量值;

$\quad P_i$——对应于 X_i 的概率值。

连续型随机变量是指事件发生的可能变化在有限的区间内可以有无限次数,其概率总和为1的随机变量。它的期望值计算公式为:

$$E(X) = \int_{-\infty}^{+\infty} f(x) \mathrm{d}x \qquad (6.12)$$

式中: $f(x)$——随机变量的变化函数。

② 标准偏差(均方差)

标准偏差就是能够表示数学期望值与实际值的偏差程度的一个概念,有时也叫均方差。随机变量 X 的标准偏差 δ 可定义为:

$$\delta = \pm \sqrt{\sum_{i=1}^{n} P_i [X_i - E(X)]^2} \qquad (6.13)$$

标准偏差指标越小,说明实际发生的可能情况与期望值越接近,期望值的稳定性也越高,项目风险就小,反之亦然。因此,一个好的项目应该具有较高的期望值和较小的标准偏差。

3. 概率分析的应用

运用概率分析方法可以计算项目净现值的期望值及净现值大于或等于零的累计概率。

【例6.10】 某项目的技术方案在其寿命期内可能出现的五种状态的净现金流量及其发生的概率见表6.4所示,假定各年份净现金流量之间互不相关,基准折现率为10%,求:(1)方案净现值的期望值、方差、均方差;(2)方案净现值不小于零的概率;(3)方案净现值不小于1 750万元的概率。

表6.4 不同状态的发生概率及净现金流量 单位:百万元

年份	S_1	S_2	S_3	S_4	S_5
	$P_1 = 0.2$	$P_2 = 0.2$	$P_3 = 0.3$	$P_4 = 0.1$	$P_5 = 0.2$
0	−22.5	−22.5	−22.5	−22.5	−22.5
1	0	0	0	0	0
2~10	2.45	3.93	6.90	7.59	7.79
11	5.45	6.93	9.90	10.59	1.94

【解】 （1）对于状态 S_1，净现值计算结果如下：

$$NPV_1 = -22.5 + 2.45(P/A, 10\%, 9)(P/F, 10\%, 1) + 5.45(P/F, 10\%, 11)$$
$$= -22.5 + 2.45 \times 5.759 \times 0.909\ 1 + 5.45 \times 0.350\ 5 = -7.76(百万元)$$

用相同的方法，可求得其他 4 种状态的净现值结果，见表 6.5 所列。

表 6.5 净现值累计概率表

状态	净现值/百万元	发生的可能性	累计概率
S_1	−7.76	0.2	0.2
S_2	0.51	0.2	0.4
S_3	17.10	0.3	0.7
S_4	18.70	0.1	0.8
S_5	17.62	0.2	1.0

根据式（6.11）和式（6.13），计算净现值的期望值、方差、均方差如下：

$$E(NPV) = \sum_{j=1}^{5} NPV_j P_j$$
$$= 0.2 \times (-7.76) + 0.2 \times 0.51 + 0.3 \times 17.10 + 0.1 \times 18.70 + 0.2 \times 17.62$$
$$= 9.074(百万元)$$

$$D(NPV) = \sum_{j=1}^{5} [NPV_j - E(NPV)]^2 P_j$$
$$= [(-7.76) - 9.074]^2 \times 0.2 + (0.51 - 9.074)^2 \times 0.2 +$$
$$(17.10 - 9.074)^2 \times 0.3 + (18.70 - 9.074)^2 \times 0.1 +$$
$$(17.62 - 9.074)^2 \times 0.2 = 88.49$$

$$\delta(NPV) = \sqrt{D(NPV)} = 9.41(百万元)$$

（2）从表 6.5 可知，方案净现值不小于零的概率为：

$$P(NPV \geqslant 0) = 1 - 0.2 = 0.8$$

（3）方案净现值不小于 1 750 万元的概率为：

$$P(NPV \geqslant 17.50 百万元) = 1 - 0.7 = 0.3$$

【例 6.11】 影响某新产品生产项目未来现金流量的主要不确定因素是产品市场前景和原材料价格水平。据分析，项目面临三种可能的市场状态（畅销、一般、滞销，分别记作 θ_{m1}，θ_{m2}，θ_{m3}）和三种可能的原料价格水平（高价位、中等价位、低价位，分别记作 θ_{r1}，θ_{r2}，θ_{r3}），各种状态之间是相互独立的，各种产品市场状态和原料价格水平状态的发生概率如表 6.6 所示。那么可能的组合共有 9 种。各种状态组合对应的项目方案现金流如表 6.7 所示。计算项目净现值的期望值与方差。

表 6.6　不确定性因素状态及其发生概率

产品市场	状态	θ_{m1}	θ_{m2}	θ_{m3}
	概率	$P_{m1} = 0.2$	$P_{m2} = 0.6$	$P_{m3} = 0.2$
原料价格水平	状态	θ_{r1}	θ_{r2}	θ_{r3}
	概率	$P_{r1} = 0.4$	$P_{r2} = 0.4$	$P_{r3} = 0.2$

根据背景资料所给出的条件列出各方案的概率和净现金流量,如表 6.7 所示。

表 6.7　各种状态组合的净现金流量及其发生概率

序号	状态组合	发生概率	现金流量		NPV_j
			0 年	1~5 年	
1	θ_{m1}/θ_{r1}	0.08	−1 000	390	405.86
2	θ_{m1}/θ_{r2}	0.08	−1 000	450	622.15
3	θ_{m1}/θ_{r3}	0.04	−1 000	510	838.44
4	θ_{m2}/θ_{r1}	0.24	−1 000	310	117.48
5	θ_{m2}/θ_{r2}	0.24	−1 000	350	261.67
6	θ_{m2}/θ_{r3}	0.12	−1 000	390	405.86
7	θ_{m3}/θ_{r1}	0.08	−1 000	230	−170.90
8	θ_{m3}/θ_{r2}	0.08	−1 000	250	−98.81
9	θ_{m3}/θ_{r3}	0.04	−1 000	270	−26.71

【解】　根据上面标出的各种数据,可以计算出方案的净现值:

$$E(NPV) = \sum_{j=1}^{9} NPV_j P_j = 232.83$$

方案方差:

$$D(NPV) = \sum_{j=1}^{9} (NPV_j - 232.83)^2 P_j = 60\,710.07$$

$$\delta(NPV) = \sqrt{D(NPV)} = \sqrt{60\,710.07} = 246.39$$

复习思考题

一、单项选择题

1. 某公司生产单一产品,设计年生产能力为 3 万件,单位产品的售价为 380 元/件,
单位产品可变成本为 120 元/件,单位产品税金及附加为 70 元/件,年固定成本为

285万元。该公司盈亏平衡点的产销量为(   )件。

A. 20 000　　　　B. 19 000　　　　C. 15 000　　　　D. 7 500

2. 某技术方案,年设计生产能力为8万台,年固定成本为10万元,单位产品售价为50元,单位产品变动成本为售价的55%,单位产品销售税金及附加为售价的5%,则达到盈亏平衡点时的生产能力利用率为(   )。

A. 62.52%　　　　B. 55.50%　　　　C. 60.00%　　　　D. 41.67%

3. 某项目设计年生产能力为50万件,年固定成本为300万元,单位产品可变成本为80元,单位产品税金及附加为5元。则以单位产品价格表示的盈利点是(   )元。

A. 91.00　　　　B. 86.00　　　　C. 95.00　　　　D. 85.00

4. 关于敏感度系数 S_{AF} 的说法,正确的是(   )。

A. S_{AF} 越大,表示评价指标 A 对于不确定因素 F 越敏感

B. $S_{AF} > 0$ 表示评价指标 A 与不确定因素 F 同方向变化

C. S_{AF} 表示不确定因素 F 的变化额与评价指标 A 的变化额之间的比例

D. S_{AF} 可以直接显示不确定因素 F 变化后评价指标 A 的值

5. 在建设项目敏感性分析中,确定敏感性因素可以通过计算敏感度系数和(   )来判断。

A. 盈亏平衡点　　　　　　　　B. 评价指标变动率

C. 临界点　　　　　　　　　　D. 不确定因素变动概率

6. 某项目设计年产量为6万件,每件售价为1 000元,单位产品可变成本为350元,单位产品税金及附加为150元,年固定成本为360万元,则用生产能力利用率表示的项目盈亏平衡点为(   )。

A. 30%　　　　B. 12%　　　　C. 15%　　　　D. 9%

7. 下列财务指标中,数值越高,表明企业资产的盈利能力越强的指标是(   )。

A. 总资产报酬率　　B. 营业增长率　　C. 速动比率　　D. 总资产周转率

8. 关于技术方案敏感性分析的说法,正确的是(   )。

A. 敏感性分析只能分析单一不确定因素变化对技术方案经济效果的影响

B. 敏感性分析的局限性是依靠分析人员主观经验来分析判断,有可能存在片面性

C. 敏感度系数越大,表明评价指标对不确定因素越不敏感

D. 敏感性分析必须考虑所有不确定因素对评价指标的影响

9. 进行敏感性分析的目的为(   )。

A. 考察项目效益在某个具体百分数变化下发生变化的具体数值

B. 进一步计算临界点

C. 借助它可进一步计算敏感性分析指标

D. 进一步计算敏感度系数

10. 临界点的高低与( )有关。

    A. 设定的基准收益率   B. 项目内部收益率

    C. 增加的百分率   D. 净现值变为零时的变化百分率

二、多项选择题

1. 项目盈亏平衡分析中，若其他条件不变，可以降低盈亏平衡点产量的途径有( )。

    A. 提高设计生产能力   B. 降低产品售价

    C. 提高营业税金及附加率   D. 降低固定成本

    E. 降低单位产品变动成本

2. 产生不确定性或风险的主要原因有( )。

    A. 项目数据的统计偏差   B. 通货膨胀

    C. 市场供求结构的变化   D. 技术进步

    E. 国际形势的变化

3. 在盈亏平衡分析方法中，根据成本费用与产量关系可将总成本费用分解为( )。

    A. 生产成本   B. 可变成本

    C. 固定成本   D. 直接成本

    E. 半固定成本

4. 下列关于量本利图的说法，正确的是( )。

    A. 销售收入线与总成本线的交点是盈亏平衡点

    B. 在盈亏平衡点的基础上，满足设计生产能力增加产销量，将出现亏损

    C. 产品总成本是固定成本和变动成本之和

    D. 盈亏平衡点的位置越高，适应市场变化的能力越强

    E. 盈亏平衡点的位置越高，项目投产后盈利的可能性越小

5. 对于建设项目来说，一般情况下，产生项目不确定性的主要原因有( )。

    A. 基础数据统计偏差   B. 未来市场需求结构的变化

    C. 预测方法的局限性   D. 预测过程中出现的人为错误

    E. 通货膨胀

三、简答题

1. 线性盈亏平衡分析的前提条件假设是什么？

2. 敏感性分析的作用有哪些？敏感性分析有什么不足之处？

3. 风险分析和不确定分析有何区别和联系？风险控制的基本方法有哪些？

4. 什么是概率分析？如何进行概率分析？

四、计算题

1. 生产某种产品有三种工艺方案。方案1：年固定成本800万元，单位产品变动成本为10元；方案2：年固定成本500万元，单位产品变动成本为20元；方案3：年

固定成本 300 万元,单位产品变动成本为 30 元。分析三种不同的方案适用的生产规模分别是多少。

2. 某厂生产一种配件,有两种加工方法可供选择。一为手工安装,每件成本为 1.2 元,还需分摊年设备费用 300 元;一种为机械生产,需投资 4 500 元购置机械,寿命为 9 年,预计残值为 150 元,每个配件需人工费 0.5 元,维护设备年成本为 180 元。如果其他费用相同,利率为 10%,试进行加工方法决策。

3. 某投资商拟建新项目,生产某产品。通过市场调查,拟定项目规模 10 万 kg,预计销售价格 W 为 60 元/kg,年经营成本 C 为 200 万元,寿命期 n 为 10 年,残值 S 为 100 万元,并估算投资额 P 为 2 000 万元,最低期望收益率 i 为 10%。求:以投资额、产量、价格、年经营成本为不确定性因素,进行敏感性分析。

4. 某商品住宅小区开发项目现金流量的估计值服从年末习惯法(表 6.8),根据经验推断,营业收入和开发成本为离散型随机变量,其值在估计值的基础上可能发生的变化及其概率见表 6.9 所列。试确定该项目净现值不小于零及不小于 3 000 万元的概率。基准收益率 $i = 12\%$。

表 6.8 基本方案的参数估计 单位:万元

年份	1	2	3
营业收入	857	7 173	8 800
开发成本	5 888	4 873	6 900
其他税费	56	464	1 196
净现金流量	−5 087	1 836	704

表 6.9 不确定性因素的变化范围及其对应概率

因素	−20%	0	+20%
营业收入	0.2	0.6	0.2
开发成本	0.1	0.3	0.6

5. 某方案需投资 25 000 元,预期寿命为 5 年,残值为零,每年净现金流量为随机变量,其可能发生的三种状态的概率及变量值如下:5 000 元($P=0.3$);10 000 元($P=0.5$);12 000 元($P=0.2$)。若利率为 12%,试计算净现值的期望值与标准差。

6. 某投资方案,其净现值服从正态分布。净现值期望值 $E(NPV) = 1200$ 元,净现值方差 $D(NPV) = 3.24 \times 10^6$。试计算:(1)净现值大于零的概率;(2)净现值小于 1 500 元的概率。

第七章　建设项目资金来源与融资

第一节　建设项目资金来源及融资概述

一、建设项目资金概述

任何一个建设项目的实施都依赖于大量资金的注入,获得项目资金是建设项目初期工作的重要内容,只有得到足够的资金才能确保项目建设和顺利运营。自从我国建设项目资金从单一的政府投资逐渐转变为市场化多元投资渠道以来,如何获取建设项目资金、降低资金获取成本已经成为建设项目必须考虑的重要问题,对项目的正常建设具有重大的现实意义。特别是大型投资项目的融资通常需要良好的组织,需要系统的融资方案。融资技术和技巧对于项目的成败越来越起到决定性的影响。

建设项目资金的获取来源比较复杂,从资金筹措形式上看,项目资金来源可分为投入资金和借入资金,前者形成项目的资本金,后者形成项目的负债。从筹资方式上可以分为自有资本、长期贷款、发行股票筹资、债券筹资、融资租赁等方式。本章内容主要围绕资本金和负债资金两种形式进行阐述。

二、建设项目资金来源构成

资金来源构成是项目融资决策的重大问题,在综合考虑各种影响因素的情况下,运用适当方法确定资金来源构成,并在后续筹资中保持其合理性是一项重要工作。通常情况下建设项目资金来源主要由两大部分构成:资本金和负债资金,具体分类如图7.1所示。

三、建设项目融资研究

随着现代市场经济高度发展,资本市场也得到了高度发展,建设项目的融资方式和融资技术也在不断发展。不管是项目资本金还是债务资金,都需要必要的研究以获取资金,即项目融资研究。它是项目实施的一项重要工作,一般从项目前期阶段就开始着手准备,在项目决策分析与评价阶段要考虑融资方案的设计并进行必要的分析研究或评估,以便为最终的融资决策提供依据。特别是大型投资项目的融资对于项目的成败起着决定性的影响。

建设项目的融资研究要通过拟建项目的资金来源渠道、投融资模式、融资方式、融资

```
                                          ┌──────────────┐
                                     ┌───→│ 政府预算内资金 │
                                     │    └──────────────┘
                                     │    ┌──────────────┐
                        ┌────────┐   ├───→│   自筹资金    │
                   ┌───→│ 资本金筹措 ├───┤    └──────────────┘
                   │    └────────┘   │    ┌──────────────┐
                   │                 ├───→│   股票资金    │
  ┌──────────┐     │                 │    └──────────────┘
  │ 建设项目资金来源 ├─────┤                 │    ┌──────────────┐
  └──────────┘     │                 └───→│ 国内外直接投资 │
                   │                      └──────────────┘
                   │                      ┌──────────────┐
                   │                 ┌───→│   银行贷款    │
                   │    ┌────────┐   │    └──────────────┘
                   └───→│ 负债资金筹措 ├───┤    ┌──────────────┐
                        └────────┘   ├───→│   发行债券    │
                                     │    └──────────────┘
                                     │    ┌──────────────┐
                                     └───→│   融资租赁    │
                                          └──────────────┘
```

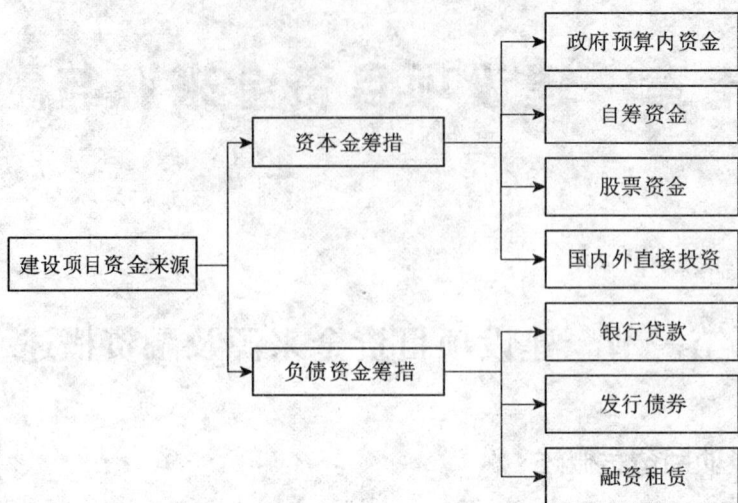

图 7.1　建设项目资金来源结构

结构、融资成本、融资风险的研究,以及对拟定的融资方案进行比选,以优化融资方案。本章主要介绍资金的筹措方式、渠道和融资成本的计算。

四、建设项目资金筹措的基本原则

1. 合理性原则

无论通过何种渠道、采取何种方法筹集资金,都应首先确定资金的需要量,即筹资要有一个"度"的问题。建设项目资金不足会影响企业生产经营和发展,资金过剩则损失其投资其他项目带来的机会收益,同时也会影响资金的使用效果,增加筹资成本。在实际工作中,通过科学的方法预测与确定未来资金的需要量,以便选择合适的渠道与方式,筹集所需资金。这样,可以防止筹资不足或筹资过剩,并节省资金成本。

2. 效益性原则

项目筹集资金可以采用的渠道和方式多种多样,不同渠道和方式筹资的难易程度、资金成本和风险各不一样。但任何渠道和方式的筹资都要付出一定的代价,包括资金占用成本和资金筹集成本。因此在筹资中,通常选择较经济方便的渠道和方式,以降低综合的资本成本。例如,采取举债经营的方式,所谓举债经营,是指项目通过借债开展生产经营活动。通过举债经营可以给项目带来一定的好处,因为借款利息可在所得税前列入成本费用,对项目净利润影响较小,能够提高自有资金的使用效果。但负债的多少必须与自有资金和偿债能力的要求相适应。

3. 及时性原则

筹集资金要在时间上合理安排,根据投资的时间和资金的需求计划,确定筹资方案。对于工程项目而言,工程进度要求、建设标准、工程变更等因素都会影响资金的需求时间。合理安排筹资与投资以及资金的供应,使其在时间上互相衔接,避免取得资金过早而造成投放前的闲置或取得资金滞后而耽误投资的有利时机。

4. 合法性原则

对于不同类型的工程建设项目,其筹资方式国家一般会有明确的规定,合法筹集工程项目建设资金是保证项目成功建设的大前提。项目的资金筹划活动,影响着社会资本及资源的流向和流量,涉及相关主体的经济权益。为此,必须遵守国家有关法律法规,依法履行约定的责任,维护有关各方的合法权益,避免非法筹资行为给企业本身及相关主体造成损失。

第二节　建设项目融资模式

一、建设项目融资概念

《美国财会标准手册》中项目融资的定义为:"项目融资是指对需要大规模资金的项目而采取的金融活动。借款人原则上将项目本身拥有的资金及其收益作为还款的资金来源,而且将其项目资产作为抵押条件来处理。"原国家计委与外汇管理局共同发布的《境外进行项目融资管理暂行办法》(计外资〔1997〕612号)中定义的项目融资是指"以境内建设项目的名义在境外筹措外汇资金,并仅以项目自身预期收入和资产对外承担债务偿还责任的融资方式"。

从以上定义可以看出,项目融资最大的特点就是将归还资金来源限定于特定项目的收益和资产范围内,借款人只具有有限追索权或无追索权。所以项目融资不同于公司融资以企业的资产负债及总体信用状况为发放贷款的依据。

工程项目所需要的建设资金一般具有规模大、期限长的特点,融资的风险较公司融资大,因此,建设项目必须要有稳定的现金流量和较强的盈利能力,并谨慎考虑项目融资的模式。

二、建设项目融资模式分析

许多大型基础设施建设项目,都需要大量的投资,通过商业化经营,能有效提高经济效益,分散风险。通常可以采取不同的项目融资模式,在我国主要有PPP模式、BOT模式、BT模式、ABS模式等。

1. PPP模式

(1) PPP模式概念

PPP(政府和社会资本合作:Public-Private Partnership)是公共基础设施中的一种项目运作模式。在该模式下,鼓励私营企业、民营资本与政府进行合作,参与公共基础设施的建设。合作各方参与某个项目时,政府并不是把项目的责任全部转移给私人企业,而是由参与合作的各方共同承担责任和融资风险。

（2）PPP 模式特点

① 以项目为主体。PPP 项目主要根据政府扶持措施的力度以及项目的预期收益、资产来安排融资,其贷款的数量、融资成本的高低取决于项目的现金流量和资产价值。因此,PPP 项目的融资是以项目为主体的融资活动。

② 有限追索贷款。PPP 项目的贷款人可以在贷款的某个特定阶段对项目借款人实行追索,或在一个规定范围内对公私合作双方进行追索。而不能追索到项目借款人除该项目资产、现金流量以及政府承诺义务之外的任何形式的资产。

③ 合理分配风险投资。在 PPP 项目初期就可以实现风险分配,同时由于政府分担一部分风险,使风险分配更合理,减少了承建商与投资商的风险,从而降低了融资难度。

④ 项目资产负债表之外的融资。PPP 项目的融资是一种在资产负债表之外的融资。根据有限追索原则,项目投资人承担的是有限责任,因而使融资不需进入项目投资者资产负债表。

⑤ 灵活的信用结构。PPP 项目可以将项目贷款的信用支持分配到与项目相关的各个方面,减少贷款人对投资者资信和其他资产的依赖程度。

2. BOT 模式

（1）BOT 模式概念

BOT(Build-Operate-Transfer)即"建造-经营-移交",BOT 是由项目所在国政府或所属机构与项目的发起人签订一份特许经营权协议,政府授给项目公司以特许经营权,项目公司按照协议的要求进行融资、建设、运营和管理项目,直接通过建成后的项目运营收入偿还贷款,在规定的特许经营期之后,将此项目无偿转让给所在国政府或所属机构。1995 年广西来宾电厂二期工程是中国引进 BOT 方式的一个里程碑,为中国利用 BOT 方式提供了宝贵的经验。

（2）BOT 模式特点

① 项目主要为基础设施项目。例如道路、桥梁、隧道、铁路、地铁、水利、发电厂和水厂等。

② 减少政府财政负担。BOT 项目融资负债责任都被转移给项目发起人,政府无须保证或承诺支付项目的借款,从而也不会影响政府的融资信用,避免政府的债务风险。

③ 项目运作效率高。一般 BOT 项目负责建造和运营的单位为经验丰富的大型建设公司或者投资集团,有利于提高项目的运作效率。

3. BT 模式

（1）BT 模式概念

BT(Build-Transfer)即"建设-移交",是政府利用非政府资金来进行非经营性基础设施建设项目的一种融资模式。BT 模式是 BOT 模式的一种变换形式,指一个项目的运作通过项目公司总承包,融资、建设验收合格后移交给业主,政府向投资方支付项目总投资加上合理回报。

（2）BT 模式特点

① 仅适用于非经营性项目。BT 模式仅适用于政府基础设施非经营性项目建设,降低了融资方运营的风险。

② 融资渠道多样。融资的资金可以是银行的,也可以是其他金融机构或私有的,也可以是外资或国内的。

4. ABS 模式

（1）ABS 模式概念

ABS(Asset-Backed-Securitization)即资产收益证券化融资模式,是以目标项目未来预期收益为保证,通过国际资本市场上发行高档债券来筹集资金的一种项目融资方式。ABS 模式的目的在于,通过其特有的提高信用等级方式,使原本信用等级较低的项目照样可以进入国际高档证券市场。

（2）ABS 模式特点

① 降低投资者的风险。通过在国际高档证券市场发行债券,其高信用等级使其具有较好的二级市场,投资者数量较多,每个投资者所承担的风险较低。

② 有效实现项目经营权与所有权分离。在债券发行期,特殊目的公司拥有项目的所有权,经营决策权仍归原始权益人所有。

③ 融资成本一般较低。ABS 模式的运行涉及主体较少,其运行完全按照市场规则进行,无需政府的许可、授权以及外汇担保,减少了很多中间环节,从而降低了融资成本。

第三节 建设项目资本金筹措

一、建设项目资本金制度

1. 项目资本金的含义

项目资本金是指在建设项目总投资中,由投资者认缴的出资额。对于建设项目来说,项目资本金是非债务性资金,项目法人不承担这部分资金的任何利息和债务;对投资者来说,可按其出资的比例依法享有所有者权益,也可转让其出资及其相应权益,但不得以任何方式抽回。

项目资本金主要强调的是作为项目实体而不是企业所注册的资金。注册资金是指企业实体在工商行政管理部门登记的注册资金,通常指营业执照登记的资金,即会计上的"实收资本"或"股本",是企业投资者按比例投入的资金。在我国注册资金又称为企业资本金。因此,项目资本金有别于注册资金。

2. 项目资本金制度的实施范围

各种经营性固定资产项目,包括国有单位的基本建设、技术改造、房地产项目和集体投资项目,都必须首先落实资本金才能进行建设。

作为计算资本金基数的总投资,是指投资项目的固定资产投资与铺底流动资金之和。国家为了从宏观上调控固定资产投资,根据不同行业和项目的经济效益,对投资项目资本金占总投资的比例有不同的具体规定。在 1996 年发布的《国务院关于固定资产投资项目试行资本金制度的通知》的基础上,为进一步解决当前重大民生和公共领域投资项目融资难、融资贵问题,增加公共产品和公共服务供给,补短板、增后劲,扩大有效投资需求,促进投资结构调整,保持经济平稳健康发展,国务院下发了《关于调整和完善固定资产投资项目资本金制度的通知》(国发〔2015〕51 号),对固定资产投资项目资本金制度进行了调整和完善:

城市和交通基础设施项目:城市轨道交通项目由 25% 调整为 20%,港口、沿海及内河航运、机场项目由 30% 调整为 25%,铁路、公路项目由 25% 调整为 20%。

房地产开发项目:保障性住房和普通商品住房项目维持 20% 不变,其他项目由 30% 调整为 25%。

产能过剩行业项目:钢铁、电解铝项目维持 40% 不变,水泥项目维持 35% 不变,煤炭、电石、铁合金、烧碱、焦炭、黄磷、多晶硅项目维持 30% 不变。

其他工业项目:玉米深加工项目由 30% 调整为 20%,化肥(钾肥除外)项目维持 25% 不变。

电力等其他项目维持 20% 不变。

城市地下综合管廊、城市停车场项目,以及经国务院批准的核电站等重大建设项目,可以在规定最低资本金比例基础上适当降低。

金融机构在提供信贷支持和服务时,要坚持独立审贷,切实防范金融风险。要根据借款主体和项目实际情况,按照国家规定的资本金制度要求,对资本金的真实性、投资收益和贷款风险进行全面审查和评估,坚持风险可控、商业可持续原则,自主决定是否发放贷款以及具体的贷款数量和比例。

二、资本金的筹措

建设项目可通过政府投资、股东直接投资、发行股票等多种方式来筹集资本金。根据融资的主体可以分为新设项目法人融资和既有项目法人融资的形式。

1. 新设项目法人资本金筹措

新设项目法人融资形式下的资本金,是指项目发起人和投资者为拟建项目所投入的资本金。主要有:

(1) 各级政府财政预算内资金、预算外资金和各种专项资金;

(2) 国家授权投资机构入股的资金;

(3) 国内外企业入股的资金;

(4) 社会个人入股的资金;

(5) 项目法人通过发行股票从证券市场筹集的资金。

2. 既有项目法人资本金筹措

既有项目法人资本金是指建设项目所需的资金,来源于既有法人内部融资、新增资本金和新增债务资金。主要有：

(1) 企业可以用于项目的现金，即现金和银行存款中可用于项目投资的资金；

(2) 资产变现的现金，即变卖资产所获得的资金；

(3) 原有股东增资扩股；

(4) 吸收新股东；

(5) 发行股票筹集的资金。

资本金形态可以是现金，也可以是实物、工业产权、非专利技术、土地使用权、资源开采权作价出资。但非现金形式作价的资金，必须经过有资格的资产评估机构评估作价。

国家预算内投资主要集中在能源、交通、原材料以及国防、科研、文教卫生、行政事业等基础设施行业的建设项目，对于整体投资结构的调整起着主导性作用。发行股票筹资是股份公司按照公司章程依法发行股票直接筹资，形成公司股本的一种筹资方式。公司股东作为出资人按公司的股份享有所有者的资产受益、公司重大决策和选择管理者的权利，并以其所持股份为限对公司的债务承担责任。股票的种类很多，按股东的权利和义务分为普通股股票和优先股股票；按照票面有无记名分为记名股票和无记名股票；按是否标明金额可分为有面额股票和无面额股票；按投资主体的不同，可分为国家股、法人股、个人股和外资股。发行股票可以快速筹集大量资金，既没有还本付息的风险压力，又可支持企业长期持续稳定经营，但筹资成本较高。

第四节 建设项目债务资金筹措

一、建设项目债务资金概述

债务资金是项目总投资中除资本金外，从金融市场借入的资金，并要求按期偿还本息。债务资金体现了项目人与债权人的债权债务关系，它属于项目的债务，是债权人的债权。债权人有权依约按期索取本息，但不参与企业的经营管理，对企业的经营状况不承担责任。项目法人对借入资金在约定的期限内享有使用权，承担按期付息还本的义务。

二、债务资金筹措

债务资金筹措是建设项目资金筹措的重要组成形式，主要有银行贷款、发行债券和融资租赁。

1. 银行贷款

银行贷款是指项目法人通过借款合同与银行建立资金借贷关系的筹措方式。银行贷款根据不同的标准可以有不同的分类。按照银行性质可分为国内政策性银行、商业银行贷款。政策性银行主要有：国家开发银行、中国进出口银行、中国农业发展银行；按照有无担保可分为担保贷款和信用贷款。担保贷款指按法律规定的保证方式以第三人(即保证人)向贷款人承诺在借款人不能依约偿还贷款时,按约定由其承担一般保证或连带保证责任而发放的贷款。信用贷款指仅凭借款人的信用而发放的贷款。信用贷款一般仅贷给那些资信优良的单位。

2. 发行债券

债券(bonds)是债务人为筹集债务资金而向债券认购人(债权人)发行的,约定在一定期限以确定的利率向债权人还本付息的有价证券。发行债券是项目法人筹集借入资本的重要方式。

债券融资一般成本较低,能有效利用财务杠杆和合理调整资本结构。但其财务风险较高,限制条件较多,并受发行一定额度的限制。

3. 融资租赁

融资租赁在我国是一种新型的融资方式。它是指出租人作为买受人与出卖人订立买卖合同,购买承租人指定的租赁物,并提供给承租人使用、收益的租赁方式。

融资租赁能够迅速取得所需资产,满足项目运行对设备的需求。有效缓解短期筹集大量资金的压力。由于出租人面临承租人偿债和出租设备性能劣化的双重风险,因而融资租赁的租金通常较高。

第五节　建设项目资金成本及其计算

一、建设项目资金成本概念

建设项目资金成本是资金使用者筹集和使用资本而承付的代价。具体来讲,资金成本就是资金使用者取得和使用资金而支付的各种费用。资金成本从构成来看,包括资金占用成本和资金筹集成本两部分。按照融资方案数量的不同可以分为个别资金成本和综合资金成本。

资金占用成本是指企业占用资金支付的费用,如借款利息、债券利息、股息、红利等。资金筹集成本是指在资金筹集过程中支付的各项费用,如发行债券支付的印刷费、代理发行费、律师费、公证费、广告费、发行手续费、担保费、承诺费、银团贷款管理费等,它通常是在筹措资金时一次性支付,在使用资金的过程中不再发生。

个别资金成本是指各种资金来源的成本。对于不同的融资方式和不同的融资渠道所筹集的资金来讲,个别资金成本是不同的。根据资金来源的不同,个别资金成本也就相应地分类为长期借款资金成本、长期债券资金成本、优先股成本、普通股成本、留存利润成本等。而综合资金成本是相对于个别资金成本来说的,建设项目资金来源于多种渠道的综合加权平均成本。

二、资金成本作用

资金成本主要作用表现在以下几个方面:

1. 选择资金来源、确定筹资方案的重要依据

由于资金来源的多样性,在多个筹资方案中,企业应力求选择资金成本最低的筹资方式。

2. 评价投资项目、比较投资方案、选择投资决策的经济标准

从经济角度讲,有了资金成本相关计算指标,就有了相应多方案的比较基准,通常资金成本率(常用来表示资金成本)视为一个投资项目的最低收益率或报酬率。

3. 评价投资项目经济效果的基准

有了资金成本就可以衡量投资项目生命周期经济效果,以此判断投资项目收益水平是否大于资金成本。

三、资金成本计算

资金成本的计算通常是以比率性指标来体现,即筹集资金所付出的代价与筹集资金之间的比值关系,有时可能还要考虑其他因素,下列是其具体的计算方式。

1. 长期借款资金成本

长期借款手续费较低,包括借款利息和筹资费用两部分。借款利息计入税前成本费用,可以起到抵税作用。因此一次还本息借款的资金成本可表示为:

$$K_l = \frac{I_t(1-T)}{L(1-F_l)} \times 100\% = \frac{R_l(1-T)}{1-F_l} \tag{7.1}$$

式中:K_l——项目借款的资金成本;

$\qquad I_t$——项目借款第 t 年的利息;

$\qquad L$——项目借款筹资额;

$\qquad F_l$——项目借款的筹资费用率;

$\qquad T$——所得税率;

$\qquad R_l$——借款年利息率。

【例 7.1】 某项目公司向某银行借得年利率为 9% 的 5 年期借款 200 万元,每年付息一次,到期一次还本。项目公司所得税率为 25%,融资费用率为 1.5%。求这笔借款的资金成本。

【解】 借款的资金成本为

$$K_l = \frac{9\% \times (1-25\%)}{1-1.5\%} \times 100\% = 6.85\%$$

2. 长期债券资金成本

长期债券资金成本主要包括债券的利息和筹资费用。长期债券资金利息作为财务费用计入所得税前成本费用内,具有抵税作用。债券的筹资费用一般比较高,不可在计算资金成本时省略。它主要包括发行债券的手续费、注册费用、印刷费以及上市推销费用等。按照一次还本付息、分期付息的方式,债券资金成本的计算公式为:

$$K_b = \frac{I_b(1-T)}{B(1-F_b)} \tag{7.2}$$

式中：K_b——债券资金成本；

  I_b——债券年利息；

  B——债券发行额，即实际筹集资金额度；

  F_b——债券筹资费用率；

  T——所得税率。

【例7.2】 某公司发行总面值为 200 万元的 10 年期债券，票面利率为 10%，按面值发行且发行费用率为 4%，公司所得税率为 25%，试计算资金成本。

【解】 借款的资金成本为

$$K_b = \frac{200 \times 10\% \times (1-25\%)}{200 \times (1-4\%)} \times 100\% = 7.8\%$$

3. 优先股成本

发行优先股融资时，需要支付发行费用和优先股股利，而优先股资金股利通常是固定的。测算优先股资金成本率时，优先股融资额应按优先股的发行价格确定。优先股资金成本可按下式计算：

$$K_p = \frac{D_p}{P_p(1-F_p)} \tag{7.3}$$

式中：K_p——优先股资金成本；

  D_p——优先股年股利；

  P_p——优先股融资额；

  F_p——优先股融资费用率。

由于优先股的股息在税后支付，而债券利息在税前支付；且当公司破产清算时，优先股持有人的求偿权在债券持有人之后，因此，风险要大，其成本也高于债券成本。

【例7.3】 某公司准备发行一批优先股，总面额 500 万元，总发行价 520 万元，融资费率 5%，规定年股利率为 10%，试计算优先股资金成本。

【解】 优先股资金成本为

$$K_p = \frac{500 \times 10\%}{520 \times (1-5\%)} \times 100\% = 10.12\%$$

4. 普通股成本

普通股所有者持有公司的普通股股权，公司的资产及经营收益扣除负债后，归普通股股权所有，借款公司的权益归公司的普通股股东所有。普通股股东通常关心的是公司的经营收益和资产增值，普通股股东投资于公司，要求得到必要的收益。从筹集资金要满足的条件角度，普通股股东对于公司的预期收益要求，也可以看作为普通股筹资的资金成本。

普通股计算方法主要有：资本资产定价模型法、税前债务成本加风险溢价法和股利增长模型法。

（1）资本资产定价模型法，计算公式为：

$$K_s = R_f + \beta(R_m - R_f) \qquad (7.4)$$

式中：K_s ——普通股资金成本；

$\quad\quad R_f$ ——社会无风险投资收益率；

$\quad\quad R_m$ ——市场投资组合预期收益率；

$\quad\quad \beta$ ——项目的投资风险系数。

（2）税前债务成本加风险溢价法，计算公式为：

$$K_s = K_b + RP_c \qquad (7.5)$$

式中：K_b ——所得税前的债务资金成本；

$\quad\quad RP_c$ ——投资者比债权人承担更大风险所要求的风险溢价。

（3）股利增长模型法，计算公式为：

$$K_s = \frac{D_1}{P_0(1-F)} + g \qquad (7.6)$$

式中：D_1 ——每1年股利；

$\quad\quad P_0$ ——当年普通股市场价格；

$\quad\quad F$ ——普通股融资费用率；

$\quad\quad g$ ——普通股股利每年预期增长率。

【例7.4】 已知某股票的 β 值为2.5，市场报酬率为10%，无风险报酬率为7%，试计算该股票的资金成本。

【解】 普通股的资金成本为：

$$K_s = 7\% + 2.5 \times (10\% - 7\%) = 14.5\%$$

【例7.5】 某企业发行每股10元，共6000万股，总面值为60000万元的普通股股票，筹资费用率为5%，第一年年末每股发放股利2元，以后按照每年预期增长5%。试计算该项普通股的资金成本。

【解】 普通股的资金成本为：

$$K_s = \frac{6\,000 \times 2}{6\,000 \times 10 \times (1 - 5\%)} + 5\% = 26.05\%$$

5. 留存利润成本

留存利润是所得税后形成的，其所有权属于股东。企业将留存利润用于再投资，虽然不必支付利息和股息，但若将利润分给股东，则股东可以得到利息，因此还是会产生融资成本留存利润用于投资的资金成本是再投资造成股东损失的投资收益。因此，留存利润资金成本的测算方法与普通股基本相同，但不考虑融资费用，计算公式为：

$$K_r = \frac{D_1}{P_0} + g \qquad (7.7)$$

式中：K_r ——留存利润资金成本。

【例 7.6】 某企业发行普通股股票筹资 2 000 万元,第一年分派股利 200 万元,以后按照每年预期增长 5%。试计算企业留存利润资金成本。

【解】 留存利润资金成本为:

$$K_r = \frac{200}{2\,000} + 5\% = 15\%$$

6. 综合资金成本

企业从不同筹措渠道获得建设项目资金,以求综合资金成本达到最优。将个别资金成本加权取平均得到的结果就为综合资金成本。计算公式为:

$$K_w = \sum_{j=1}^{n} K_j W_j \qquad (7.8)$$

【例 7.7】 某企业现有长期资本总额 10 000 万元,具体情况如表 7.1 所示。试计算企业综合资金成本。

表 7.1 某企业资金情况表

资本种类	资本成本价/万元	资本比例/%	个别资金成本/%
长期借款	1 000	10	4
长期债券	2 000	20	6
优先股	2 000	20	10
普通股	4 000	40	14
留存利润	1 000	10	11
合计	10 000	100	—

【解】 综合资金成本为:

$$K_w = 4\% \times 10\% + 6\% \times 20\% + 10\% \times 20\% + 14\% \times 40\% + 11\% \times 10\%$$
$$= 10.3\%$$

复习思考题

一、单项选择题

1. 某施工企业向银行借款 5 000 万元,借款期限 2 年,借款年利率 4%,每年计算并支付利息,到期一次偿还本金,企业适用的所得税率 25%,则该笔资金的资金成本率为( )。(注:2017 年一级建造师考试"建设工程经济"真题)

    A. 1%   B. 3%   C. 4%   D. 8%

2. 某公司现有资本总额 10 000 万元,其中长期借款 2 000 万元,长期债券 5 000 万元,普通股 3 000 万元,其资金成本分别为 5%、6%、10%。则综合资金成本为（　　）。

A. 5%
B. 7%
C. 10%
D. 13%

3. 某施工企业从银行借款 3 000 万元，手续费率为 0.5%，年利率为 6%，期限为 2 年，每年年末计息并支付，到期一次还本，企业所得税率为 25%，则该笔借款的资金成本率为（　　）。（注：2016 年一级建造师考试"建设工程经济"真题）

A. 6.03%
B. 4.52%
C. 6.00%
D. 4.50%

4. 某企业从银行借入一笔长期贷款 2 000 万元，手续费率为 0.2%，年利率为 7%，期限为 5 年，每年结息一次，年末付息，到期一次还本，企业所得税税率为 25%，则该项借款的资金成本率为（　　）。（注：2015 年一级建造师考试"建设工程经济"真题）

A. 7.20%
B. 7.01%
C. 5.26%
D. 5.45%

5. 企业从银行取得一笔长期借款 2 000 万元，年利率 8%，期限 3 年，每年末结息一次，到期一次还本，借款手续费率 0.2%，企业所得税 25%，则该笔借款的资金成本率为（　　）。（注：2013 年一级建造师考试"建设工程经济"真题）

A. 6.00%
B. 8.02%
C. 6.01%
D. 8.20%

6. 下列项目资金来源中不是负债资金的是（　　）。

A. 国家预算内资金
B. 银行贷款
C. 负债贷款
D. 融资租赁

7. 对于公共基础设施，由政府和各参与合作方共同承担责任和融资风险的融资模式是（　　）。

A. BOT 模式
B. BT 模式
C. PPP 模式
D. ABS 模式

8. 若社会无风险投资的收益率是 3%，社会平均投资收益率为 15%，某公司的投资风险系数为 1.2，则普通股的资金成本为（　　）。

A. 15%
B. 17.4%
C. 18%
D. 21.6%

9. 股票投资分为国家股、法人股、个人股和外资股是按照（　　）划分的。

A. 票面有无记名
B. 公司规模大小
C. 股东的权利和义务
D. 投资主体的不同

10. 下列对于负债资金筹资说法错误的是（　　）。

A. 银行信用贷款一般仅贷给那些资信优良的单位
B. 债券融资一般成本较低
C. 债券融资限制条件较多，并受发行一定额度的限制
D. 融资租赁通常只面临承租人偿债的风险，因而融资租赁的租金通常较低

11. 企业以发行债券方式融资产生的资金成本中，属于资金占用费的是（　　）。（注：2018 年一级建造师考试"建设工程经济"真题）

A. 债券代理发行费
B. 债券公证费
C. 债券发行广告费
D. 债券利息

二、多项选择题

1. 下列资金成本中,属于资金占用费的有( )。(注:2013 年一级建造师考试"建设工程经济"真题)

A. 借款手续费
B. 发行债券支付的印刷费
C. 筹资过程中支付的广告费
D. 债券利息
E. 贷款利息

2. 建设项目资金的获取来源比较复杂,从筹资方式上分包含( )。

A. 自有资本
B. 项目资本金
C. 融资租赁
D. 长期贷款
E. 负债资金

3. 公司用于一个投资项目的自有资金来自哪些方面?( )

A. 企业现有的现金
B. 未来生产经营中获得的可用于项目的资金
C. 企业资产变现
D. 企业增资扩股
E. 银行贷款

4. 2015 年国务院下发了《关于调整和完善固定资产投资项目资本金制度的通知》,下列的说法中正确的有( )。

A. 铁路、公路项目的资本金由 25% 调整为 20%
B. 保障性住房和普通商品住房项目资本金由 30% 调整为 25%
C. 钢铁、电解铝项目资本金维持 40% 不变
D. 玉米深加工项目资本金由 40% 调整为 20%
E. 化肥(钾肥除外)项目维持 25% 不变

三、简答题

1. 建设项目资金来源主要有哪些?
2. 什么是建设项目融资?建设项目的融资模式有哪些?它们各自有什么特点?
3. 请简述建设项目的资本金制度。
4. 如何筹措建设项目资本金?
5. 建设项目债务资金如何筹措?
6. 什么是建设项目资金成本?资金成本的作用是什么?

四、计算题

1. 某优先股面值 100 元,发行价格 98 元,发行成本 3%,每年付息一次,固定股息率 5%,试计算优先股资金成本。
2. 某公司发行普通股正常市价为 300 万元,筹资费率为 4%,第一年的股利率为 10%,以后每年增长 5%,试计算其资金成本。
3. 某企业计划筹集资金 1 000 万元,有关资料如下:

(1) 按溢价发行企业债券,债券面值总额为 330 万元,发行价格总额为 350 万元,票面年利率为 10%,期限为 3 年,每年支付利息,筹资费用率为 3%;

(2) 平价发行优先股总价为 250 万元,筹资费用率为 3%,预计年股利率为 12%;

(3) 发行普通股总价 400 万元,每股发行价格 10 元,筹资费用率为 5%,预计每年每股股利均为 1.3 元。该企业所得税税率为 25%。

求:(1) 分别计算债券资金成本、优先股成本、普通股成本;

　　(2) 计算该企业综合资金成本(债券权数按发行价格计算)。(注:计算过程及结果均保留小数点后两位)

第八章 建设项目财务评价

按照《建设项目经济评价方法与参数》(第三版)的有关规定,建设项目的经济评价包括财务评价和国民经济评价,两者共同构成了完整的建设项目的经济评价体系。建设项目的经济评价是项目前期工作的重要内容,所起的作用也至关重要,主要有加强固定资产投资宏观调控,提高投资决策的科学化水平,引导和促进各类资源合理配置,优化投资结构,减少和规避投资风险,充分发挥投资效益。本章主要介绍财务评价的内容及其理论和方法。

第一节 建设项目财务分析概述

建设项目财务评价,是项目决策分析与评价中为判定项目财务可行性所进行的一项重要工作,是项目经济评价的重要组成部分,是投融资决策的重要依据。

一、财务评价的概念

建设项目财务评价是根据国家现行的财税制度和价格体系,从建设项目角度出发,分析、预测项目直接发生的财务效益和费用,编制相关报表,计算有关指标,考察项目的盈利能力、偿债能力和财务生存能力等财务状况,据此判断项目的财务可行性。

财务评价是工程经济的核心内容,它既是工程经济学原理的应用,又是其理论的深化,同时也为国民经济评价提供调整计算的基础。

在对建设项目进行财务评价时,要明确评价范围,根据建设项目的特点和性质,选取适宜的分析方法,选取有效的基础数据进行成本费用分析、收入税费估算,并编制财务报表。在此基础上,计算财务评价指标,进行财务分析。

二、财务评价的目的

1. 衡量经营性项目的盈利能力和清偿能力

我国实行企业(项目)法人责任制后,企业所有者和经营者对项目盈利水平如何;项目清偿能力如何;能否按银行要求的期限偿还贷款等十分重视。此外,国家和地方各级决策部门、财务部门和贷款部门(如银行)对此也非常关心。为了使项目在财务上可行,项目财务评价是必不可少的。

2. 衡量非经营性项目的财务生存能力

进行非经营性项目(如公益性项目和基础性项目)的决策,主要是为了得到国家或地方财政的支持,就需要进行财务计算和评价。有些基础性项目的投融资主要由政府、地方或企业参与投资,更有可能吸引外商直接投资,所以这类项目的投融资不仅要注重社会效益,而且要遵循市场规律,讲求经济效益。

3. 合营项目谈判签约的重要依据

合同条款是双方合作的首要前提,合同的正式签订离不开经济效益分析,实际上合同条款的谈判过程就是财务评价的测算过程。

4. 项目资金规划的重要依据

建设项目的投资规模的大小、资金的来源、用款计划的安排以及筹资方案的选择都是财务评价要解决的问题。为了保证项目资金及时到位,投资者、项目经营者和贷款部门也都要知道拟建项目的投资金额,并据此安排资金计划和国家预算。

三、财务评价的内容

1. 盈利能力分析

建设项目的盈利能力分析主要是考察项目投资的盈利水平,确定项目投产后能否生存和发展,是评价项目的财务上可行性程度的基本标志。在财务评价中,应当考察拟建项目建成投产后是否有盈利,盈利能力有多大,盈利能力是否足以使项目可行。

2. 偿债能力分析

企业的财务风险和财务信用程度与建设项目的清偿能力直接相关。而且偿债能力的大小是企业进行筹资决策的重要依据。

3. 财务生存能力分析

财务生存能力分析过程是分析项目是否有足够的净现金流量维持正常运营,以实现财务可持续性。

4. 不确定性分析

在上述的分析过程中所用的工程经济要素数据一般是预测和估计的,具有一定的不确定性,所以有必要分析这些不确定因素对经济评价指标的影响,估计项目可能存在的风险,这就是项目的不确定分析。此内容将在本书的其他章节中讨论。

四、财务评价的基本步骤

建设项目财务评价是一项系统性、综合性的分析评价工作,是对建设项目在建设、经营全过程中的经济活动进行的经济分析与评价。其基本步骤如下。

① 搜集、测算财务分析的基础数据,编制财务辅助报表;

② 编制财务评价基本报表;

③ 计算评价指标;

④ 进行不确定性分析;

⑤ 评价方案优劣,得出评价结论。详见图 8.1 所示。

投资估算和融资方案是财务评价的基础。在实际中,三者互有交叉,在财务分析的方

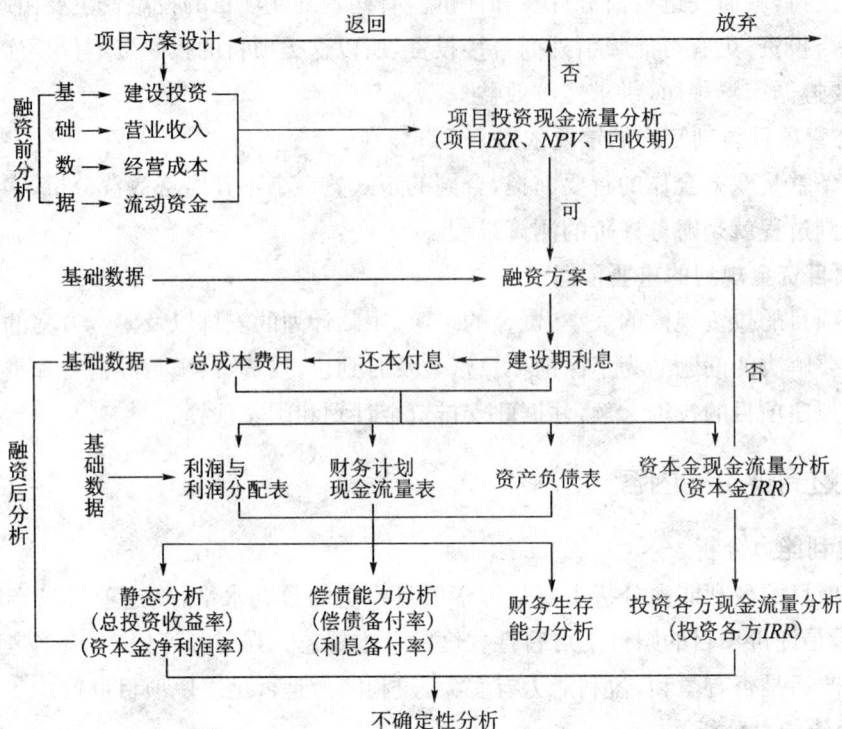

图 8.1　财务评价步骤示意图

法和指标体系设置上体现了这种交叉。

首先要对融资前的项目投资现金流量进行分析,其结果可判断项目方案本身设计是否合理,同时用于投资决策以及方案或项目的比较选择,也就是考察项目是否可行,这样才有必要考虑融资方案。如果融资前分析结果不能满足要求,可返回对项目建设方案进行修改;若多次修改后分析结果仍不能满足要求,甚至建议放弃项目。

其次,要对项目进行融资后分析,包括项目资本金现金流量分析、偿债能力分析和财务生存能力分析等。融资后分析是比选融资方案,进行融资决策和投资者最终出资的依据。

第二节　财务评价的基础数据与参数选择

财务评价中的基础数据与参数,可分为两种:一种是计算需要的数据和参数,它又包括初级数据和派生数据;另一种是判别用参数(基准参数)。

财务评价中需要大量的初级数据,它们大多是通过调查、分析、预测及国家规定来确定。如产出物的品种、数量和销售价格,原材料及燃料动力的消耗量和价格,人员数量和工资,折旧和摊销年限,成本计算中的各种费率、税率、利率、汇率、计算期及运营负荷等。派生数据是以初级数据为基础计算出来的数据,是为估算财务效益与费用或进行财务分析所用的计算用数据,如成本费用、营业收入、增值税等。初级数据确定得是否合理、准确,直接影响成本费用和营业收入的估算,进而影响财务分析和评价结果的准确性。因此在财务分析之前,必须做好这些基础性工作。

判别用参数是用来判断项目的效益是否满足要求的基准参数,如基准收益率、基准投资回收期、偿债备付率等。判别用参数要通过分析和测算得到,或者直接采用有关部门或行业发布的数值。作为判别标准,它们决定着对项目效益的判断,是项目取舍的依据。

一、财务评价基础数据的选取

1. 项目的财务效益

项目的财务效益是指建设项目实施后获得的营业收入和各种补贴收入。

（1）销售（营业）收入

销售（营业）收入主要指项目实施后各年销售产品或提供服务所获得的收入,它由产品数量、产品结构、产品质量与价格决定。

（2）补贴收入

补贴收入同营业收入一样,应列入建设项目投资现金流量表、资本金现金流量表和财务计划现金流量表。补贴收入应根据财政、税务部门的规定,分别计入或不计入应税收入。

（3）资产回收

资产回收是指寿命期内可回收的固定资产残值和回收的流动资金。

2. 项目的财务费用

项目的财务费用主要是指项目建设中或投产后,为生产、销售或提供服务所支出的费用。主要包括投资、成本费用和税费等。

（1）投资。包括固定资产投资（含工程费用、预备费用及其他费用）、固定资产投资方向调节税、无形资产投资、建设期贷款利息、流动资金投资、资本金、维持运营投资及开办费（形成递延资产）等。

（2）经营成本。

（3）税费。涉及的税费主要包括增值税、消费税、资源税、城市维护建设税和教育费附加、地方教育附加、关税、所得税等,有些行业还包括土地增值税。此外还有车船税、房产税、土地使用税、印花税和契税等税金一般属于财务现金流出。建设项目经济评价中合理计算各种税费,是正确计算建设项目效益与费用的重要基础。

二、财务评价的参数选择

建设项目财务评价还涉及各种费率、利率、汇率、项目计算期、生产（运营）负荷及基准收益率等基本参数。

1. 利率

借款利率是建设项目财务评价的重要基础数据,用以计算借款利息。

2. 汇率

财务评价汇率的取值,一般采用国家外汇管理部门公布的当期外汇牌价的卖出、买入的中间价。

3. 寿命期

建设项目寿命期即寿命周期(life cycle cost),是指工程项目维持正常生产经营所持续的年限,一般用年来表示。项目寿命周期可按产品的寿命周期、主要工艺设备的经济寿命或经综合分析确定。

4. 计算期

建设项目财务评价计算期包括建设期和生产运营期。建设期是项目主体为了获得未来的经济效益而筹措资金、垫付资金或其他资源进行项目建设的过程,在此期间,只有投资、没有收入,因此要求项目的建设期越短越好。而生产经营期是投资的回收和回报期,因而投资者希望其越长越好。

(1)建设期。评价用的建设期是指从项目资金正式投入起,到项目建成投产止所需的时间。建设期的确定,应综合考虑项目的建设规模、建设性质(新建、扩建或技术改造)、项目复杂程度、当地建设条件、管理水平和人员素质等因素,并与项目进度计划中的建设工期相协调。根据项目的实际情况,评价用建设期可能大于或等于项目实施进度中的建设工期。

(2)运营期。生产运营期一般包括投产期和达产期两个阶段,从项目正式投产到产量达到设计生产能力的时期称为投产期;产量达到设计生产能力之后的时期称为达产期。对于中外合资项目,在按上述原则确定评价用运营期后,还要考虑合资双方的合资年限,以短者为原则确定运营期。

5. 财务基准收益率

财务基准收益率(i)是项目财务内部收益率指标的基准和判据,也是项目在财务上是否可行的最低要求。

第三节 建设项目财务评价报表

一、财务评价的报表

对建设项目进行财务评价时,第一步需要编制财务基础数据测算表即辅助报表,第二步编制财务报表即财务评价基本报表。

1. 财务评价辅助报表

财务评价辅助报表也称财务基础数据测算表,对项目进行财务效益和费用估算,需要编制下列主要财务分析辅助报表:

(1)建设投资估算表;

（2）建设期利息估算表；

（3）流动资金估算表；

（4）项目总投资使用计划与资金筹措表；

（5）营业收入、营业税金及附加和增值税估算表；

（6）总成本费用估算表。

若用生产要素法编制总成本费用估算表，还应编制以下基础报表：外购原材料费估算表、外购燃料和动力费估算表、固定资产折旧费估算表、无形资产和其他资产摊销估算表、工资及福利费估算表等。

2. 财务评价基本报表

（1）现金流量表，包括项目投资现金流量表、项目资本金现金流量表、投资各方财务现金流量表。

① 项目投资现金流量表的编制

项目全部投资现金流量表指反映项目融资前投资项目现金流入和现金流出情况。对于新设法人项目，该表不区分投资资金来源，考察项目的全部投资的盈利能力，也不考虑融资即利息因素对项目的影响。表中现金流出要注意，该所得税应根据不受利息因素影响的息税前利润（EBIT）乘以所得税税率计算，称为调整所得税，也可称为融资前所得税。

$$调整所得税＝[营业收入－当期销项税额－（经营成本－当期进项税额）－折旧费－$$
$$维持运营投资＋补贴收入－增值税附加]×所得税税率 \qquad (8.1)$$

该表用于计算税前 FIRR、税后 FIRR、税前 FNPV、税后 FNPV、税前投资回收期、税后投资回收期等指标，其格式见表 8.1 所示：

表 8.1　项目投资现金流量表　　　　　　　　单位：万元

序号	项目	合计	计算期					
			1	2	3	4	…	n
1	现金流量							
1.1	营业收入（不含销项税额）							
1.2	销项税额							
1.3	补贴收入							
1.4	回收固定资产余值							
1.5	回收流动资金							
2	现金流出							
2.1	建设投资							
2.2	流动资金投资							
2.3	经营成本（不含进项税额）							
2.4	进项税额							

(续表)

序号	项目	合计	计算期					
			1	2	3	4	···	n
2.5	应纳增值税							
2.6	增值税附加							
2.7	维持运营投资							
2.8	调整所得税							
3	所得税后净现金流量							
4	累计税后净现金流量							
5	基准收益率							
6	折现后净现金流量							
7	累计折现净现金流量							

计算指标：税前 FIRR、税后 FIRR、税前 FNPV、税后 FNPV、税前投资回收期、税后投资回收期

② 项目资本金现金流量表

项目资本金现金流量表中的净现金流量是项目的净利润，又是投资者的权益性收益。项目资本金现金流量分析结果是融资决策的重要依据，有助于投资者在其可接受的融资方案下最终做出出资决定。

现金流出包括项目投入的资本金、借款本金偿还、借款利息支付、经营成本、营业税金及附加、所得税和维持运营投资。项目资本金现金流量表主要计算税前 FIRR、税后 FIRR、税前 FNPV、税后 FNPV、税前投资回收期、税后投资回收期的指标，见表 8.2 所示。

表 8.2　项目资本金现金流量表　　　　　　　　单位：万元

序号	项目	合计	计算期					
			1	2	3	4	···	n
1	现金流量							
1.1	营业收入（不含销项税额）							
1.2	销项税额							
1.3	补贴收入							
1.4	回收固定资产余值							
1.5	回收流动资金							
2	现金流出							
2.1	项目资本金							
2.2	借款本金偿还							
2.3	借款利息支付							

（续表）

序号	项目	合计	计算期					
			1	2	3	4	...	n
2.4	流动资金投资							
2.5	经营成本(不含进项税额)							
2.6	进项税额							
2.7	应纳增值税							
2.8	增值税附加							
2.9	维持运营投资							
2.10	所得税							
3	所得税后净现金流量							
4	累计税后净现金流量							
5	基准收益率							
6	折现后净现金流量							
7	累计折现净现金流量							

③ 投资各方现金流量分析

对于某些项目，为了考察投资各方的具体收益，还需要编制从投资各方角度出发的现金流量表，即应从投资各方实际收入和支出的角度，确定其现金流入和现金流出，分别编制投资各方现金流量表，计算投资各方的财务内部收益率指标，考察投资各方可能获得的收益水平。详见表8.3所示。

表8.3 投资各方现金流量表　　　单位：万元

序号	项目	合计	计算期					
			1	2	3	4	...	n
1	现金流量							
1.1	实分利润							
1.2	资产处置收益分配							
1.3	租赁费收入							
1.4	其他现金流入							
1.5	回收流动资金							
2	现金流出							
2.1	实缴资本							
2.2	租赁资产支出							
2.3	其他现金流出							
3	净现金流量(1-2)							

计算指标：投资各方财务内部收益率(%)

（2）利润和利润分配表

反映项目计算期内各年的营业收入、总成本费用、利润总额等情况，以及所得税后利润的分配，用以计算总投资收益率（ROI）和项目资本金净利润率（ROE）等静态财务分析指标的表格。详见表 8.4 所示。

表 8.4　利润与利润分配表　　　　单位：万元

序号	项目	合计	计算期					
			1	2	3	4	...	n
1	营业收入							
2	总成本费用							
3	增值税							
3.1	销项税							
3.2	进项税							
4	增值税附加							
5	补贴收入							
6	利润总额（1－2－3－4＋5）							
7	弥补以前年度亏损							
8	应纳税所得额（6－7）							
9	所得税（8）×25%							
10	净利润（6－9）							
11	期初未分配利润							
12	可供分配利润（10＋11）							
13	法定盈余公积金（10）×10%							
14	可供投资者分配利润（12－13）							
15	应付投资者各方股利							
16	未分配利润（14－15）							
16.1	用于还款未分配利润							
16.2	剩余利润（转下年度期初未分配利润）							
17	息税前利润（6＋当年利息支出）							

① 利润总额。利润总额是项目在一定时期内实现盈亏总额，即营业收入扣除营业税金及附加和总成本费用之后（若有补贴收入则加上）的数额。其计算公式为：

$$利润总额 = 营业收入 － 总成本费用 － 增值税 － 增值税附加 ＋ 补贴收入 \quad (8.2)$$

② 项目亏损及亏损弥补的处理。项目在上一个年度发生亏损，可用当年获得的所得税前利润弥补；当年所得税前利润不足以弥补的，可以在 5 年内用所得税前利润延续弥

补;延续 5 年未弥补的亏损,用缴纳所得税后的利润弥补。

③ 所得税的计算。利润总额按照现行财务制度规定进行调整(如弥补上年的亏损)后作为计算项目应缴纳所得税税额的计税基数,即应纳税所得额。国家对特殊项目有减免所得税规定的,按国家主管部门有关规定执行。

④ 所得税后利润的分配。缴纳所得税后的利润,即净利润,连同上年度未分配利润构成了本期可供分配的利润。按照下列顺序分配:

a. 提取法定盈余公积金。法定盈余公积金按当年所得税后净利润计提,一般为10%,其累计额达到项目法人注册资本的 50% 以上后可不再提取。

b. 应付优先股股利。

c. 提取任意盈余公积金。除按法律、法规规定提取法定盈余公积金之外,企业按照公司章程规定或投资者会议决议,还可以提取任意盈余公积金,提取比例由企业自行决定。

d. 向各投资方分配利润。分配比例往往依据投资者签订的协议或公司的章程等有关资料来确定。项目当年无盈利,不得向投资者分配利润;企业上年度未分配的利润,可以并入当年向投资者分配。

e. 未分配利润。未分配利润计算公式为:

$$未分配利润 = 可供投资者分配的利润 - 应付优先股股利 - 任意盈余公积金 - 各投资方利润分配额 \tag{8.3}$$

⑤ 息税前利润。息税前利润(EBIT)是指扣除当年利息和所得税前的利润额,等于当年利润总额和当年应付利息之和。

⑥ 息税折旧摊销前利润。息税折旧摊销前利润(EBITDA)是指扣除当年利息、所得税、折旧费和摊销费之前的利润额,等于息税前利润加上折旧费和摊销费。

(3) 财务计划现金流量表

财务计划现金流量表反映项目计算期内各年的投资、融资及经营活动的现金流入和流出情况,用于计算累计盈余资金,考察资金平衡和余缺情况,分析项目财务生存能力。

企业的财务现金流量分为三类,即:经营活动产生的现金流量、投资活动产生的现金流量和筹资活动产生的现金流量。财务计划净现金流量为三者净流量之和。详见表 8.5 所示。

表 8.5　财务计划现金流量表　　　　单位:万元

序号	项目	合计	计算期					
			1	2	3	4	...	n
1	经营活动净现金流量							
1.1	现金流入							
1.1.1	营业收入							
1.1.2	增值税销项税额							

序号	项目	合计	计算期					
			1	2	3	4	…	n
1.2	现金流出							
1.2.1	经营成本							
1.2.2	增值税进项税额							
1.2.3	增值税							
1.2.4	增值税及附加							
1.2.5	所得税							
2	投资活动净现金流量							
2.1	现金流入							
2.2	现金流出							
2.2.1	建设投资							
2.2.2	流动资金							
3	筹资活动净现金流量							
3.1	现金流入							
3.1.1	项目资本金投入							
3.1.2	建设投资借款							
3.1.3	流动资金借款							
3.2	现金流出							
3.2.1	各种利息支出							
3.2.2	偿还债务本金							
3.2.3	应付利润							
4	净现金流量(1+2+3)							
5	累计盈余资金							

（4）资产负债表。资产负债表是反映计算期内各年末资产、负债和所有者权益的增减变化及对应关系，以考察项目资产、负债和所有者权益的结构是否合理，用以计算资产负债率，进行偿债能力分析的报表，见表 8.6 所示。资产负债表是根据会计恒等式进行设计和编制的，会计恒等式为：

$$资产 = 负债 + 所有者权益 \tag{8.4}$$

表 8.6 资产负债表 　　　　　　　　　　　　　　　　　　　　单位：万元

序号	项目	合计	计算期					
			1	2	3	4	...	n
1	资产							
1.1	流动资产总额							
1.1.1	流动资产							
1.1.2	累计盈余资金							
1.1.3	累计期初未分配利润							
1.2	在建工程							
1.3	固定资产净值							
1.4	无形资产净值							
2	负债及所有者权益							
2.1	负债							
2.1.1	流动负债							
2.1.2	贷款负债							
2.2	所有者权益							
2.2.1	资本金							
2.2.2	累计盈余公积金							
2.2.3	累计未分配利润							
计算指标	资产负债率（%）							
	流动比率（%）							

（5）借款还本付息计划表。用于反映项目计算期内各年借款本金偿还和利息支付情况，计算偿债备付率和利息备付率等指标。

借款还本付息计划表应根据与债权人商定的或预计可能的债务资金条件和方式计算并编制，其格式见表 8.7 所示，该表也可与"建设期利息估算表"合并。

表 8.7 借款还本付息计划表

序号	项目	建设期			运营期		
		1	2	3	4	...	n
1	期初借款 1						
1.1	期初借款余额						
1.2	当期还本付息						
	其中：还本						
	付息						
1.3	期末借款余额						

（续表）

序号	项目	建设期			运营期		
		1	2	3	4	…	n
2	借款2						
2.1	期初借款余额						
2.2	当期还本付息						
	其中：还本						
	付息						
2.3	期末借款余额						
计算指标	利息备付率(%)						
	偿债备付率(%)						

还款方式及还本付息额的计算方法主要有等额本金法和等额本息法。下面介绍两种还款方式的计算和区别。

① 等额本金又称利随本清、等本不等息还款法。贷款人将本金分摊到每年内,同时付清上一交易日至本次还款日之间的利息。

计算公式：

$$每年还本付息金额 = \frac{总本金}{还款年数} + (总本金 - 累计已还本金) \times 年利率 \quad (8.5)$$

$$每年本金 = \frac{总本金}{还款年数} \quad (8.6)$$

$$每年利息 = (总本金 - 累计已还本金) \times 年利率 \quad (8.7)$$

等额本金的特点：每年的还款额不同,呈现逐年递减的状态。它是将贷款本金按还款的总年数均分,再加上上期剩余本金的利息,这样就形成年还款额,所以等额本金法第一年的还款额多,然后逐年减少,越还越少。所以比较适合在前段时间还款能力强的贷款人。

② 等额本息又称为定期付息,即借款人每年按相等的金额偿还贷款本息,其中每年贷款利息按年初剩余贷款本金计算并逐年结清。

计算公式：

$$每年还本付息金额 = \frac{本金 \times 年利率 \times (1 + 年利率)^{贷款年数}}{(1 + 年利率)^{贷款年数} - 1} \quad (8.8)$$

$$每年利息 = 剩余本金 \times 贷款年利率 \quad (8.9)$$

等额本息的特点：每年的还款额相同,从本质上来说是本金所占比例逐年递增,利息所占比例逐年递减,年还款数不变。等额本息贷款采用的是复合利率计算。在每期还款的结算时刻,剩余本金所产生的利息要和剩余的本金(贷款余额)一起被计息,也就是说未付的利息也要计息，这好像比"利滚利"还要厉害。在国外，它是公认的适合放贷人利益的贷款方式。

二、财务评价指标与财务评价报表的关系

建设项目财务评价的结果，一方面取决于基础数据的完整性和可靠性，另一方面取决于选取的评价指标体系的合理性。只有选取正确的指标体系，项目的财务分析结果才能与实际情况相吻合，才具有实际意义。一般来讲，投资人的投资目标不止一个。因此，项目财务指标体系也不是唯一的。

评价指标可通过相应的财务报表直接或间接求得，具体计算方法在前面章节已有介绍。财务评价指标同财务报表的关系如表 8.8 所示。

表 8.8　财务评价报表与评价指标的关系

评价内容		基本报表	财务评价指标	
			静态指标	动态指标
融资前分析	盈利能力分析	项目投资现金流量表	项目投资静态回收期	项目投资财务内部收益率 项目投资财务净现值 项目投资动态回收期
融资后分析	盈利能力分析	项目资本金现金流量表		项目资本金财务内部收益率
		投资各方现金流量表		投资各方财务内部收益率
		利润与利润分配表	总投资收益率、 项目资本金净利润率	
	清偿能力分析	资产负债表	资产负债率 流动比率 速动比率	
		借款还本付息计划表	偿债备付率 利息备付率 借款偿还期	
	生存能力分析	财务计划现金流量表	累计盈余资金 净现金流量	财务内部收益率 财务净现值

第四节　某建设项目财务分析案例

【案例】

背景：1. 某拟建项目建设期 2 年，运营期 6 年。建设投资总额 3 540 万元，建设投资预计形成无形资产 540 万元，其余形成固定资产。固定资产使用年限 10 年，残值率为 4%，固定资产余值在项目运营期末收回。无形资产在运营期 6 年中，均匀摊入成本。

2. 项目的投资、收益、成本等基础测算数据见表 8.9 所示。

表 8.9　某建设项目资金投入、收益及成本表　　　　　单位：万元

序号	项目	年份				
		1	2	3	4	5~8
1	建设投资 其中：资本金 借款本金	1 200	340 2 000			
2	流动资金 其中：资本金 借款本金			300 100	400	
3	年销售量/万件			60	120	120
4	年经营成本 其中：可抵扣进项税			1 900 218	3 648 418	3 648 418

3. 建设投资借款合同规定的还款方式为：运营期的前 4 年等额还本，利息照付。借款利率为 6%（按年计息）；流动资金借款利率为 4%（按年计息）。

4. 流动资金为 800 万元，在项目的运营期末全部收回。

5. 设计生产能力为年产量 120 万件某产品，产品不含税售价为 36 元/件，增值税税率为 17%，增值税附加综合税率为 12%，所得税率为 25%，行业基准收益率为 8%。

6. 行业平均总投资收益率为 10%，资本金净利润率为 15%。

7. 应付投资者各方股利按股东会事先约定计取：运营期头两年按可供投资者分配利润 10% 计取，以后各年均按 30% 计取，亏损年份不计取。运营期每年剩余利润转为下年度期初未分配利润。

8. 本项目不考虑计提任意盈余公积金。

9. 假定建设投资中无可抵扣固定资产进项税额，不考虑增值税对固定资产投资、建设期利息计算、建设期现金流量的可能影响。

问题：

1. 编制借款还本付息计划表、总成本费用估算表和利润与利润分配表。

2. 计算项目总投资收益率和资本金净利润率。

3. 编制项目资本金现金流量表。计算项目的动态投资回收期和财务净现值。

4. 从财务角度评价项目的可行性。

提示：未分配利润按借款合同规定的还款方式，编制等额还本利息照付的利润与利润分配表时，可能会出现以下两种情况：

（1）未分配利润＋折旧费＋摊销费≤该年应还本金，则该年的未分配利润全部用于还款，不足部分为该年的资金亏损，并需用临时借款来弥补偿还本金的不足部分；

（2）未分配利润＋折旧费＋摊销费＞该年应还本金，则该年为资金盈余年份，用于还款的未分配利润按以下公式计算：

该年用于还款的未分配利润＝该年应还本金－折旧费－摊销费

【解】 问题1:

(1) 项目建设期第 2 年贷款 2 000 万元,则建设期利息为:2 000×0.5×6%＝60 (万元),第 3 年初累计借款(建设投资借款及建设期利息)为 2 000＋60＝2 060(万元),运营期前四年等额还本,利息照付;则各年等额偿还本金＝第 3 年初累计借款÷还款期＝ 2 060÷4＝515(万元)。

其余计算结果,见表 8.10 所示。

表 8.10　某项目借款还本付息计划表　　　　单位:万元

序号	项目	计算期							
		1	2	3	4	5	6	7	8
1	借款1(建设投资借款)								
1.1	期初借款余额			2 060	1 545	1 030	515		
1.2	当期还本付息			638.6	607.7	576.8	545.9		
	其中:还本			515	515	515	515		
	付息(6%)			123.6	92.7	61.8	30.9		
1.3	期末借款余额		2 060	1 545	1 030	515			
2	借款2(流动资金借款)								
2.1	期初借款余额			100	500	500	500	500	500
2.2	当期还本付息			4	20	20	20	20	520
	其中:还本								500
	付息(4%)			4	20	20	20	20	20
2.3	期末借款余额			100	500	500	500	500	
3	借款3(临时借款)								
3.1	期初借款余额				182.5				
3.2	当期还本付息				189.8				
	其中:还本				182.5				
	付息(4%)				7.3				
3.3	期末借款余额			182.5					

(2) 根据总成本费用的构成列出总成本费用估算表的费用名称,见表 8.11 所示。计算固定资产折旧费和无形资产摊销费,并将折旧费、摊销费、年经营成本和借款还本付息表中的第 3 年贷款利息与该年流动资金贷款利息等数据,填入总成本费用估算表中(表8.11),计算出该年的总成本费用。

① 计算固定资产折旧费和无形资产摊销费

折旧费 = [(建设投资 + 建设期利息 − 无形资产) × (1 − 残值率)] ÷ 使用年限
    = [(3 540 + 60 − 540) × (1 − 4%)] ÷ 10 = 293.76(万元)

摊销费 = 无形资产 ÷ 摊销年限 = 540 ÷ 6 = 90(万元)

② 计算各年的营业收入、增值税、增值税附加,并将各年的总成本逐一填入利润与利润分配表中(表 8.12)。

第 3 年营业收入 = 60 × 36 × 1.17 = 2 527.20(万元)

第 4 ~ 8 年营业收入 = 120 × 36 × 1.17 = 5 054.40(万元)

第 3 年增值税 = 60 × 36 × 17% − 218 = 149.20(万元)

第 4 ~ 8 年增值税 = 120 × 36 × 17% − 418 = 316.40(万元)

第 3 年增值税附加 = 149.20 × 12% = 17.90(万元)

第 4 ~ 8 年增值税附加 = 316.40 × 12% = 37.97(万元)

表 8.11　某项目总成本费用估算表　　　　　　　　　单位:万元

序号	项目	年　份					
		3	4	5	6	7	8
1	经营成本	1 900	3 648	3 648	3 648	3 648	3 648
2	折旧费	293.76	293.76	293.76	293.76	293.76	293.76
3	摊销费	90	90	90	90	90	90
4	建设投资借款利息	123.60	92.70	61.80	30.90		
5	流动资金借款利息	4	20	20	20	20	20
6	短期借款利息		7.30				
7	总成本费用	2 411.36	4 151.76	4 113.56	4 082.66	4 051.76	4 051.76
	其中可抵扣进项税	218	418	418	418	418	418

(3)将第 3 年总成本计入该年的利润与利润分配表中,并计算该年的其他费用:利润总额、应纳税所得额、所得税、净利润、可供分配利润、法定盈余公积金、可供投资者分配利润、应付各投资方股利、还款未分配利润以及下年期初未分配利润等,均按利润与利润分配表中的公式逐一计算求得,见表 8.12 所示。

表 8.12　某项目利润与利润分配表　　　　　　　　　单位:万元

序号	项目	年　份					
		3	4	5	6	7	8
1	营业收入	2 527.20	5 054.40	5 054.40	5 054.40	5 054.40	5 054.40
2	总成本费用	2 411.36	4 151.76	4 113.56	4 082.66	4 051.76	4 051.76
3	增值税	149.20	316.40	316.40	316.40	316.40	316.40
3.1	销项税	367.20	734.40	734.40	734.40	734.40	734.40

（续表）

序号	项目	年　份					
		3	4	5	6	7	8
3.2	进项税	218	418	418	418	418	418
4	增值税附加	17.90	37.97	37.97	37.97	37.97	37.97
5	补贴收入						
6	利润总额(1-2-3-4+5)	-51.26	548.27	586.47	617.37	648.27	648.27
7	弥补以前年度亏损		51.26				
8	应纳税所得额(6-7)	0	497.01	586.47	617.37	648.27	648.27
9	所得税(8)×25%	0	124.25	146.62	154.34	162.07	162.07
10	净利润(6-9)	-51.26	424.02	439.85	463.03	486.20	486.20
11	期初未分配利润		0	29.72	166.67	277.14	500.30
12	可供分配利润(10+11)	0	424.02	469.57	629.70	763.34	986.51
13	法定盈余公积金(10)×10%	0	42.40	43.99	46.30	48.62	48.62
14	可供投资者分配利润(12-13)	0	381.62	425.58	583.39	714.72	937.89
15	应付各投资方股利	0	38.16	127.67	175.02	214.42	281.37
16	未分配利润(14-15)	0	343.46	297.91	408.37	500.30	656.52
16.1	用于还款未分配利润		313.74	131.24	131.24		
16.2	剩余利润(转下年度期初未分配利润)	0	29.72	166.67	277.14	500.30	656.52
17	息税前利润(6+当年利息支出)	76.34	668.27	668.27	668.27	668.27	668.27

第3年利润为负值,是亏损年份。该年不计所得税、不提取盈余公积金和可供投资者分配的股利,并需要临时借款。

借款额=(515-293.76-90)+51.26=182.50(万元)。见借款还本付息表8.10所示。

或:第3年可偿还本息的资金=营业收入(不含销项税)-经营成本(不含进项税)-增值税附加-所得税=60×36-(1 900-218)-17.9-0=460.10(万元)

第3年应偿还的本利和=638.6+4=642.60(万元)

所以,第3年应临时借款=642.6-460.1=182.50(万元)

(4) 第4年期初累计借款额=2 060-515+182.5+500=2 227.50(万元),将应计利息计入总成本分析表中(表8.11),汇总得该年总成本。将总成本计入利润与利润分配表中(表8.12),计算第4年利润总额、应纳税所得额、所得税和净利润。该年净利润424.02万元,大于还款未分配利润与上年临时借款之和,故为盈余年份。可提取法定盈余公积金和可供投资者分配的利润等。

第4年应还本金=515+182.5=697.50(万元)

第 4 年还款未分配利润＝697.50－293.76－90＝313.74(万元)

第 4 年法定盈余公积金＝净利润×10%＝424.02×10%＝42.40(万元)

第 4 年可供分配利润＝净利润＋期初未分配利润＝424.02＋0＝424.02(万元)

第 4 年可供投资者分配利润＝可供分配利润－法定盈余公积金

$$=424.02－42.40＝381.62(万元)$$

第 4 年应付各投资方的股利＝可供投资者分配股利×10%

$$=381.62×10%＝38.16(万元)$$

第 4 年剩余的未分配利润＝381.62－38.16－313.74＝29.72(万元)(为下年度的期初未分配利润)，见表 8.12 所示。

(5) 第 5 年年初累计欠款额＝1 545＋500＋182.5－697.5＝1 530(万元)，见表 8.10 所示，用以上方法计算出第 5 年的利润总额、应纳税所得额、所得税、净利润、可供分配利润和法定盈余公积金。该年期初无亏损，期初未分配利润为 29.72 万元。

第 5 年可供分配利润＝净利润＋期初未分配利润＝439.85＋29.72＝469.57(万元)

第 5 年法定盈余公积金＝439.85×10%＝43.99(万元)

第 5 年可供投资者分配利润＝可供分配利润－法定盈余公积金

$$=469.57－43.99＝425.58(万元)$$

第 5 年应付各投资方的股利＝可供投资者分配股利×30%

$$=425.58×30%＝127.67(万元)$$

第 5 年还款未分配利润＝515－293.76－90＝131.24(万元)

第 5 年剩余未分配利润＝425.58－127.67－131.24＝166.67(万元)(为第 6 年度的期初未分配利润)

(6) 第 6 年各项费用计算同第 5 年。

以后各年不再有贷款利息和还款未分配利润，只有下年度积累的期初未分配利润。

问题 2：

项目的总投资收益率、资本金净利润率等静态盈利能力指标，按以下方法计算：

(1) 计算总投资收益率＝正常年份的息税前利润÷总投资

$$总投资收益率＝[668.27÷(3 540＋60＋800)]×100%＝15.19%$$

(2) 计算资本金净利润率。由于正常年份净利润差异较大，故用运营期的年平均净利润计算：

$$年平均净利润＝(－51.26＋424.02＋439.85＋463.03＋486.20＋486.20)÷6$$
$$=2 248.04÷6＝374.67(万元)$$

$$资本金利润率＝[374.67÷(1 540＋300)]×100%＝20.36%$$

问题 3：

(1) 根据背景资料、借款还本付息表中的利息以及利润与利润分配表中的增值税、所得税等数据编制拟建项目资本金现金流量表(表 8.13)。

(2) 计算回收固定资产余值，填入项目资本金现金流量表中(表 8.13)。

固定资产余值 $= 293.76 \times 4 + 3060 \times 4\% = 1297.44$(万元)

(3) 计算回收全部流动资金,填入资本金现金流量表中(表8.13)。

全部流动资金 $= 300 + 100 + 400 = 800$(万元)

(4) 根据项目资本金现金流量表(表8.13),计算项目的动态投资回收期。

表 8.13　某项目资本金现金流量表　　　　　　　　　单位:万元

序号	项目	1	2	3	4	5	6	7	8
1	现金流入			2 527.20	5 054.40	5 054.40	5 054.40	5 054.40	7 151.84
1.1	营业收入			2 527.20	5 054.40	5 054.40	5 054.40	5 054.40	5 054.40
1.2	回收固定资产余值								1 297.44
1.3	回收流动资金								800
2	现金流出	1 200	340	3 009.70	4 944.12	4 745.79	4 722.61	4 184.44	4 684.44
2.1	项目资本金	1 200	340	300					
2.2	借款本金偿还			515	697.50	515	515		500
2.3	借款利息支付			127.60	120	81.80	50.90	20	20
2.4	经营成本			1 900	3 648	3 648	3 648	3 648	3 648
2.5	增值税及附加			167.10	354.37	354.37	354.37	354.37	354.37
2.6	所得税			0.00	124.25	146.62	154.34	162.07	162.07
3	净现金流量	−1 200	−340	−482.50	110.28	308.61	331.79	869.96	2 467.40
4	累计净现金流量	−1 200	−1 540	−2 022.50	−1 912.22	−1 603.61	−1 271.82	−401.86	2 065.54
5	折现系数 $i_c = 8\%$	0.925 9	0.857 3	0.793 8	0.735	0.680 6	0.630 2	0.583 5	0.540 3
6	折现净现金流量	−1 111.08	−291.48	−383.01	81.06	210.04	209.09	507.62	1 333.14
7	累计折现净现金流量	−1 111.08	−1 402.56	−1 785.57	−1 704.52	−1 494.48	−1 285.38	−777.76	555.38

动态投资回收期＝（累计净现金流量现值出现正值的年份－1）＋

（出现正值年份上年累计净现金流量现值绝对值÷

出现正值年份当年净现金流量现值）

$$= (8-1) + |-777.76| \div 1\,333.14 = 7.58(年)$$

项目的财务净现值就是计算期累计折现净现金流量值，即 $FNPV = 555.38(万元)$。

问题4：从财务角度评价该项目的可行性。

因为项目投资收益率为 15.19%＞行业平均值 10%，项目资本金净利润率为 20.36%＞行业平均值 15%，项目的自有资金财务净现值 $FNPV = 555.38$ 万元 ＞0，动态投资回收期 7.58 年，小于项目寿命期 8 年。所以，表明项目的盈利能力大于行业平均水平。该项目可行。

复习思考题

一、单项选择题

1. 财务计划现金流量表主要用于计算累计盈余资金，分析项目的（   ）。

    A. 盈利能力   B. 偿债能力

    C. 营运能力   D. 财务生存能力

2. 为了分析项目的财务生存能力，计算累计盈余资金可以通过某种财务报表进行，该种财务报表是（   ）。

    A. 项目投资现金流量表   B. 投资各方现金流量表

    C. 项目资本金现金流量表   D. 财务计划现金流量表

3. 融资前的财务分析主要是通过编制（   ）来进行的。

    A. 项目资本金现金流量表   B. 项目投资现金流量表

    C. 投资各方现金流量表   D. 项目资本金增量现金流量表

4. 从项目法人（或投资者整体）角度出发的现金流量表是（   ）。

    A. 项目资本金财务现金流量表   B. 投资各方财务现金流量表

    C. 项目财务计划现金流量表   D. 项目投资现金流量表

5. 用以计算资本金内部收益率，反映投资者权益投资的获利能力的项目资本金流量表的计算基础是（   ）。

    A. 工程资本金   B. 项目资本金   C. 工程投资额   D. 项目投资额

6. 下列各项中，属于经营活动流出现金的是（   ）。

    A. 支付给职工的现金   B. 购建无形资产所支付的现金

    C. 偿还债务所支付的现金   D. 分配股利所支付的现金

二、多项选择题

1. 建设项目评价中的总投资是（   ）之和。

A. 建设投资 　　　　　　　　　B. 建设期利息

C. 流动资金 　　　　　　　　　D. 其他融资费用

E. 临时性营运资金

2. 按照评价角度的不同,财务现金流量表通常分为(　　)。

A. 项目资本金现金流量表 　　　B. 项目投资现金流量表

C. 企业现金流量表 　　　　　　D. 财务计划现金流量表

E. 投资各方现金流量表

3. 下列包含在资本金现金流量表中,不包含在项目财务现金流量表中的有(　　)。

A. 营业税金及附加 　　　　　　B. 借款本金偿还

C. 项目资本金 　　　　　　　　D. 借款利息支付

E. 所得税

4. 项目经济评价时,若以总成本费用为基础计算经营成本,则应从总成本费用中扣除的费用项目有(　　)。

A. 折旧费 　　　　　　　　　　B. 销售费用

C. 管理费用 　　　　　　　　　D. 摊销费用

E. 利息支出

5. 技术方案现金流量表的构成要素是(　　)。

A. 投资 　　　　　　　　　　　B. 总成本费用

C. 经营成本 　　　　　　　　　D. 营业收入

E. 税金

三、计算题

1. 某企业拟投资建设一个市场急需产品的工业项目。建设期1年,运营期6年。项目投产第一年收到当地政府扶持该产品生产的启动经费100万元,其他基本数据如下:(1)建设投资1 000万元。预计全部形成固定资产(包含可抵扣固定资产进项税额100万元),固定资产使用年限10年,按直线法折旧,期末净残值率4%,固定资产余值在项目运营期末收回。投产当年又投入运营期资本金200万元。(2)正常年份年营业收入为702万元(其中销项税额为102万元),经营成本380万元(其中进项税额为50万元),税金附加应纳增值税的10%计算,所得税税率为25%,行业所得税后基准收益率为10%;基准投资回收期6年。企业投资者期望的最低可接受所得税后收益率为15%。(3)投产第一年仅达到设计生产能力的80%,预计这一年的营业收入及其所含销项税额、经营成本及其所含进项税额均为正常年份的80%。以后各年均达到设计生产能力。(4)运营第4年,需花费50万元(无可抵扣进项税额)更新新型自动控制设备配件,维持以后的正常运营需要,该维持运营投资按当期费用计入年度总成本。

问题:

(1)编制拟建项目投资现金流量表。

(2) 计算项目的静态投资回收期、财务净现值和财务内部收益率。

(3) 评价项目的财务可行性。

2. 某企业拟新建一工业项目。估算该项目主厂房设备投资约 4 200 万元,建筑工程费占设备投资的 18%,安装工程费占设备投资的 12%,其他工程费用和项目工程建设其他费按主厂房工程费用为基数,以系数法进行估算,有关系数见下表。上述各项费用均形成企业固定资产。

辅助工程	公用工程	服务型工程	环境保护工程	总图运输工程	工程建设其他费
9%	12%	0.7%	2.8%	1.5%	32%

基本预备费率为 10%。建设期 2 年,建设投资的静态投资部分第 1 年投入 60%,第 2 年投入 40%。预计建设期第一年的价差预备费 123.83 万元,第二年的价差预备费 167.59 万元。

本项目的资金来源为自有资金和贷款,贷款本金为 6 000 万元,年利率为 6%,按年计息。每年贷款比例与建设投资的静态投资部分投入比例相同,且在各年年中均衡发放。与银行约定,从生产期的第 1 年开始,按 5 年等额还本付息方式还款。固定资产折旧年限为 8 年,按平均年限法计算折旧,预计净残值率为 5%,在生产期末回收固定资产余值(固定资产投资中包含 800 万元可抵扣的固定资产进项税额)。

项目生产期为 6 年,流动资金总额为 500 万元,全部源于自有资金,生产期第 1 年投入。流动资金在计算期末全部回收。预计生产期各年的经营成本均为 2 000 万元(含进项税额 220 万元),销售收入在生产期第 1 年为 4 000 万元,第 2 年至第 6 年均为 5 500 万元(含 17% 的销项税额)。增值税附加为应纳增值税的 12%,所得税率为 15%,行业基准收益率 $i_c = 10\%$。未说明资金视为年末发生。

问题:

(1) 估算该项目的建设投资。

(2) 计算建设期利息以及还款期第 1 年的还本额和付息额。

(3) 计算固定资产净残值、各年折旧额及余值(要求列出计算式)。

(4) 编制项目投资现金流量表(将相关数据直接填入表中,融资对资产的影响不予剔除)。

(5) 计算项目投资税后财务净现值,并评价本项目在财务上是否可行(计算过程及结果均保留 2 位小数)。

第九章 建设项目费用效益分析

第一节 建设项目费用效益分析的概念

一、费用效益分析的概念

费用效益分析，又称国民经济评价，是指项目除了要进行本身的财务评价外还要从国家的角度对项目进行经济分析，来确定项目所带来的社会效益。主要是运用影子价格、影子工资、影子汇率和社会折现率等经济参数，计算分析项目对国民经济和社会效益的影响，从而确定项目的经济合理性。

项目的效益具体包括直接效益和间接效益，费用则包括了直接费用和间接费用。其中直接效益和直接费用又称为内部效果，而间接效益和间接费用则称为外部效果。

二、费用效益分析的意义

建设工程项目在现行的财务、税收制度和价格体系下，若只进行本身的财务评价往往不能体现出对国民经济的促进作用，因为财务评价只反映项目内部的收益，对外部收益不能充分体现。而外部收益恰好是说明项目对于整个国民经济的真实贡献。

三、费用效益分析与财务评价的关系

(1) 所处角度不同。投资者和国家是不同的主体，投资者的评价角度是项目是否带来收益，而国家则需考虑项目不仅可以盈利，还可以对国民效益起到带动作用。

(2) 所评价结果是否失真。在进行财务评价时，由于比价不一致容易导致结果失真，而费用效益却不会。

(3) 资源配置是否合理。费用效益分析全盘考虑全社会资源状况，资源配置合理情况。

(4) 所采用的价格不同。财务评价一般采用的是目前市场实际价格，而费用效益分析采用的是调整后的影子价格。

(5) 所采用的贴现率不同。财务评价采用行业基准收益率，而费用效益分析采用社会贴现率。

(6) 所采用的汇率不同。财务评价采用官方汇率，而费用效益分析采用影子汇率。

四、建设项目费用效益分析的步骤

在项目财务评价基础上进行建设项目的费用效益分析的步骤如下：

（1）费用和效益范围的调整。

① 务必剔除转移支付；

② 对于项目间接费用和间接效益需进行定量分析。

（2）费用和效益数值的调整。

① 建设项目固定资产投资的调整；

② 建设项目流动资金的调整；

③ 建设项目经营成本的调整；

④ 建设项目销售收入的调整；

⑤ 所采用外汇的调整。

（3）编制费用效益报表并计算各评价指标。

（4）对于产出物出口或替代进口的项目，必须编制经济外汇流量表和国内资源流量表。

第二节　建设项目费用效益分析的识别和估算

一、费用效益识别的基本原则

当项目在进行财务分析时，一般是根据项目所直接发生的财务情况来计算项目的直接效益和费用。而在进行项目的费用效益分析时，费用和效益的识别比较困难。故进行识别时必须遵循下列原则。

1. 全面性原则

一方面只要是项目能够对社会经济所作的贡献，全部计入项目的经济效益；另一方面只要是社会经济对项目所付出的代价，全部计入项目的经济费用。

2. 边界性原则

财务评价是从项目本身是否获利进行分析，其分析的边界是项目（一般认为流入项目的资金，是财务效益；从项目流出的资金，是财务费用）。而费用效益分析是从国民经济的整体利益出发，其分析的边界是整个国家（不仅需要考虑项目本身的内部效果，而且需要考虑项目对国民经济影响的外部效果）。

3. 资源变动原则

在进行内部效果分析时主要考虑的是货币变动，也就是说流入项目的货币即为直接效益，流出项目的货币即为直接费用。而进行外部效果分析时要充分考虑是否实现了资源的最优配置，若一个项目的投入会减少该资源在其他方面的投入，势必会影响其他方面的国民收入,在这种情况下就认为该项目对国民经济产生费用。反之就会带动国民经济,就认为是带来了效益。

4. 剔除转移支付原则

转移支付代表购买力的转移行为,接受转移支付的一方所获得的效益与付出方所产生的费用相等,转移支付行为本身没有导致新增资源的发生。在经济费用效益分析中,税赋、补贴、借款和利息属于转移支付。一般在进行经济费用效益分析时,不得再计算转移支付的影响。

二、内部效果

内部效果包括了直接费用和直接效益。

1. 直接费用

直接费用是指从项目自身出发所计算的经济费用,如各种物料、人工、资金、技术以及自然资源等。

(1)当项目投入需求不影响社会供给时,认为项目直接费用为耗用的社会资源价值。

(2)当项目投入需求影响社会供给时,且导致其他人被迫放弃使用这些资源来满足项目的投入,认为直接费用表现为社会因其他人被迫放弃而损失的效益。

(3)当项目需求影响社会供给,且导致进口增加或减少出口时,认为项目直接费用为国家外汇支出的增加或外汇收入的减少。

2. 直接效益

直接效益是指项目本身带来的效益。如各种各样的服务所产生的效益、节约时间的效益及成本节约等。

(1)当项目产出满足国内新增需求时,认为项目直接效益表现为国内新增需求的支付意愿。

(2)当项目的产出替代了其他厂商的产品或服务时,必然使其停产或减产,导致一部分社会资源得到节省,认为项目直接效益表现为节省的资源。

(3)当项目的产出满足进出口需求时,认为项目直接效益为国家外汇收入的增加或支出的减少。

内部效果进行分析时,避免不了会有一定程度的价值失真。故对于价值失真的直接效益和直接费用在经济分析中均按影子价格计算。

三、外部效果

外部效果包括了间接费用和间接效益。

1. 间接费用

间接费用是指项目实施时,项目没有发生实际费用,而国家却为项目付出了代价。如某工业项目排放的一些废水、废气和废渣等必将导致环境的破坏,此时就会使国民经济产生费用。

2. 间接效益

间接效益是指项目对社会带来效益,项目本身却未获利,这部分效益就称为间接效益。如进行某厂建设时,又修建了周边的道路,这使周边居民受益,就认为项目带来了间接效益。

间接费用和间接效益很难确定,在进行确定时一是需要进行"联合体"评价,才可以准确地将外部效果转化为内部效果;二是要明确外部效果必须是在财务报表中未反应、量化的。

3. 外部效果研究的内容

(1)环境影响。一些项目在实施过程中不可避免地会有一些废水废气的排放,若项目对所造成的环境破坏有相对应的补救措施或直接改善了原有环境,那么应估算为间接效益;反之,则计为间接费用。

(2)价格影响。若项目的产出物品是增加了国内市场的供应量,导致进口产品供应量下降,进口产品价格降低,那么应估算为间接效益;若项目的产出物大量出口,导致国内同类产品出口量下降,同类产品价格下降,则应计为间接费用。

(3)技术扩散。项目在实施过程中会使用先进技术和产生新的技术,无疑会需要技术人员和培养新的技术人员,形成技术流通,使社会效益增加。但这种效益短时间内不可估量,所以只进行定性描述。

(4)乘数效果。项目在实施时,会使和项目相关的其他产业得到发展,进而在此基础上带动更大区域的发展,产生一系列连锁反应。但此种情况乘数效果不能连续扩展计算,只需计算一次相关效果。

四、转移支付

所谓转移支付,是指在项目费用效益识别时,项目与各种社会实体之间会出现一些货币的转移,这些货币转移在项目中是实际的支出,而在国民经济中却不造成资源的实际耗用和增加。因此,若以项目的财务评价为基础进行费用效益分析时,应从费用和效益中剔除该部分内容。

1. 税金

作为企业来说,项目运行中要缴纳税金,虽然企业发生了支出,但该项支出是转移到了政府手中,并没有引起社会资源的变化。所以,税金不能作为费用效益的基数。

2. 补贴

企业在运行时,会有一些国家补贴发生,这些补贴对于企业来说是现金的流入,而对于国家来说是现金的流出。这种情况实质上也没有使国民经济发生变化。因此,补贴不能作为费用效益的基数。

3. 贷款利息

贷款利息对企业来说是费用的组成形式,但它最终流入到贷款机构,也没有引起国民经济的变化。因此,贷款利息不能作为费用效益的基数。

4. 折旧

项目在估算总成本费用时,折旧是主要的组成内容。但在进行投资计算时,已将固定资产投资所耗用的资源视为项目的投资费用,已全额计算,折旧只是在此基础上计提,故不能进行单独计算。因此,折旧不能作为费用效益的基数。

第三节　建设项目费用效益分析参数及其取值

一、社会折现率

在进行建设项目费用效益分析时,一般采用动态经济指标进行测算,如净现值、内部收益率等。在进行动态分析时,离不开重要参数折现率,而在具体项目中折现率的体现形式为项目的基准收益率。此时的基准收益率认为就是社会折现率。社会折现率通常也称为影子利率,它是建设项目费用效益分析时衡量经济内部收益率的参考值,也是从社会经济整体出发评价项目经济合理性而用以计算经济净现值的折现率。社会折现率表示从国家角度对资金机会成本和资金时间价值的估量。社会折现率的取值因国家的不同取值也不尽相同(表 9.1)。

表 9.1　部分国家或地区的社会折现率取值

国家或地区	社会折现率
美国	2%～3%;1.6%～3.2%(3～30 年及以上)
英国	6%(2003 年 3 月前);3.5%(2003 年 4 月后)
法国	8%(自 1984 年)
德国	3%
意大利	5%
西班牙	4%(水利);6%(交通)
比利时	4%
瑞典	4%
新西兰	10%;4%(无风险)
日本	4%
欧盟	5%
亚洲开发银行	10%～12%

二、影子汇率

影子汇率是指能反映外汇真实价值的汇率。由于各个国家外汇管制制度不同,导致外汇不可随意兑换,因此官方汇率往往不能真实地反映外汇的价值。所以,在进行费用效益分析时,为了消除用官方汇率度量外汇价值所导致的误差,采用影子汇率,使外贸品和非外贸品之间的价格能够合理转换。影子汇率是外汇的影子价格,是指在项目的费用效益分析中,将外汇换算为本国货币的系数。

影子汇率体现了从国民经济角度对外汇价值的估量,在工程项目的费用效益分析中,除了用于外汇与本国货币之间的换算外,还是经济换汇和经济节汇成本的判据。国家可以利用影子汇率作为经济杠杆来测算项目方案的选择和项目的取舍。比如某项目的投入可以使用进口设备,也可以使用国产设备,当影子汇率较高时就有利于后一种方案。再比如对于主要产出物为外贸货物的工程项目,当影子汇率较高时,将有利于项目获得批准实施。影子汇率随时根据国家政策和全球经济变化发生调整。目前我国的影子汇率为1.08。

$$影子汇率 = 外汇牌价(官方汇率) \times 影子汇率换算系数 \qquad (9.1)$$

【例 9.1】 已知某一时刻我国外汇牌价中人民币对美元的比值是 1 美元兑换6.875 2元人民币,试求人民币对美元的影子汇率。

【解】 影子汇率=影子汇率换算系数×6.875 2=7.425 2(元/美元)

三、影子价格

1. 影子价格的含义

所谓影子价格就是假定社会经济处于特定的最佳状态时,能够具体体现社会实际消耗、资源充足状态和所生产产品的供需关系时的价格。从另一层含义上来讲,影子价格体现在消费者的支付意愿和投资者的机会成本。也就是说当确定了支付意愿和投资机会时,就能通过此计算出项目要求社会经济支付的代价和为社会经济提供的效益,进而计算项目的投资真正能给社会带来多少收益。

2. 影子价格的计算

(1) 外贸物的影子价格

外贸物主要包括了投入物和产出物两种,它们的影子价格是以实际将要发生的口岸价格为基础来确定的。

① 投入物直接进口产品

$$影子价格 = 到岸价格 \times 影子汇率 + 项目到口岸的国内运费和贸易费用 \qquad (9.2)$$

【例 9.2】 某项目所使用的原材料为进口货物,其到岸价格为 230 美元/单位,项目离口岸 700 km,该材料影子运费为 0.50 元/(单位·km),贸易费用为货价的 6%。外汇的官方汇率为 6.87,影子汇率调整系数为 1.08。试计算该投入物的影子价格。

【解】

$$影子价格 = 230 \times 6.87 \times 1.08 + (700 \times 0.5 + 230 \times 6.87 \times 1.08 \times 6\%)$$
$$= 2\,158.90(元/单位)$$

② 投入物间接进口产品

$$影子价格 = 到岸价格 \times 影子汇率 + 口岸到原用户的运输费用和贸易费用 -$$
$$供应厂到用户的运输费用和贸易费用 +$$
$$供应厂到项目的运输费用和贸易费用 \qquad (9.3)$$

③ 投入物减少出口产品

$$影子价格 = 离岸价格 \times 影子汇率 - 供应厂到口岸的运输费用和贸易费用 +$$
$$供应厂到项目的运输费用和贸易费用$$

$$(9.4)$$

④ 产出物直接出口产品

$$影子价格 = 离岸价格 \times 影子汇率 - 项目到口岸的运输费用和贸易费用 \qquad (9.5)$$

【例 9.3】　某项目的产出物为出口产品,其离岸价为 50 美元/单位。项目离口岸 300 km,影子运费为 0.20 元/(单位·km),贸易费用为货价的 6%。外汇的官方汇率为 6.85,影子汇率调整系数为 1.08。试计算该产出物的影子价格。

【解】　影子价格 $= (50 \times 6.85 \times 1.08 - 300 \times 0.2 - 50 \times 6.85 \times 1.08 \times 6\%)$
$$= 261.95(元 / 单位)$$

⑤ 产出物间接出口产品

$$影子价格 = 离岸价格 \times 影子汇率 - 原供应厂到口岸的运输费用和贸易费用 +$$
$$原供应厂到用户的运输费用和贸易费用 -$$
$$项目到用户的运输费用和贸易费用 \qquad (9.6)$$

⑥ 产出物替代进口产品

$$影子价格 = 到岸价格 \times 影子汇率 + 口岸到用户的运输费用和贸易费用 -$$
$$项目到用户的运输费用和贸易费用 \qquad (9.7)$$

(2) 非外贸物的影子价格

在我国进行非外贸物影子价格的计算时,通常采用以下两个计算公式进行计算:

$$产出物的影子价格(产出物的出厂价格) = 市场价格 - 国内运杂费 \qquad (9.8)$$

$$投入物的影子价格(投入物的到厂价格) = 市场价格 - 国内运杂费 \qquad (9.9)$$

(3) 特殊投入物的影子价格

① 工资影子价格

工资影子价格主要是通过某个工人在岗位上所带来的社会效益及社会为该工人的付出去进行估算的:

$$工资影子价格 = 名义工资 \times 影子工资换算系数 \qquad (9.10)$$

工资影子价格的调整主要考虑以下两种情况：

一是劳动力机会成本，所谓劳动力机会成本是指工人参与到本项目中，而导致其丧失了参与其他项目的机会，所浪费的效益。更为准确地来说，如果一个工人的技术越娴熟或该工种越稀缺，那么他的劳动力机会成本就越大。

二是新增资源消耗，所谓新增资源消耗是指为给工人提供除工作以外的方便，社会不得不产生的支出，如某一厂区的建设除了要合理建设厂区必须建筑外，还要考虑职工的生活需求，这一部分就说是新增资源消耗。

那么在进行影子工资的确定，需进行如下测算：

a. 某工人因为本项目的实施，而放弃原来的工作，那么其影子工资是其放弃原来就业机会的工资（含工资性福利）及支付的税金之和。

b. 某工人是自愿失业人员，那么其影子工资为其被本项目的使用所支付的税后净工资。

c. 某工人是非自愿失业人员，那么其影子工资为其为了该工作而放弃休闲，愿意接受的最低工资。

② 土地影子价格

在进行项目费用效益分析时，土地的影子价格根据所占用土地的性质所决定。若项目占用的土地是没有价值的荒地，则土地影子价格为零；若项目占用的是有经济价值的土地，则土地影子价格为项目占用之后使国家损失的那一部分效益。

土地影子价格应根据项目占用所处地理位置、项目情况以及取得方式的不同分别确定，具体应符合以下规定：

a. 通过招标、拍卖和挂牌出让方式取得使用权的土地，其影子价格应按财务价格计算。

b. 通过划拨、双方协议方式取得使用权的土地，应分析价格优惠或扭曲情况，参照公平市场交易价格，对价格进行调整。

c. 经济开发区优惠出让使用权的土地，其影子价格应参照当地土地市场交易价格类比确定。

d. 当难以用市场交易价格类比方法确定土地影子价格时，可采用收益现值法确定。

e. 当采用收益现值法确定土地影子价格时，应以社会折现率对土地的未来收益及费用进行折现。

建设项目所占土地为农村用地时，应以土地征用费调整计算土地影子价格。具体应符合下列规定：

a. 项目占用农村土地，土地征收补偿费中的土地补偿费及青苗补偿费应视为土地机会成本，地上附着物补偿费及安置补助费应视为新增资源消耗，征地管理费、耕地占用税、耕地开垦费、土地管理费、土地开发费等其他费用应视为转移支付，不列为费用。

b. 土地补偿费、青苗补偿费、安置补助费的确定，如与农民进行了充分的协商，能够充分保证农民的应得利益，土地影子价格可按土地征收补偿中的相关费用确定。

c. 如果存在征地费用优惠,或在征地过程中缺乏充分协商,导致土地征收补偿费低于市场价格,不能充分保证农民利益,土地影子价格应参照当地正常土地征收补偿费标准进行确定。

【例9.4】 某工业项目建设期为3年,生产期17年,拟占用水稻耕地2500亩。占用前3年每亩平均产量为0.3 t,收购价1500元/t,出口口岸价格预计250美元/t。估计该地区生产期的水稻年均产量比建设期的增长4%,水稻生产成本调价后按收购价的40%计算,铁路运费为21元/t。外汇的官方汇率为6.616,影子汇率调整系数为1.08,贸易费用费率为6%,运输费用换算系数为1.84,i_c为10%。该土地的影子价格为多少?

【解】

(1)每吨稻谷按口岸价格计算的产地影子价格:

口岸价:$250 \times 6.616 \times 1.08 = 1786.32$(元/t)

贸易费用:$1786.32 \div (1 + 6\%) \times 6\% = 101.11$(元/t)

运输费用:$21 \times 1.84 = 38.64$(元/t)

产地影子价格:$1786.32 - 101.11 - 38.64 = 1646.57$(元/t)

(2)每吨稻谷的生产成本:

$$1500 \times 40\% = 600(元/t)$$

(3)生产每吨稻谷的净效益:

$$1646.57 - 600 = 1046.57(元/t)$$

(4)20年内每亩土地的净效益现值:

$1046.57 \times 0.3 \times (P/A, 10\%, 3) + 1046.57 \times 0.3 \times (1 + 4\%)(P/A, 10\%, 17)(P/F, 10\%, 3) = 2748.69$(元/亩)

(5)项目占用2500亩土地20年内净效益现值:

$$2748.69 \times 2500 = 6871.73(万元)$$

该土地的影子价格为6871.73万元。

第四节 建设项目费用效益分析指标和报表

一、建设项目费用效益分析指标

进行建设项目费用效益分析时,所采用的经济评价指标主要有下列指标。

1. 经济内部收益率

项目在计算期内各年经济净效益流量的现值累计等于零时的折现率,它是反映项目对国民经济净贡献的相对指标。其计算式如下:

$$\sum_{t=1}^{n} (B-C)_t (1+EIRR)^{-t} = 0 \qquad (9.11)$$

式中：$EIRR$——经济内部收益率；

　　　B——经济效益流量；

　　　C——经济费用流量；

　　　$(B-C)_t$——第 t 期的净效益流量；

　　　n——计算期。

根据所求出的经济内部收益率可以进行如下判断：当经济内部收益率大于或等于社会折现率，项目可以接受。

2. 经济净现值

利用社会折现率将项目计算期内各年的净效益流量折算到建设期初的现值之和，它是反映项目对国民经济净贡献的绝对指标。其计算式如下：

$$ENPV = \sum_{t=1}^{n} (B-C)_t (1+i_c)^{-t} \qquad (9.12)$$

式中：$ENPV$——经济净现值；

　　　$(B-C)_t$——第 t 期的净效益流量；

　　　i_c——社会折现率；

　　　n——计算期。

根据所求出的经济净现值可以进行如下判断：当经济净现值大于或等于 0，项目可以接受。也就是说国家为项目付出代价后，还可以获得超额盈余。

3. 经济换汇成本

经济换汇成本是用来分析、评价项目实施后在国际上的竞争能力，确定是否可以进行进出口。一般采用影子价格、影子工资和社会折现率计算项目生产出口产品所消耗的国内资源价值的现值与外汇净收益的现值之比，即换取 1 美元外汇所需的人民币金额。

$$经济换汇成本 = \frac{\sum_{t=0}^{n} DR_t (1+i_s)^{-t}}{\sum_{t=0}^{n} (FCI-FCO)_t (1+i_s)^{-t}} \qquad (9.13)$$

式中：DR_t——项目在第 t 期为出口产品投入的国内资源的价值；

　　　FCI——生产出口产品的外汇流入；

　　　FCO——生产出口产品的外汇流出；

　　　n——计算期。

若经济换汇成本小于或等于影子汇率时，表明项目生产出口产品的经济效益好，国际竞争力强。

4. 经济节汇成本

当产品可替代进口节汇时，应计算经济节汇成本，即节约 1 美元所需的人民币金额。

它等于项目计算期内生产替代进口产品所投入的国内资源的净现值与生产替代进口产品的经济外汇净现值之比。

$$经济节汇成本 = \frac{\sum_{t=0}^{n} DR'_t (1+i_s)^{-t}}{\sum_{t=0}^{n} (FCI' - FCO')_t (1+i_s)^{-t}} \tag{9.14}$$

式中：DR'_t——项目在第 t 期为生产替代进口产品投入的国内资源的价值；

FCI'——生产替代进口产品所节约的外汇；

FCO'——生产替代进口产品的外汇流出；

n——计算期。

当经济节汇成本小于或等于影子汇率时，表明项目生产替代进口产品是有利的。

以上经济指标是费用效益分析时常用的指标，但在进行评价时还需要用静态评价指标加以配合计算才能更为准确地进行费用效益分析，如投资回收期、投资利税率等。另外，一些项目在分析时，还需要进行定性分析。

二、建设项目费用效益分析报表

1. 建设项目费用效益分析辅助报表

当项目有进出口业务时，为使计算口径一致，需进行换算，一般会用到出口（替代进口）产品国内资源流量表、国民经济效益分析投资调整计算表、国民经济效益分析销售收入调整计算表和国民经济效益分析经营费用调整计算表四个辅助报表。

（1）出口（替代进口）产品国内资源流量表（表 9.2）。涉及产品出口创汇及替代进口节汇的项目，需要编制出口（替代进口）产品国内资源流量表，以便计算经济换汇成本或经济节汇成本指标。

表 9.2　出口（替代进口）产品国内资源流量表　　　　单位：万元

序号	项　　目	建设期		投产期		达产期				合计
		1	2	3	4	5	6	…	n	
	生产负荷(%)									
1	建设投资中国内投资									
2	流动资金中国内投资									
3	经营费用中国内投资									
4	其他国内投入									
5	国内资源流量合计									

（2）建设项目费用效益分析投资调整计算表（表 9.3）。编制建设项目费用效益分析投资调整计算表，主要为了调整投资中价格不合理的部分，以确定建设项目费用效益分析中的投资额。

表 9.3　建设项目费用效益分析投资调整计算表　　　　　　单位：万元

序号	项目	财务效益分析				建设项目费用效益分析				建设项目费用效益分析比财务效益分析增减（±）
		合计	其中			合计	其中			
			外币	折合人民币	人民币		外币	折合人民币	人民币	
1	建设投资									
1.1	固定资产投资									
1.1.1	建筑工程									
1.1.2	设备 其中：(1)进口设备 (2)国内设备									
1.1.3	安装工程 其中：(1)进口材料 (2)国内部分材料及费用									
1.1.4	其他费用 其中：(1)土地费用 (2)涨价预备费									
2	流动资金									
3	合计									

（3）建设项目费用效益分析销售收入调整计算表（表 9.4），主要为了调整在效益中占较大比重的产出物的价格，以合理确定建设项目费用效益分析中的内部效益。

表 9.4　建设项目费用效益分析销售收入调整计算表　　　　　　单位：万元

序号	产品名称	年销售量					财务效益分析					费用效益分析						
		单位	内销	替代进口	外销	合计	内销		外销		合计	内销		替代进口		外销		合计
							单价	销售收入	单价	销售收入		单价	销售收入	单价	销售收入	单价	销售收入	
1	投产第 1 年负荷(%) 小计																	
2	投产第 2 年负荷(%) 小计																	
3	正常生产年份(%) 小计																	

（4）建设项目费用效益分析经营费用调整计算表（表9.5），主要为了调整在费用中占比较重的投入物的价格，以合理确定费用效益分析中的内部费用。

表 9.5　费用效益分析经营费用调整计算表　　　　单位：万元

序号	项目	单位	年耗量	财务效益分析		费用效益分析	
				单价	年经营成本	单价（或调整系数）	年经营费用
1	外购原材料						
2	外购燃料和动力						
2.1	煤						
2.2	水						
2.3	电						
2.4	汽						
2.5	重油						
3	工资及福利费						
4	修理费						
5	其他费用						
6	合计						

2. 建设项目费用效益分析基本报表

在建设项目费用效益分析中需要编制费用效益费用流量表（表9.6，表9.7）和经济外汇流量表（表9.8）。这两个基本报表的编制与财务评价中全部投资现金流量表和权益投资现金流量表是相似的，但所有的数据都是修正后的影子价格等。

表 9.6　费用效益费用流量表（全部投资）　　　　单位：万元

序号	项目	建设期		投产期		达产期				合计
		1	2	3	4	5	6	…	n	
	生产负荷（%）									
1	效益流量									
1.1	产品销售（营业）收入									
1.2	回收固定资产余值									
1.3	回收流动资金									
1.4	项目间接效益									
2	费用流量									
2.1	建设投资中国内资金									
2.2	流动资金中国内资金									
2.3	经营费用									
2.4	流至国外的资金									
2.4.1	国外借款本金偿还									
2.4.2	国外借款利息支付									
2.4.3	其他									
2.5	项目间接费用									
3	净效益流量（1—2）									

表 9.7 费用效益费用流量表(国内资金)　　　　单位:万元

序号	项目	建设期		投产期		达产期				合计
		1	2	3	4	5	6	...	n	
	生产负荷(%)									
1	效益流量									
1.1	产品销售(营业)收入									
1.2	回收固定资产余值									
1.3	回收流动资金									
1.4	项目间接效益									
2	费用流量									
2.1	建设投资中国内资金									
2.2	流动资金中国内资金									
2.3	经营费用									
2.4	流至国外的资金									
2.4.1	国外借款本金偿还									
2.4.2	国外借款利息支付									
2.4.3	其他									
2.5	项目间接费用									
3	净效益流量(1-2)									

表 9.8 经济外汇流量表　　　　单位:万元

序号	项目	建设期		投产期		达产期				合计
		1	2	3	4	5	6	...	n	
	生产负荷(%)									
1	外汇流入									
1.1	产品销售外汇收入									
1.2	外汇借款									
1.3	其他外汇收入									
2	外汇流出									
2.1	建设投资中外汇支出									
2.2	进口原材料									
2.3	进口零部件									
2.4	技术转让费									
2.5	偿付外汇借款本息									
2.6	其他外汇支出									
3	净外汇流量									
4	产品替代进口收入									
5	净外汇效果									

在进行建设项目费用效益分析时,编制所用报表必须注意以下内容:

(1)剔除转移支付。

(2)计算外部效益与外部费用,始终要保持效益费用计算口径的统一。

（3）用影子价格、影子汇率逐项调整建设投资。

（4）没有实际使国民经济受到损害的，应将其从流动资金中剔除。

（5）国民经济评价各项销售收入和费用支出中的外汇部分，应用影子汇率调整，计算外汇价值。从国外引入的资金和向国外支付的投资收益，也应用影子汇率进行调整。

第五节　某建设项目费用效益分析案例

渤海大道公路建设项目国民经济评价①

1. 建设背景

2010 年 4 月，大连市政府启动新市区管理体制改革，架构三大功能区组团：金州新区组团、保税区组团和普湾新区组团。市政府改变城市发展过度集中于老城区的单一中心结构，以新机场和新海港的建设为契机，逐步向北部拓展。这三处城市组团，现阶段主要通过沈大高速公路与核心区快速联系，相对阻滞的交通环境影响了城市发展速度。渤海大道项目的建成，将沟通大连渤海沿岸的道路交通，开辟一条新通道，提高交通服务水平，促进大连全域城市化建设。

2. 工程概况

该工程建设起点为后盐 202 国道，主要连接东北路、火车站北站北广场、东联路，间接联系光明路，设计终点至普湾新区内的长皮高速公路。路线全长 51 km，设计将全线行政区划分为 3 段。分别为后盐 202 国道至土羊高速（甘井子区段 6 km）、土羊高速至金七线（金州新区段 29 km）、金七线至长皮高速（普湾新区段 16 km）。沿线连接 202 国道、土革路、金州一号路、规划机场快速路、大魏家规划主干路、金七线、三十里堡罗家屯处规划主干路、海湾南规划主干路、海湾北规划主干路等多条既有或规划的主干路，未来将担负城际间大量的交通负荷，将成为带动新市区经济发展的交通大动脉。

3. 评价参数

（1）项目评价期：项目计算期为 23 年，包括项目的建设期和运营期；建设期 3 年，时间 2011—2013 年；经济效益分析计算期 20 年，时间 2014—2033 年。

（2）影子汇率：影子汇率即外汇的影子价格，反映外汇对国民经济的真实价值。按下式计算：

$$影子汇率＝外汇牌价×影子汇率换算系数$$

该项目国家外汇牌价（买入卖出中间价）取用国家外汇管理局最新公布的外汇牌价 1 美元＝6.34 元（人民币）（2011 年 12 月 6 日）。影子汇率换算系数根据《方法与参数》取 1.08。影子汇率 1 美元＝6.85 元（人民币）。

（3）社会折现率：表示从国家角度对资金机会成本和资金时间价值的估量，是项目

---

①　孙楠. 渤海大道公路建设项目国民经济评价[J]. 城市道桥与防洪，2012(4)：180-182.

国民经济评价的重要参数。按照《方法与参数》，社会折现率取 8%。

（4）劳动力影子工资换算系数：影子工资换算系数与项目所在地区劳动力的状况、结构及就业水平有关。参照《方法与参数》（第三版）及有关资料，技术性工种劳动力影子工资换算系数取值为 1，非技术性工种劳动力的影子工资换算系数取值为 0.5。

（5）残值：道路桥梁等设施的残值，按照总投资的 50%，在项目计算末年，以负值形式计入经济费用中。

4. 经济费用的识别和计算

（1）经济费用的估算

① 工程建设总投资 70 亿元（表 9.9）

表 9.9　资金筹措表

序号	出资方	出资额度/万元		合计	出资比例
		动迁费	投资费用		
1	辽宁省交通厅	0	200 000	200 000	28.56%
2	大连市政府	0	168 845	168 845	24.12%
3	甘井子区政府	0	0	0	0
4	金州新区政府	162 470	168 845	331 315	47.32%
5	普湾新区政府	0	0	0	0
	总计	162 470	537 690	700 160	100%

② 日常养护，运营、大修费用

隧道部分养护费用按 4 车道单洞 14 万元/（年·km）（包括机电维修费），确定该项目隧道段日常养护费用为 55.02 万元。隧道机电系统运营费用，拟建项目机电系统运营费用主要是隧道通风、照明、排水、监控以及通信等，根据用电总功率及开启运转情况，预计运营初年费用为 165 万元，以后随着交通量的增加而增加。

道路日常养护，主要是针对破损路面、交通事故对道路的破坏等，经测算道路部分养护费用 2 万元/（年·km）。道路排水管线的维护、抢修。根据 2010 年大连市道路排水工程的综合单价为 1.5 万元/（年·km）。道路两侧路灯包括电费、维护检修费，综合单价为 1.6 万元/km。该项目道路长度 32.183 km，日常养护费用合计 164.13 万元/年。

立交桥的养护费用、照明费用按照 45 万元/座。跨海桥的养护费用、照明费用，20 万/km。其他跨线桥养护费用、照明费用共计 220 万元。测算桥梁部分养护费用 555 万元/年。

桥梁大修理费用按 10 年进行一次大修，大修年对桥梁、道路、排水、路灯、绿化进行全部翻新、维修。按照当年养护费用的 13 倍计算。新财会制度不再单独提存大修理基金，改列日常养护费用，年大修费合计 1 220.90 万元/年。

（2）经济费用的识别和计算

经济效益分析采用"有无对比"分析方法："有项目"指实施该项目后，相关路网费用与效益;"无项目"是指不实施该项目,相关路网费用与效益。

该项目主要考虑以下 3 种经济效益:在路网范围内(拟建项目和原有相关道路),交通量运输成本节约效益、旅客时间节约效益、减少交通事故效益。

① 降低营运成本的效益(B_1)

项目建成后,整个地区道路状况得到改善,整个地区汽车运输成本降低。通过"有无比较法"来计算,有、无该项目条件下整个路网上汽车运输成本的费用节约。

效益计算公式如下:

$$B_1 = B_{11} + B_{12} \tag{9.15}$$

式中:B_{11}——拟建项目降低营运成本的效益,元;

B_{12}——原有相关公路降低营运成本的效益,元。

② 旅客时间节约效益(B_2)

由于新建该项目,缩短车辆行驶距离,同时改善原有道路行车条件,提高了车辆运行速度,节约了旅客出行时间。

效益计算公式如下:

$$B_2 = B_{21} + B_{22} \tag{9.16}$$

式中:B_{21}——使用拟建项目节约旅客时间的效益,元;

B_{22}——使用原有相关公路节约旅客时间的效益,元。

③ 减少交通量事故的效益(B_3)

新建该项目,改善原有路网的运输条件,减少的交通事故损失。对于减少交通事故所产生效益,按平均每次事故损失费和"有""无"该项目交通事故率差计算:

$$B_3 = B_{31} + B_{32} \tag{9.17}$$

式中:B_{31}——拟建项目减少交通事故效益,元;

B_{32}——原有相关道路减少交通事故效益,元。

(3)经济费用分析指标结果

由经济费用效益计算结果编制项目经济费用效益流量表(表 9.10)。

表 9.10　经济费用效益表

指标	$ENPV$/万元	$EIRR$	$EBCR$
评价结果	224 440	11.44%	1.78

可行性研究的国民经济评价指标包括 4 个重要指标。项目的经济内部收益率大于基准社会折现率,表示项目对国民经济的净贡献达到或超过要求水平,认为项目可以接受;项目的经济净值大于 0,说明该项目的投资利润大于机会成本,投资方案可行;项目的经济效益费用比大于 1,说明项目的经济效益现值大于经济费用现值,具有获利能力;项目的动态回收期小于基准投资回收期,表明方案可行。

通过上述数据可以看出,项目经济内部收益率 $EIRR$ 为 11.44%,大于 8% 的社会折现率,说明从经济费用效益角度看,该项目是可行的。

（4）敏感性分析

经济评价所采用的参数,有的来自估算,有的来自预测。因此很难做到所有参数都准确,不排除这些参数有所变动的可能性,这也是在国民经济评价中不可避免的。为了分析这些不确定因素对项目的影响,考虑建设费用和效益未来变化幅度,得到经济费用效益敏感性分析结果（表 9.11）。

表 9.11　经济费用效益敏感性分析表

	效益费用	−10%	0	10%
−10%	$ENPV$/万元	218 350	165 554	112 758
	$EIRR$/%	11.42	10.15	9.27
	$EBCR$	1.78	1.59	1.43
0	$ENPV$/万元	275 475	224 440	189 883
	$EIRR$/%	12.58	11.44	10.35
	$EBCR$	1.97	1.78	1.61
10%	$ENPV$/万元	352 600	269 804	247 009
	$EIRR$/%	13.19	12.50	11.45
	$EBCR$	2.18	1.92	1.78

由表 9.11 可见,在效益减少 10%,费用增加 10% 的最不利情况下,内部收益率仍能达到 9.27%,大于社会折现率,具有较强的抗风险能力。

复习思考题

一、单项选择题

1. 建设项目费用效益分析中,下列哪一项是直接费用（　　）。
   A. 项目所需原材料　　　　　　　　B. 其他企业的减产
   C. 环境的破坏　　　　　　　　　　D. 其他企业的增产

2. 当项目产出满足国内新增需求时,认为项目给国民经济带来的是（　　）。
   A. 直接费用　　　B. 间接费用　　　C. 直接效益　　　D. 间接效益

3. 内部效果进行分析时,避免不了会有一定程度的价值失真。为应对这种情况,在进行费用效益分析时均按（　　）计算。
   A. 真实价格　　　B. 市场价格　　　C. 测算价格　　　D. 影子价格

4. 若项目的产出物大量出口,导致国内同类产品出口量下降,同类产品价格下降,这种情况说明项目受到了（　　）。

A. 环境影响　　　　B. 价格影响　　　　C. 乘数效果　　　　D. 技术扩散

5. 若项目占用的土地是没有价值的荒地,则土地影子价格为(　　)。

A. 零　　　　　　　B. 最大　　　　　　C. 负　　　　　　　D. 实际价格

二、多项选择题

1. 建设项目费用效益分析中,费用有(　　)。

A. 直接费用　　　B. 直接利润　　　C. 直接效益　　　D. 间接费用

E. 间接效益

2. 费用效益分析的原则有(　　)。

A. 全面性　　　　B. 边界性　　　　C. 科学性　　　　D. 剔除转移支付

E. 资源变动

3. 以下哪些项是进行费用效益分析时按转移支付确定的内容(　　)。

A. 税金　　　　　B. 折旧　　　　　C. 补贴　　　　　D. 利息

E. 土地费用

4. 费用效益分析包括对下列哪些项的分析(　　)。

A. 外部效果　　　B. 影子汇率　　　C. 折旧　　　　　D. 内部效果

E. 技术价值

5. 下列哪些项是建设项目费用效益分析的经济指标(　　)。

A. 价值工程　　　　　　　　　　　B. 经济内部收益率

C. 经济净现值　　　　　　　　　　D. 投资回收期

E. 投资利税率

三、简答题

1. 什么是建设项目的费用效益分析?

2. 在进行建设项目费用效益分析时应注意的问题有哪些?

3. 建设项目费用效益分析中,为什么要用口岸价格确定影子价格?

4. 如何进行项目的识别费用和效益?

5. 简述项目财务评价和费用效益分析的区别。

6. 为什么在进行建设项目费用效益分析时,要采用影子价格?

四、计算题

1. 某项目所需的某种原材料原由 A 供应,现在改由 B 供应,致使 A 增加出口。该原材料离岸价格为 280 美元/t,影子运费为 0.20 元/(t・km)。A 离口岸 400 km,离项目所在地 300 km;B 离项目所在地 200 km。贸易费用为货价的 6%。外汇的官方汇率为 6.85,影子汇率调整系数为 1.08。试计算该原材料的影子价格。

2. 某项目财务评价中非技术性工种劳动力的名义工资为 1 800 元/月,其影子工资换算系数为 0.7,求该项目中劳动力的影子工资。

3. 某公司以离岸价为订货合同价格进口一套设备,离岸价为 350 万美元,到岸价 432 万美元,银行财务费费率为 0.5%,外贸手续费费率为 1.5%,进口关税税率为

22%,进口环节增值税税率为16%,设备的国内运杂费费率为2.5%。外汇的官方汇率为6.85,影子汇率调整系数为1.08。问该套进口设备的影子价格为多少?

4. 某项目生产的产品中包括市场急需的某产品,预测的目标市场价格为15 000 元/t(含销项税),项目到目标市场运杂费为230 元/t,求该产品的影子价格。

5. 某企业预投产 A 产品 38 万 t。预计该产品投入市场后,会挤占原有 A 产品市场份额。目前 A 产品的市场竞争价格为 2 300 元(含税)。已知增值税率为16%,求该产品的影子价格?

6. 某项目的出口产品离岸价为230 美元/t,国内运费为人民币 35 元/t,贸易费用人民币 55 元/t。外汇的官方汇率为 6.85,影子汇率调整系数为 1.08。试求该产品出厂的影子价格。

第十章 建设项目的可行性研究

第一节 建设项目可行性研究概述

一、可行性研究的含义

可行性研究是指决策者在项目投资决策前,科学地对项目的技术、经济、环境等方面进行论证,以保证项目能够获得预期经济效益。对项目进行可行性研究,可以帮助决策者对所建项目进行全面评估,且提供可靠科学的依据,从而确定该项目是否值得投资。可行性研究的主要任务是以市场为前提,以技术为手段,以经济效果为最终目标来研究建设项目在技术上的先进性、经济上的合理性和财务上的盈利能力。

二、可行性研究的工作阶段划分

建设工程寿命全周期一般可分为三大阶段:建设前期、建设实施期和运营期。建设前期,又称之为投资决策期,主要工作任务是对项目进行可行性研究和项目建设前的资金落实。建设实施期,主要工作任务是进行工程招投标、工程设计、工程施工安装和试运转。运营期,主要工作任务是项目的投产运营,保证项目可以取得预期收益。具体阶段划分见图 10.1 所示:

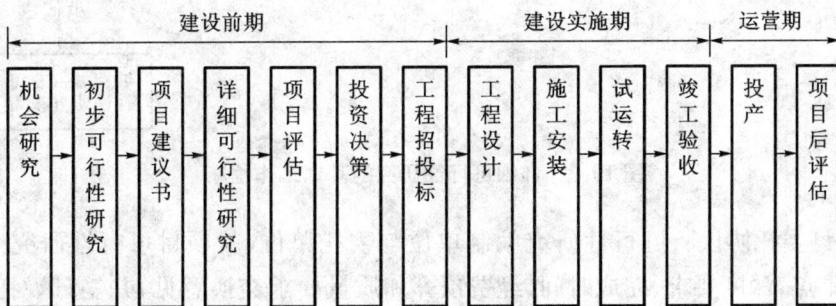

图 10.1 建设工程寿命全周期

在具体项目的建设工程寿命全周期中,最重要的工作就是做好项目的可行性研究,做好该项工作,不仅可以保证项目的投资能够按时收回,还能够预估项目会遇到的风险,降低风险率。以保证项目获得预期收益。

1. 可行性研究的工作阶段

项目可行性研究包括机会研究、初步可行性研究和详细可行性研究三个阶段。

（1）机会研究阶段是指在某一区域内，根据现有资源、市场、国家政策等情况，通过相关调查、进行预测和分析研究，选择建设项目。

（2）初步可行性研究是指在投资机会研究完成后所进行的工作。为节省时间和费用，大型项目或较为复杂的工程项目在进行详细可行性研究之前先进行初步可行性研究，来取得初步的结论。初步可行性研究时若结论不可行，必须放弃该项目。一般而言，初步可行性研究可确定以下问题：

① 投资机会是否确实可行？是否像在机会研究中提出的那样确有前景？

② 在详细可行性研究阶段，重点应研究哪些问题？有无必要对某些问题进行专门研究或辅助研究？

③ 项目范围和未来效益是否值得通过可行性研究进行详尽分析？

④ 已掌握的资料是否足以证明这个项目不可行，或者对某个投资者或投资集团缺乏足够的吸引力？

（3）详细可行性研究阶段是可行性研究的最后阶段，主要是对初步可行性研究进行再论证的过程。具体内容包括项目的技术可行性和经济可行性的论证。以期使投资费用和生产成本减至最低限度，取得最佳经济效果。

详细可行性研究的基本工作程序见图 10.2 所示：

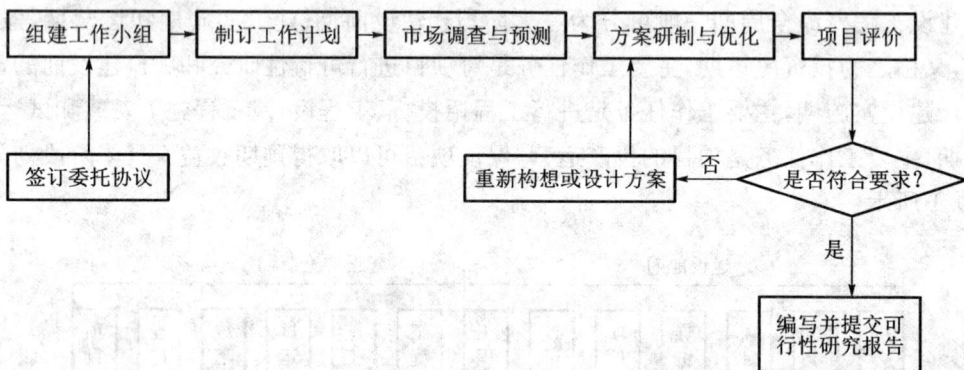

图 10.2　详细可行性研究的基本工作程序

① 签订委托协议。可行性研究编制单位与委托单位，就项目可行性研究工作的范围、内容、重点、深度要求、完成时间、经费预算和质量要求交换意见，并签订委托协议，据此开展可行性研究各阶段的工作。

② 组建工作小组。编制单位根据委托项目协议组建项目可行性研究工作小组。根据所进行的内容组建不同的组别，以求最合理化的消化工作。

③ 制订工作计划。受委托编制单位确定各项研究工作开展的流程、方式、工作进度安排、人员设置、工作质量评定标准和费用预算的过程，并就计划内容与委托单位交换意见。

④ 市场调查与预测。市场调查的范围包括政策法规、消费者环境、原材料供应市场等基础信息资料数据。市场预测主要是利用市场调查所获得的信息资料，对项目产品未来市场供应和需求信息进行定性与定量分析。

⑤ 方案研制与优化。根据已获取基础数据分析制定出多种备选方案，并运用相关方法进行方案的选择和对最终方案进行必要的优化。

⑥ 项目评价。对最终方案进行环境评价、财务评价、费用效益分析及风险分析，以判别项目的环境可行性、经济合理性和抗风险能力。当结论不乐观时，应重新构想方案或对原设计方案进行调整，必要时必须直接否定该项目。

⑦ 编写并提交可行性研究报告。在研项目各专业方案经过技术经济论证和优化之后，由各专业组分工编写。经项目负责人衔接协调综合汇总，提出可行性研究报告初稿，与委托单位交换意见，初稿修改完善后向委托方提交正式的可行性研究报告。

2. 可行性研究各阶段的深度要求

可行性三大阶段都是相互关联、相互交叉的，每一步骤都起着承上启下的作用。后一个阶段的研究工作都是在前一个阶段的研究工作基础上进行的，并且前一个阶段的研究工作为后一个研究阶段提出了需要进一步深入研究的问题和方向。各阶段的工作是独立的，但研究的过程由粗到细、由浅到深，对方案和目标不断筛选，并最终形成最佳方案，为投资决策提供依据。所以对三大阶段的深度要求也是不同的（表 10.1）。

表 10.1　可行性研究各阶段深度要求

可行性研究阶段	工作深度	基础数据估算精度	研究费用占投资额比重/%	所需时间
机会研究	在若干个可能的投资机会中进行鉴别和筛选	±30%	0.1~1.0	1~2 个月
初步可行性研究	对选定的投资项目进行市场分析，进行初步技术经济评价，确定是否需要进行更深入的研究	±20%	0.25~1.25	4 个月左右
详细可行性研究	对需要进行更深入可行性研究的项目进行更细致的分析，减少项目的不确定性，对可能出现的风险制定防范措施	±10%	大项目 0.2~1.0 小项目 1.0~3.0	6 个月以上

三、可行性研究的作用

可行性研究在建设工程项目中起着至关重要的作用，归纳如下：

（1）投资者确定项目是否投资和审批机关是否批准立项的重要依据。

（2）向银行申请贷款或筹措资金的依据。我国相关法规明确规定，凡是向银行贷款或申请国家资助的项目，必须提交项目的可行性研究报告。只有可行性研究报告通过审查后，才能获得贷款或资助。

（3）编制项目初步设计的依据。在进行初步设计时必须严格按照可行性研究所研究的内容和结论对项目进行设计,不可偏离。

(4)建设单位与各协作单位签订合同和有关协议的依据。因在可行性研究报告中已详尽地论证了项目建设的所有内容,所以建设单位可根据可行性研究报告与其他各方签订相关协议和合同,以保证项目的顺利进行。

(5)建设单位通过审查获取项目用地的依据。在进行建设用地申请时,审查部门主要是根据可行性研究报告的内容对项目进行审查,批准建设用地申请。

(6)组织工程项目具体建设实施的依据。在可行性研究中,对于合理的生产组织、工程进度都做了论证,因此,可行性研究还可作为组织施工、安排项目建设进度以及对工程质量提出要求,并进行工程质量检验的重要依据。

(7)引进新技术、新工艺、新设备的依据。可行性研究会对拟采用的新技术、新工艺、新设备进行分析论证,故在进行实际生产时,若需引进技术,可根据可行性研究结论引进。

(8)进行项目后评价的主要依据。项目后评价是在项目建成运营一定时间后,对项目实际运营效果是否达到预期目标进行评价的,可行性研究的成果是项目后评价的参考指数。

第二节　建设项目的必要性分析

建设项目的必要性分析,主要是对项目在市场中有无发展前景的分析,包括项目产品的方向、生产规模以及可能被市场所接受的价格等信息的调查研究,根据调查结果来判断项目有无建设的必要性。一般通过市场调查和市场预测完成。

一、市场调查

市场调查是根据项目建议书所列出的项目产品设想和项目规模的建议,对项目拟生产的产品,在一定时期内,从生产者到消费者的有关市场信息资料的了解和收集,并进行分析研究的过程。

1. 市场调查的内容

(1)环境调查;

(2)技术发展水平调查;

(3)市场需求容量的调查;

(4)消费者及其消费行为调查;

(5)商品调查;

(6)价格调查;

(7)销售方式、渠道和服务调查;

(8)竞争对手调查。

2. 市场调查的步骤

(1)调查准备阶段

调查准备阶段主要解决调查目的、要求、范围和规模及调查力量的组织问题,并制订一个可行的调查计划。这个阶段的工作大体有以下几个步骤:

① 确定调查目标,拟定调查项目;

② 确定收集资料的范围和方式;

③ 调查表和抽样设计;

④ 制订调查计划。

(2) 调查实施阶段

调查人员严格按照调查计划的要求,科学系统地收集资料和数据。

① 对调查人员进行培训;

② 实地调查。

(3) 调查结果的处理阶段

① 资料的整理与分析;

② 编写调查报告。调查报告的主要内容有:市场调查的目的;市场调查资料的收集方法;市场调查的主要发现;市场调查的结论与建议等。

3. 市场调查的方法

资料调查方法、问卷调查方法和实验法等。

二、市场预测

1. 市场预测的概念和作用

市场预测是在市场调查的基础上,通过对资料的整合分析研究,运用科学的方法和手段测算发展前景。可行性研究中所研究分析的项目都是拟建项目,具有一定的预测性。所以说,市场预测在可行性研究中起着决定性的作用。

2. 市场预测应考虑的因素

(1) 国家宏观经济。

(2) 政治因素。

(3) 消费需求。

(4) 供应导致的竞争活动。

3. 市场预测的基本步骤

(1) 分析确定预测目标和制订预测计划。

(2) 收集和整理市场资料。资料的收集整理是通过市场调查来完成的,在预测阶段也可进行再补充。

(3) 选择预测方法和进行预测。选择合适的预测方法是市场预测的最关键工作。在进行预测方法的选择时,可选择多种方法同时预测,以保证预测的准确性。

(4) 分析和修正预测结果。因预测时采用多种预测方法而产生多个预测值时,需从中选择合理的数值为最终或推荐预测值。

(5) 形成预测报告。

4. 项目市场需求预测分析方法

（1）德尔菲法

德尔菲法是采用函询调查，对所预测问题向有关领域的专家分别提出问题，而后将他们回答的意见予以综合、整理、反馈，这样经过多次反复循环，而后得到一个比较一致的且可靠性也较大的意见。

（2）移动平均法

移动平均法是通过移动平均数来进行预测的方法。一般包括一次移动平均法和二次移动平均法。

① 一次移动平均法是依次取时间序列的 n 个观测值进行平均，并依次移动，得到一个平均数序列，且以最近 n 个观测值的平均数作为下期预测值的预测方法。

$$\hat{x}_{t+1}^{(1)} = M_t^{(1)} = \frac{x_t + x_{t-1} + \cdots + x_{t-n+1}}{n} = \frac{1}{n}\sum_{i=t-n+1}^{t} x_i \quad (t = n,\ n+1,\ \cdots,\ N)$$

$$(10.1)$$

式中：$\hat{x}_{t+1}^{(1)}$ ——第 $t+1$ 期的预测值；

$x_t,\ x_{t-1},\ \cdots,\ x_{t-n+1}$ ——序列第 $t,\ t-1,\ \cdots,\ t-n+1$ 期的观测值；

n ——移动平均数的期数；

$M_t^{(1)}$ ——第 t 期一次移动平均数；

N ——序列中的数据个数（样本容量）。

【例 10.1】 已知某产品 1～12 月份的销售额资料（表 10.2），试利用一次移动平均法预测该产品下年 1 月份的销售额，n 分别取 3 和 5。

表 10.2 某企业 1～12 月份销售额资料 　　　　　　单位：万元

月份	实际销售额	一次移动平均值（$n=3$）	一次移动平均值（$n=5$）
1	320	—	—
2	330	—	—
3	325	325.00	—
4	310	321.67	—
5	330	321.67	323.0
6	315	318.33	322.0
7	320	321.67	320.0
8	325	320.00	320.0
9	325	323.33	323.0
10	330	326.67	323.0
11	320	325.00	324.0
12	315	321.67	323.0

【解】　当 n 分别取 3 和 5 时,下年 1 月份的预测值分别为 321.67 万元、323.0 万元。

② 二次移动平均法是在一次移动平均法的基础上,以一次移动平均值作为时间序列,再一次计算其移动平均值,并将结果套入模型预测的方法。

二次移动平均法的预测模型为:

$$y_{t+T} = a_t + b_t T \tag{10.2}$$

其中:

$$a_t = 2 M_t^{(1)} - M_t^{(2)}$$

$$b_t = \frac{2}{n-1}(M_t^{(1)} - M_t^{(2)})$$

$$M_t^{(2)} = \frac{1}{n} \sum_{i=t-n+1}^{t} M_i^{(1)} = \frac{M_t^{(1)} + M_{t-1}^{(1)} + \cdots + M_{t-n+1}^{(1)}}{n}$$

(3) 平滑预测法

① 一次指数平滑法是利用本期的实际值与紧前期的估算值,通过对它们的不同加权分配,求得一个指数平滑值,并作为下一期预测值的一种方法。

$$\hat{x}_{t+1} = S_t^{(1)} = \alpha x_t + (1-\alpha) S_{t-1}^{(1)} \tag{10.3}$$

式中:$\hat{x}_{t+1}$——下一期的预测值;

$S_{t-1}^{(1)}$——第 $t-1$ 期的一次指数平滑值;

x_t——第 t 期的实际观测值;

α——平滑系数。

【例 10.2】　已知某企业某年 1~12 月份利润额(表 10.3),试计算每月利润的一次指数平滑值,并预测下年 1 月份的利润额,平滑系数分别取 0.1,0.5。

表 10.3　某企业某年 1~12 月份利润额　　　　　　　　　　单位:万元

月份	实际利润	一次指数平滑值 $\alpha = 0.1$	一次指数平滑值 $\alpha = 0.5$
1	40.2	40.2	40.2
2	39.8	40.2	40.0
3	27.9	39.0	34.0
4	32.9	38.4	33.5
5	40.0	38.6	36.8
6	48.5	39.6	42.7
7	48.9	40.5	45.8
8	40.0	40.5	42.9
9	39.2	40.4	41.1
10	38.7	40.2	39.9
11	39.0	40.1	39.5
12	38.0	39.9	38.8

【解】 当平滑系数分别取 0.1,0.5 时,下年 1 月份利润额的预测值为 39.9 万元、38.8万元。

② 二次指数平滑法是在一次指数平滑法的基础上,以一次指数平滑值作为时间序列,再一次计算其指数平滑值,并将结果套入模型预测的方法。

预测模型为:

$$y_{t+T} = a_t + b_t T \qquad (10.4)$$

其中:

$$a_t = 2 S_t^{(1)} - S_t^{(2)}$$

$$b_t = \frac{\alpha}{1-\alpha}(S_t^{(1)} - S_t^{(2)})$$

$$S_t^{(2)} = \alpha S_t^{(1)} + (1-\alpha) S_{t-1}^{(2)}$$

第三节　建设项目场址选择与相关条件分析

一、建设项目场址选择

建设项目场址选择是确定项目所在的地理区域。项目选址是项目投资决策的一个重要环节。若项目选址错误,对整个项目都会带来不利影响。所以,必须从国民经济和社会发展的全局出发,运用系统观点和方法,科学合理地进行项目选址工作。

1. 项目场址选择分析

(1) 场址地区选择的准则

① 必须符合当前国家政治法规和整体规划设计;

② 必须保证项目与地区经济的综合发展;

③ 严格执行"控制大城市规模、合理发展中等城市,积极发展小城市"的方针;

④ 确保场址与原料、燃料产地和消费地区距离合理化;

⑤ 必须做出全面系统、科学化的综合分析。

(2) 选择场址地区时要考虑的因素

① 社会经济文化因素;

② 基础设施及燃料动力条件;

③ 原材料、燃料产地和产品销售市场条件;

④ 自然环境。

2. 项目场址分析内容

(1) 场址选择的基本原则

① 项目建设要服从城市规划的要求;

② 所确定场址的自然条件要能够满足项目建设和生产的要求；

③ 做到合理用地，减少农耕地的占用；

④ 加强合作企业间的协作，提高劳动生产率；

⑤ 场址的选择必须要做到既方便生产又利于职工的生活；

⑥ 提高产出，减少成本；

⑦ 注重环境保护和生态平衡。

（2）项目场址分析的主要内容

① 自然气候条件。在进行场址的选择时要充分考虑自然气候条件的影响，包括气温、湿度、日照、气压、风向、降水量等。一般情况下，场址禁止选择在城市的上风向，防止造成空气的污染。

② 场址要确定在工程地质和水文地质条件较好的地区，主要考虑项目对地质有无特殊要求。

③ 地形地貌条件。结合项目生产规模、特点和要求，应选择合适的地形地势，使之不仅能适应生产技术的要求，还能减少施工的土石方工程量，同时满足项目建设、生产和职工生活的要求。

④ 土地面积和形状。由于各个项目生产性质、生产规模及运输条件的不同，其所需占地面积与场区形状大小也不相同。在节约用地的原则下，所选场址土地面积与形状应能使各类构筑物、建筑物、道路及场地等得到合理的布置，并考虑将来有扩大建设的可能，故应有足够的面积，其形状应满足生产工艺要求。

⑤ 水源和能源条件。建设项目通常需要消耗大量用水，水源选择十分重要。尤其是在我国北方地区少雨缺水，用水较紧张，矛盾比较突出，有时造成以水定厂址、定规模的局面。

⑥ 交通运输条件和通信条件。交通运输关系到项目建设和生产所需的物资能否及时保证供应，进而关系到项目产品的生产成本和投资效益。因此，交通运输条件是项目选址必须考虑的重要条件和关键环节之一。

⑦ 外部协作配套条件和同步建设条件。所谓外部协作配套条件是指为本项目提供零部件、半成品等的前序协作条件，或者是将本项目生产的产品进行再加工的后序协作条件。同步建设是指应考虑配套项目的同步建设和所需要的相关投资，这样才能保证项目投资后的正常运行。

3. 项目场址分析方法

（1）追加投资回收期法

$$T = \frac{I_2 - I_1}{C_1 - C_2} \tag{10.5}$$

式中：I_2、I_1 ——两个对比方案的建设投资费用；

　　C_1、C_2 ——两个对比方案的年度产品成本或经营费用。

比选标准：如果 $T < 0$，取投资额小的方案；

如果 $T > T_H$（T_H 为基准投资回收期），取投资额小的方案；

如果 $T_H > T > 0$，取投资额大的方案。

（2）年完全费用法

$$ATC = C + E_H I = C + \frac{I}{T_H} \tag{10.6}$$

式中：ATC——年完全费用；

    C——年经营费用；

    I——初始投资费用；

    E_H——基准投资效果系数（$EH = 1 / T_H$）；

    T_H——基准投资回收期。

选取各方案中年完全费用最小者为最优方案。

（3）费用现值法

$$PC = \sum_{t=1}^{n} CO_t (1 + i_c)^{-n} \tag{10.7}$$

式中：PC——方案的费用现值；

    CO_t——该方案第 t 年的现金流出；

    i_c——基准收益率。

选取各方案中费用现值最小者为最优方案。

【例 10.3】 拟修建某黄河大桥，预计使用年限为 50 年，有两处可选点 A、B，在 A 点建桥投资为 5 000 万元，年维护费用为 12 万元，每 10 年大修一次费用为 150 万元；在 B 点建桥投资为 3 000 万元，年维护费用为 16 万元，每 5 年大修一次费用为 100 万元。哪个点更适合建桥（$i_c = 10\%$）？

【解】

$PC_A = 5\,000 + 12(P/A, 10\%, 50) + 150[(P/F, 10\%, 10) + (P/F, 10\%, 20) +$
    $(P/F, 10\%, 30) + (P/F, 10\%, 40)]$

    $= 5\,211.00 (万元)$

$PC_B = 3\,000 + 16(P/A, 10\%, 50) + 100[(P/F, 10\%, 5) + (P/F, 10\%, 10) +$
    $(P/F, 10\%, 15) + (P/F, 10\%, 20) + (P/F, 10\%, 25) +$
    $(P/F, 10\%, 30) + (P/F, 10\%, 35) + (P/F, 10\%, 40) +$
    $(P/F, 10\%, 45)]$

    $= 3\,320.18 (万元)$

A 点费用现值高于 B 点，故应选择 B 点建桥。

二、其他相关条件分析

1. 项目物料供应分析

（1）研究项目所需物料种类。

（2）物料供应方案评估原则：

① 适用性；

② 可靠性；

③ 经济性；

④ 合理性；

⑤ 减少能源消耗。

2. 企业组织及项目建设进度安排

(1) 确定项目企业组织形式。

(2) 确定项目建设进度：

① 编制项目建设进度计划内容(管理机构的确立、项目施工方式的确定等)；

② 建设项目进度分析(常用的方法有横道图法、网络计划法)。

3. 环境影响分析

(1) 项目安全防护与工业卫生。

(2) 环境污染及治理措施。

第四节　建设项目技术可行性分析

建设项目技术方案可行性分析，即项目技术的选择。在进行技术选择时，可将各种待选技术划分成若干种类型，然后根据项目的具体情况，按技术进步的基本要求，选择适合本项目技术水平和管理水平的技术。

一、建设项目技术方案选择原则

建设项目的技术不能在各方面都盲目追求先进，要根据市场情况和企业自身状况选择适合自己的技术方案，所以需根据以下原则选择技术方案：

(1) 先进的技术；

(2) 适用的技术；

(3) 可靠的技术；

(4) 具有经济性的技术。

二、技术方案评估的内容

技术方案评估的主要内容是对生产工艺方案、设备选型方案和工程设计方案进行分析评价。技术评估的过程实际上就是技术选择的过程，项目技术选择是否合理，直接决定了项目预期经济效益。

1. 技术方案评估的内容

(1) 技术分析评价。主要是对备选技术方案的性质、使用条件、应用范围、投产运行的可能性、发展趋势和前景等进行详细的估计和评价。

（2）经济分析评价。详细估算备选技术方案的投资和成本，并从国民经济角度研究引进或发展某项技术对市场供应、国家财政、国民收入、经济结构等产生何种影响和变化。

（3）环境分析评价。按照环境保护法规，分析研究备选技术方案对环境影响的方式、范围、程度以及可能采取的对策。

（4）社会分析评价。备选技术方案必须符合国家的有关路线、方针、政策和法规。

2. 技术方案评估的方法

建设项目技术可行性分析评价方案众多，在此仅介绍以下几种方法：

（1）专家评分法

专家评分是利用专家的经验和学识，根据预选技术方案的具体情况选出评价项目，对每个评价项目制定出相应的评价等级标准，并用分值来表示，然后以此对预选技术方案的各个评价项目评定分值。最后将各个评价项目的分值经过运算，求出各方案的总分值，以此来决定取舍。

专家评分法的特点是通过专家评分使评价项目量化，更方便地对项目作出准确的判断。但该方法的主观性较强，所以对有争议的项目难以进行详细客观的评价。

（2）定性描述法

定性描述法一般采取两个阶段进行描述：第一阶段是对所备选技术方案的各项指标进行分析比较；第二阶段是在第一阶段的分析结果的基础上综合考虑决策者的自身情况加以评价。

（3）多级过滤法

多级过滤法是将社会影响、环境生态等作为制约因素，制定一个最低标准，把技术方案与各项标准相比较，进行层层筛选，在满足最低要求的前提下，最后以费用效益分析作为决策依据，对各个备选技术方案进行筛选。

（4）系统分析法

以系统分析理论为依据，运用各种系统优化方法进行综合评价。

第五节　建设项目可行性研究报告及案例

一、可行性研究报告

可行性研究的成果最终以报告的形式呈现，是企业的重要留存资料和报相关部门审批的重要文件。

1. 可行性研究报告的编制依据

（1）项目建议书（或初步可行性研究报告）及其批复文件；

（2）国家和地方的经济和社会发展规划，行业部门发展规划；

（3）国家有关法律、法规、政策；

（4）国家矿产储量委员会批准的矿产储量报告及矿产勘探最终报告；

（5）有关机构发布的工程建设方面的标准规范、定额；

（6）中外合资合作项目各方签订的协议书或意向书；

（7）其他有关依据资料。

2. 可行性研究报告的内容

（1）项目总论

① 项目背景；

② 项目概况；

③ 问题与建议。

（2）市场预测

① 产品市场供应预测；

② 产品市场需求预测；

③ 产品目标市场分析；

④ 市场竞争力分析；

⑤ 市场风险分析。

（3）资源条件评价

资源条件评价主要包括资源可利用量、资源品质情况、资源贮存条件、资源开发价值。

（4）建设规模与产品方案

① 建设规模与产品方案构成；

② 建设规模与产品方案比选；

③ 推荐的建设规模与产品方案；

④ 技术改造项目与原有设施利用情况。

（5）场址选择

① 场址所在位置现状；

② 场址建设条件；

③ 场址条件比较。

（6）技术方案、设备方案、工程方案比较

① 技术方案选择；

② 设备方案选择；

③ 工程方案选择。

（7）主要原材料、燃料供应

① 主要原材料供应：包括品种、质量和年需求量及供应来源、运输方式等。

② 燃料供应：包括燃料品种、质量和年需求量及供应来源、运输方式等。

（8）总图运输与公用辅助工程

① 总图布置方案；

② 场内外运输方案；

③ 公用工程与辅助工程方案；

④ 技术改造项目现有公用辅助设施利用情况。

（9）环境影响评价

① 场址环境条件；

② 项目建设和生产对环境的影响；

③ 环境保护措施方案；

④ 环境保护投资；

⑤ 环境影响评价。

（10）项目实施进度

① 建设工期；

② 项目实施进度安排；

③ 项目实施进度图；

（11）投资估算

① 投资估算依据；

② 建设投资估算；

③ 流动资金估算；

④ 投资估算表。

（12）融资方案

① 融资组织形式；

② 资本金筹措；

③ 债务资金筹措；

④ 融资方案分析。

（13）财务评价

① 财务评价基础数据与参数选取；

② 销售收入与成本费用估算；

③ 财务评价报表；

④ 盈利能力分析；

⑤ 清偿能力分析；

⑥ 不确定性分析；

⑦ 财务评价结论。

（14）国民经济评价

① 影子价格及通用参数选取；

② 效益费用范围调整；

③ 效益费用数值调整；

④ 建设项目费用效益流量表；

⑤ 建设项目费用效益分析指标；

⑥ 建设项目费用效益分析结论。

（15）社会评价。

（16）研究结论与建议

① 推荐方案的总体描述；

② 推荐方案的优缺点描述；

③ 主要对比方案；

④ 结论与建议。

（17）附图、附表及附件。

3. 可行性研究报告的编写要求

（1）全面客观准确地收集和研究材料。

（2）明确可行性研究的目的，确保研究对象前后一致，始终围绕项目的必要性、可能性和可行性进行分析、论证，避免论证不充分、前后脱节等问题。

（3）对所提出的设想和方案进行准确、具体、全面地分析并给出答案。

（4）备选方案必须是多个方案。

（5）论据充分可靠、论证方法科学灵活，且有具体数据支持。

（6）重视附件的特殊作用，可行性研究报告往往附有大量的附件与图表，这是可行性研究报告必需的重要组成部分。

（7）可行性研究报告应反映在可行性研究过程中出现的某些方案的重大分歧，以及未被采纳的理由，以供决策者权衡利弊进行决策。

二、综合应用案例

某项目可行性研究报告①

第一章 总 论

一、项目概况

1. 项目名称：××市××中心和综合办公楼建设工程

2. 建设单位：××市××置业有限公司

3. 项目地址：燕儿岛路以北，××市××号

4. 项目用地面积：9 844 m²

5. 项目总建筑面积：70 000 m²，其中地上建筑面积：55 000 m²，地下建筑面积15 000 m²

6. 项目总投资：23 000 万元

7. 项目建设期：18 个月

---

① 此案例引自李永嵩等主编的《房地产开发与经营》。

二、项目提出背景及建设必要性

1. 项目提出背景

××地处山东半岛东部,全市总面积 10 654 km²,其中市区 1 102 km²。与上海、广州、天津、大连并称为中国五大外贸口岸,著名的旅游城市和海洋科研基地,是国务院第一批确定的沿海开放城市与经济中心城市。××既是华北南部、华东北部和西北地区及进出口物资的主要集散地,也是太平洋国家与欧亚大陆国家联系的纽带。

××市××号地块位于宁夏路北侧,燕儿岛路以北,新建占地面积 7 803 m²。基地地势东高西低,局部高差较大,总体建设条件良好。为加快地块的开发建设,武警水电部队××项目部决定在此地块投资建设接待中心和综合办公楼。项目名称为××市××中心和综合办公楼建设工程。按照基本建设程序委托××市民用建筑设计院有限公司编制项目可行性研究报告申请立项。

2. 项目建设必要性

(1) 实现东部开发区规划,进一步完善新的市中心区建设。

(2) 本项目的建设是改善周边旅游居住及办公条件,提高××市城市化建设的需要。

(3) 符合党和国家关于国有企业改革政策,有利于盘活国有资产。

综上所述,本项目的建设对于改善××市旅游、商务及办公条件,完善东部城区建设实现城市总体规划具有重要作用,建设确有必要。

三、建设单位基本情况

1. 发起人情况

本项目由××市××置业有限公司承担建设。

2. 经营宗旨

通过项目各方真诚合作,加强企业间资金、技术的横向联合,发挥各自优势,加快地块的建设步伐。项目部将以高质量的建筑产品及优质的物业管理服务,为社会各界提供方便、合理、舒适的旅游、餐饮、办公场所。从而达到促进××市城市建设,改善旅游环境,促进××市现代化国际城市建设的目的。通过认真经营,在创造可观的社会效益的同时获得最佳经济效益。

3. 经营范围

在××市××号地块建设宾馆、商务、办公楼,并进行销售、出租房屋及物业管理。

4. 总投资

本项目总投资为 23 000 万元。

四、可行性研究工作的结论

1. 本项目建设符合城市建设规划,有利于加快××市国际化城市建设的步伐。

2. 通过市场预测分析,本项目拟建宾馆、商务、办公市场较好。

3. 外部配套条件较好,供电、供热、通信、给排水、煤制气和有线电视等基础设施可以满足项目的需求。

4. 项目经济效益良好,财务分析可行。

第二章　市　场　分　析

一、××市房地产市场分析

1．房地产发展概况

(1) 建筑工程产值增速加快,占比提高。

(2) 一级以上资质企业完成产值占近六成。

(3) 施工面积小幅上升,新开工面积"放量"增长。

(4) 建筑市场进一步规范,投标率占90％以上。

(5) 本年新签合同额平稳增长。

2．房地产市场的供求分析

我市在今年迎来大项目建设的高峰期,这得益于旅游规划、招商引资和项目建设等工作的突破性进展。其中,旅游规划编制工作进展顺利,为旅游业的健康发展奠定了坚实基础。市级旅游规划方面,《××市旅游业"十一五"规划》《××市海上旅游专项规划》和《××市度假旅游专项规划》,已通过中外专家评审和市旅游工作领导小组审核,下一步报市政府审批。市规划局牵头编制了《××市海岛保护和利用专项规划》,已通过专家评审;《××市游艇码头专项规划》已经市政府正式批准实施。

2006年我市旅游大项目总体呈现出"体量大、数量多、档次高、项目精"的特点。

3．房地产市场走势分析

从目前情况看,无论从整体经济形势,还是政策面都有利于房地产业的发展。可以预见××房地产市场前景广阔,令人看好。

二、项目的市场前景分析

1．项目的环境分析及市场定位

本项目拟建于××市燕儿岛路以北,距海滨不足1 500 m,周围居民区密集,商业繁荣,为东部地区黄金地段。

综合考虑项目具有的竞争优势如下:

(1) 项目位置地处东部海滨,是机关、银行、公司、各类事务所集中区域,便于公务、商务往来,具有一定区位优势。

(2) 东都新区环境较好,配套齐全,商业较为繁荣,外部环境较好。

(3) 设计方案新颖,规划完善,充分考虑绿地、休闲场地、优质的物业服务,可以为人们提供一个良好的商务环境。

(4) 周围新的现代化居住区已基本形成,人气旺盛。

综上所述,项目是选择置业的理想区域。

2．商品房价格分析

××市由于地理环境以及城市发展先后时间、整体布局等原因房地产价格变化较大,基本呈由南到北价格明显的下降趋势。南部沿海一线,东部新区及毗邻地区、中山路商业区、台东商业区周边由于环境质量好、交通方便,商业气氛浓,售价远高于其他地区。城阳区、李沧区价格相对较低,同类房地产价格南北最大相差4～6倍。项目价格定位应主要根据其地理位置,东海路、燕儿岛路沿线高档商务办公楼价格在 10 000～15 000 元/m² 之间,综合考虑本项目写字楼价格平均为 12 000 元/m²。

第三章　项目地址及外部配套条件

一、项目地址

本项目建设地点位于××市市南区中段,燕儿岛路以北,浮山西麓。本项目位于东西快速路桥头,该地块总占地面积 9 844 m²,距离市政府 4.5 km,距海滨不足 1 500 m,邻近迎宾路、福州路,距东西干线香港中路不足 500 m,交通便利。周边多为近年新建的住宅,是办公、商住、居家理想之地。

二、地质条件

根据岩土工程勘察公司对项目所在地地质勘察报告,工程地质情况良好,符合本项目需求。

三、地震烈度

根据"中国地震烈度区划图"××市属于基本烈度 6 度地区,按 6 级设防。

四、外部配套条件

本项目地处东部新区,各项基础设施比较完善,具有良好的外部配套条件。

第四章　建　设　方　案

一、建设概况和背景

本案位于宁夏路以东,燕儿岛路以北,××市×××号×××院内。为两栋独立高层建筑,一为接待中心,一为写字楼,底部通过裙房连接。其中接待中心建筑高度 100 m,写字楼建筑高度 60.6 m,地上建筑面积约 55 000 m²。基地地势东高西低,局部高差较大,总体建设条件良好。

二、建筑设计

以"人"为本,合理组织人流、车流。坚持生态优先,走可持续发展、现代化高标准的循环经济的原则。

三、建筑结构

根据国家现行规范设计,本项目建筑等级按工程用途、规模,建筑标准为一类。耐火等级为一级,建筑抗震设计规范为甲类。本工程结构设计按 6 度地震基本烈度考虑,结构形式为钢筋混凝土结构,上部采用筒框结构,主楼与裙房之间不设沉降缝。主楼内填充墙采用轻质墙板材料,以减轻结构自重,节省造价。采用箱型基础,地下室采取防水、防潮措施,除提高自防水能力外,底板及墙板均设置三道防水层。

四、建筑设计

本方案两座主楼东西相对,立面造型协调统一,裙房线条流畅,错落有致,空间富有变化。

1. 平面布置

地下 2 层停车库,地上 5 层裙房加 24 层接待中心和 12 层综合办公楼。入口都位于基地西南侧,结合周边地势标高,根据功能的不同分层设置。酒店标准层围绕交通核布置客房,路线便捷,大部分客房使用面积都大于 20 m²,宽敞舒适,能满足不同客户的需求。

2. 立面造型

两座主楼高低呼应,立面简洁但又不失细部的精心设计。沿竖向追求变化,体现建筑的挺拔和加强向上的动感。变化之中追求统一,相同元素的重复体现出建筑的韵律感。采用新型的建筑材料,体现丰富的建筑空间。外装修要以××的城市特点结合国际现代化水准考虑,与宁夏路沿街立面色彩相协调,主楼外墙采用呼吸式玻璃幕墙,裙房部分干挂深灰色花岗岩板。

五、公用工程与设备

1. 供电

（1）强电部分

根据国家规范及有关规定,本项目属一类高层建筑,电力负荷按一级考虑。在地下室设一配电间,由供电部门两路高压线引至,总容量 2 000 kVA,再由此分配给各区的配电室、大厦内各房间均采用节能型灯具照明。

（2）弱电部分

① 楼中敷设有线电视线路。

② 楼内敷设电话线路,每户预留电话接口。

③ 安装无线及有线网络。

2. 给排水系统

（1）给水

本项目用水主要是生活用水、运营用水、消防用水及其他用水等,夏季日用水量150 m³,冬季日用水量按 110 m³ 考虑。水源取自宁夏路市政给水管网。大厦采用分区供水方式。地下 1 层至地上 5 层为低区（直供区）,由室外管网直接供水,系统为下行上给式。地上 6 至 29 层为高区,屋顶设 25 m³ 高位水箱,采用水泵-水箱-管网联合供水方式,系统为上行下给式。消防用水见"消防篇"。

（2）排水

项目排水采用雨污分流制。雨水通过院内雨水管网,直接排至城市雨水管网。项目日污水排量约 150 m³。污水、废水合流排放。

3. 空调

项目采用集中中央空调系统与分区空调相结合方式,热源由××开源热力公司供应。由燕儿岛路供热管网进入区内换热站。

4. 煤气

煤制气由室外的中压煤气管网引至区内煤气调压站,经调压后为低压的煤气采用下供式送至各厨房。

5. 机械通风

电梯机房、泵房、地下停车场等按规范机械送排风。新风标准按国家规范要求设计。

第五章　交通影响分析

一、项目周边现状交通状况

拟建项目位于现武警医院地块,周边分布着宁夏路、燕儿岛路两条城市主干路以及隆德路、大尧三路和漳州路三条城市支路,交通条件相对较好。

二、交通量预测

1. 背景交通量预测

背景交通量是指未来拟建项目以外的社会交通量。背景交通量的预测采用传统的"四阶段"法进行预测。"四阶段"法从××市未来土地利用和交通规划方案入手,通过预测人口、岗位分布,运用交通发生模型预测交通出行需求,并建立相关模型进行交通方式划分和交通分布预测,构筑车辆出行表,最后进行交通量分配。

2. 诱增交通量预测

(1) 交通方式预测

根据××市城市综合交通规划的交通预测模型和 2010 年××市内四区交通出行方式数据,可预测出拟建项目的主要出行方式及所占比为:小客车 30%,公共交通 31%,出租车 14%,其他客车 6%,摩托车 1%,自行车 2%,步行 16%。但是,由于建设项目的区位和自身特点,其本身交通出行方式结构将有所变化,主要表现在:项目性质为酒店和办公,小汽车和出租车的出行比重将有所提高,步行、自行车和摩托车的出行比重将下降;项目周边公共交通发达,分布有多条公交线路,方便居民采取公交出行,而且国家优先发展公共交通的政策必然催生××市公共交通的快速发展,所以公交出行比重将有小幅提高。

(2) 交通出行量预测

① 交通产生/吸引率的确定

不同用地性质高峰小时的交通吸引率和产生率是不同的,通过对××市同类型建筑物交通吸引强度的调查,并参考北京、上海等城市同类项目,并充分考虑未来机动车拥有量和利用率的提高,确定建设项目高峰小时各类性质用地的交通产生/吸引率。

② 交通出行量预测

拟建项目的三个设计方案中,方案三的有效建设规模和停车位较大,所以报告仅分析了最不利情况下的交通影响程度。根据项目的建设规模和交通出行率,计算高峰时段人员交通出行量,然后根据交通出行方式和单车载客率计算机动车出行量。

三、动态交通影响评价

项目建成后周边道路系统的交通量可分两种情况:即项目综合高峰流量与城市交通平峰流量的叠加、项目平峰流量与城市交通高峰流量的叠加。通过计算,由于项目本身的出行交通量远小于城市交通量,所以项目平峰流量与城市交通高峰流量叠加方案时,道路交通量相对较大。

四、静态交通影响评价

根据规划局《规划管理政务公开手册》和市政府已批复的《××市市南区东片区控制性详细规划》,办公的配建标准按照 1.0 个/100 m² 建筑面积、接待中心(中档宾馆性质)的配建标准按照 0.3 个/100 m² 建筑面积。由此,测算拟建项目的停车位配建数量应为 175 个。项目方案配建停车位 230 个,高于停车需求的低限,能够满足近期停车需求。

五、交通优化措施

1. 设计方案在宁夏路的进出口，可以采取左进右出的方式，最大限度减轻对宁夏路的交通影响程度；

2. 根据宁夏路、隆德路、大尧三路和燕儿岛路的规划红线宽度，在道路建设或改造时，宜将交叉口进口道拓宽一个车道，以增加交叉口的通行能力。

六、主要结论

1. 建设项目投入使用后，对周边道路交通设施产生了一定的交通影响。但是，通过适当的交通优化完善并配以交通管理措施后，建设项目产生的诱增交通量对周边交通系统的影响是可以接受的。

2. 项目方案配建的停车泊位高于停车需求的低限，能够满足近期停车需求。

第六章　消　防

本工程为高层综合性商住楼，工程建筑标准为一类，耐火等级为一级。按建筑物的使用特点，存在一定的火灾隐患及疏散扑救难度。为了保障人民生命财产的安全，防止高层民用建筑因火灾引起的损失与危害，工程的防火设计，按照我国现行的有关设计标准，坚持"以防为主，防消结合"原则，采用可靠的防火措施，做到保障安全，方便使用，技术先进，经济合理。

第七章　环境保护与节能

一、环境保护

本项目地处××市东部新区，周围高楼林立，政府机关、金融机构、学校、住宅密集。属居住、文教区。按照我国环境保护法的规定，本项目建成使用后，污染物的排放应符合国家规定的标准。

二、节能

本项目设计中采用与项目规模相适应的先进、可靠的节能型设备和材料。尽量做到合理高效。

第八章　管理机构与劳动定员

一、管理机构

××市×××置业有限公司拥有法人资格，其管理机构为董事会，公司总经理负责日常经营管理工作。董事会为公司最高权力机构，董事会设董事长1名，副董事长1名，董事若干名。

本项目建设由工程部负责，房地产销售由经营部组织专门的销售班子具体负责。其他部门协助处理有关各项工作。

二、劳动定员

根据本项目的经营规模，为保证公司的服务质量，初步确定，定员为15人。

三、经营管理

经营过程中应着重做好以下几方面工作：

1. 工程建设管理；

2. 写字楼租售；

3. 物业管理。

第九章 项目进度计划

项目建设期为 17 个月,计划 2007 年 5 月动工,2008 年 9 月完工交付使用。

第十章 投资估算与资金筹措

一、投资估算

本估算是在前述建设方案的基础上,按照国家关于建设项目投资估算的有关规定及××省××市有关定额与取费标准编制的。

本项目建设投资 23 000 万元,各项投资构成如下:

1. 工程及设备费用 13 070.9 万元,占 56.83%;

2. 其他费用 9 331.1 万元,占 40.57%;

3. 预备费用 598 万元,占 2.60%。

合计:23 000 万元。

二、资金筹措

根据估算本项目总投资共计 23 000 万元。资金主要来源于以下部分:

(1) 注册资本;

(2) 差额投资。

总投资中注册资本以外的差额资金由合作方投入。

第十一章 项目财务评价

本项目财务收益较好,有一定的抗风险能力,可使投资各方获得较好的收益,因此,在经济上是可行的。

复习思考题

一、单项选择题

1. 建设项目寿命全周期一共有几大阶段(　　)。

   A. 一 　　　　 B. 二 　　　　 C. 三 　　　　 D. 四

2. 详细可行性研究的基础数据估算精度要达到(　　)。

   A. ±10% 　　 B. ±15% 　　 C. ±20% 　　 D. ±30%

3. 二次移动平均法是(　　)的方法。

   A. 市场调查 　　 B. 市场预测 　　 C. 环境分析 　　 D. 财务分析

4. 对于有废水、废气排放的项目,场址要选在城市的(　　)。

   A. 上风向 　　 B. 下风向 　　 C. 闹市区 　　 D. 居住区

5. 下列哪一项是建设项目技术方案选择的原则(　　)。

   A. 先进性 　　 B. 科学性 　　 C. 人性化 　　 D. 准确性

二、多项选择题

1. 市场调查的方法有(　　)。

A. 实地调查法　　B. 网络调查法　　C. 费用法　　　　D. 资料调查法

E. 市场普查

2. 项目可行性研究的三个阶段是（　　）。

A. 机会研究 　　　　　　　　B. 初步可行性研究

C. 详细可行性研究 　　　　　D. 项目建议书

E. 试运转

3. 市场预测应考虑的因素有（　　）。

A. 国家宏观经济 　　　　　　B. 政治因素

C. 消费需求 　　　　　　　　D. 供应导致的竞争活动

E. 分销评估

4. 可行性研究是对项目进行（　　）论证。

A. 技术 　　　　B. 经济 　　　　C. 费用 　　　　D. 方案

E. 财务

5. 建设项目的必要性分析主要包括（　　）。

A. 财务分析 　　B. 环境分析 　　C. 市场调查 　　D. 废水排放

E. 市场预测

三、简答题

1. 简述项目可行性研究编制的依据。

2. 简述可行性研究的工作程序。

3. 可行性研究的作用有哪些？

4. 为什么要对项目进行必要性分析？

5. 简述场址选择在可行性研究中的重要性。

四、计算题

1. 已知某企业 2010—2016 年所生产产品的实际销售量（表 10.4），试用移动平均法对 2017 年的销量进行预测（$n=3$）。

表 10.4　　某企业 2010—2016 年实际销售额　　单位：万件

年度	2010	2011	2012	2013	2014	2015	2016
实际销售量	1 100	1 170	1 238	1 309	1 382	1 453	1 527

2. 已知某企业 2012—2018 年所生产产品的实际销售量（表 10.5），试用二次指数平滑法对 2019 年的销售量进行预测（$\alpha = 0.5$）。

表 10.5　某企业 2012—2018 年实际销售额　　单位：万件

年度	2012	2013	2014	2015	2016	2017	2018
实际销售量	830	850	900	930	960	1 000	1 100

第十一章 设备更新分析

第一节 设备更新概述

一、设备更新的含义

一般来说,建设工程项目投资大都会形成企业的固定资产,而设备是企业固定资产的直接体现。对企业来说,设备在长期使用过程中会发生磨损、效率降低和技术、材料、工艺等落后的现象,如果不及时对设备进行升级、换代或更新,将有可能严重影响生产使用效率。因此,掌握设备更新分析的方法是保证生产系统的正常运行及企业获利的重要因素。作为企业,为了促进技术发展和提高经济效益,必须对设备整个运行期间的技术经济状况进行分析和研究,以做出正确的决策。

二、设备磨损的含义及种类

设备陈旧落后的主要原因是设备在使用和闲置过程中逐渐发生的磨损。设备的磨损分为有形磨损和无形磨损。

1. 有形磨损(物质磨损)

由于设备被使用或自然环境造成设备实体的内在磨损称为设备的有形磨损,主要表现为由于使用和自然力的影响而发生使用价值和价值的损耗。

(1) 第Ⅰ类有形磨损

运转中的设备在外力作用下,造成的磨损、变形和损坏称为第Ⅰ类有形磨损。产生第Ⅰ类有形磨损的原因有摩擦磨损、机械磨损和热损伤等。

第Ⅰ类有形磨损可使设备精度降低,劳动生产率下降。当这种有形磨损达到一定程度时,整个设备的功能就会下降,导致设备故障频发、废品率升高、使用费剧增,最终丧失使用价值。

(2) 第Ⅱ类有形磨损

设备在非工作状态下,因自然力作用或保管不善而使设备精度和工作能力下降这类情况称为第Ⅱ类有形磨损。可见,设备闲置时间长了也会导致设备失去使用价值。

一般在实际分析中,设备的有形磨损程度 α_p 常常用修理费用作为度量指标。

$$\alpha_p = \frac{R}{K_I} \tag{11.1}$$

式中：R——补偿设备磨损所需的修理费；

K_I——确定机械设备磨损时该种设备再生产(或再购)的价值。

α_p 应小于 1。若 $\alpha_p \geqslant 1$，则此设备已无修理的必要，可用买新换旧的方法来解决问题。

2. 无形磨损(精神磨损)

设备的无形磨损是指在使用或闲置过程中，由于科学技术的进步、劳动生产率的提高等原因而造成原有设备价值的降低。

(1) 第Ⅰ类无形磨损是由于设备制造工艺不断改进、劳动生产率的不断提高、成本不断降低，生产同种设备所需要的社会必要劳动减少，导致设备的市面价值不断降低，从而使原有设备出现了相对贬值。

(2) 第Ⅱ类无形磨损是由于科学技术的进步，市面上出现了结构更先进、技术更完善、生产效率更高、耗费原材料更少的新型设备，使原有设备相对陈旧落后，经济效益也随之降低，致使原设备使用价值出现贬值，甚至丧失全部价值。

无形磨损的程度用设备的价值降低系数 α_I 来度量。

$$\alpha_I = \frac{K_0 - K_I}{K_0} \tag{11.2}$$

式中：K_0——设备的原始价值；

K_I——考虑无形磨损时，设备的再生产(再购)价值。

3. 综合磨损

设备综合磨损是指设备在使用过程中，既要遭受有形磨损，又要遭受无形磨损。两种磨损都会引起机器设备原始价值的贬值。所以在进行设备综合磨损的度量时需综合考虑有形磨损和无形磨损。

假设设备有形磨损后尚余部分为 $1 - \alpha_p$，设备无形磨损后尚余部分为 $1 - \alpha_I$，两种磨损同时发生后尚余部分为 $(1 - \alpha_p)(1 - \alpha_I)$ 之积(其中有形磨损和无形磨损度量都为百分数)。则设备综合磨损程度可用下式计算：

$$\alpha = 1 - (1 - \alpha_p)(1 - \alpha_I) \tag{11.3}$$

式中：α——设备综合磨损程度；

α_p——设备的有形磨损程度；

α_I——设备的无形磨损程度。

设 K 为设备的残值，也就是在经历有形磨损和无形磨损后的残余价值，这是决定设备是否值得修理的重要依据：

$$K = (1 - \alpha) K_0 \tag{11.4}$$

综合式(11.2)、式(11.3)、式(11.4)可得

$$K = K_l - R \tag{11.5}$$

由式(11.5)可知设备残值等于再生产的价值减去修理费用。

结论：当 $K > 0$，设备还有价值；

当 $K = 0$，设备已无价值；

当 $K < 0$，设备修理失去意义。

【例 11.1】 某设备的原始价值为 20 000 元，目前急需修理，费用为 5 000 元，若该种设备再生产的价值为 8 000 元，求目前设备的残值。

【解】 $K = K_l - R = 8\ 000 - 5\ 000 = 3\ 000$（元）

该设备残值为 3 000 元，$K > 0$，设备还有价值，可以考虑修理。

三、设备磨损的补偿

一旦设备受到磨损，应该在合理经济的范围内给予补偿。由于机器设备遭受磨损的形式不同，补偿磨损的方式也不一样。设备的磨损有两种补偿方式，即局部补偿和完全补偿。局部补偿只对磨损的设备进行局部的替换或修理。完全补偿是对磨损设备进行全部替换。设备有形磨损的局部补偿是修理，设备无形磨损的局部补偿是现代化改装。有形磨损和无形磨损的完全补偿是更新，即更换新设备，如图 11.1 所示。

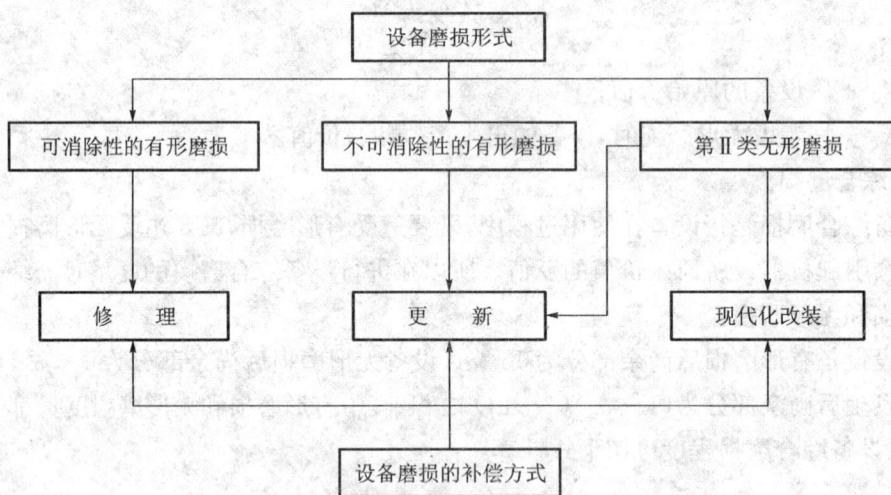

图 11.1 设备磨损的补偿方式

第二节 设备经济寿命的确定

设备在使用过程中，由于设备磨损的存在，使得设备的性能不断下降，使用价值与经济价值也不断下降，最终停用或被淘汰，这一过程称之为设备的寿命。设备寿命按其内涵分为自然寿命、折旧寿命、技术寿命、经济寿命。

一、设备寿命的分类

（1）自然寿命（物理寿命）是指设备从开始投入使用，直至报废为止所经历的全部时间。自然寿命主要取决于设备有形磨损的程度。做好设备的日常维护和保养可适当延长设备的自然寿命，反之会造成自然寿命的缩短。

（2）折旧寿命是根据财务管理制度提取折旧费，将设备的原值通过折旧的形式转入产品成本，直到提取的折旧费与设备的原值相等的全部时间（采用的折旧方法不同，折旧寿命也有所差异）。一般情况下，折旧寿命要小于自然寿命。

（3）技术寿命（有效寿命）是指从某一设备开始使用到因技术落后而被淘汰所持续的时间。设备技术寿命的长短主要取决于设备的无形磨损。科学技术进步越快，技术寿命越短。通常，设备技术寿命比自然寿命要短。

（4）经济寿命是指使用一台设备的年平均使用成本最低的年数。从经济角度看，经济寿命是指设备最合理的使用期限，是指设备从投入使用开始，到因继续使用经济上不合理而被更新所经历的时间。它是由有形磨损和无形磨损共同决定的。经济寿命是决定设备更新的主要因素。

二、经济寿命的确定

1. 经济寿命曲线图

在确定某一设备经济寿命时，主要从两方面考虑，一是设备的购置费，随着使用时间的延长，平均每年分摊的购置费就越少，可以看出设备使用时间越长越好；但是在另一方面，随着使用年限的延长，设备的维护费和燃料费等将不断递增。因此，前者越来越低的成本将被后者越来越高的成本所抵消，在这个变化过程中，必定有某一时点的年度总成本最低，这一时点被称为经济寿命，如图11.2所示。

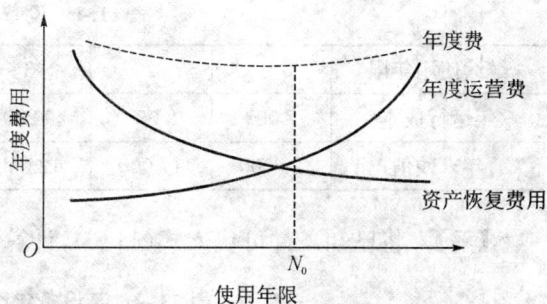

图 11.2 经济寿命曲线图

2. 经济寿命的估算

（1）确定设备经济寿命应考虑的问题

① 假定设备在经济寿命内平均每年净收益达到最大；

② 假定设备在经济寿命内一次性投资和各种经营费总和达到最小；

③ 确定经济寿命时，只比较设备成本，收益不予考虑。

（2）经济寿命的计算方法

① 设备经济寿命的静态计算方法

静态模式下设备经济寿命的确定方法，就是在不考虑资金时间价值的基础上计算

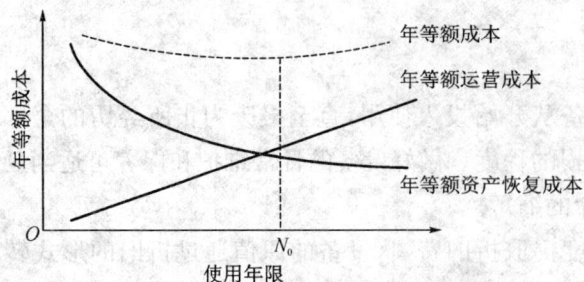

图 11.3　静态经济寿命曲线图

设备年平均使用成本且使平均使用成本为最小，那么根据图 11.2 可绘制出静态的经济寿命图（图 11.3），也可得出下式：

$$AC_N = \frac{P - L_N}{N} + \frac{1}{N} \sum_{t=1}^{N} C_t \tag{11.6}$$

式中：AC_N——N 年内设备的年平均使用成本；

P——设备目前实际价值；

L_N——第 N 年年末的设备净残值；

$\sum C_t$——设备的平均年度运行成本；

N——设备使用期限；

t——设备使用年度。

由式(11.6)和图 11.3 可知：在所有的设备使用期限中，能使设备年等额总成本 AC_N 最低的那个使用期限，就是设备的经济寿命。如果设备的经济寿命为 N_0 年，则 AC_{N_0} 应为最小。

【例 11.2】　现有一设备目前实际价值为 50 000 元，有关资料见表 11.1 所示。不考虑时间价值，试计算该设备经济寿命。

表 11.1　设备资料统计表　　　　　　　　　　　　　单位：元

继续使用年限	1	2	3	4	5	6	7
年运行成本	7 000	8 000	9 240	11 000	13 000	20 024	29 000
年末残值	25 000	17 000	12 000	8 000	2 000	2 000	2 000

【解】　将已知条件可代入式(11.6)，计算结果见表 11.2 所示：

表 11.2　某设备年均使用成本计算表　　　　　　　　单位：元

使用年限	年运行成本	年末残值	年均运行成本	年均资产恢复成本	年均使用成本
①	②	③	$④=\dfrac{\sum②}{①}$	$⑤=\dfrac{50\,000-③}{①}$	⑥=④+⑤
1	7 000	25 000	7 000	25 000	32 000
2	8 000	17 000	7 500	16 500	24 000
3	9 240	12 000	8 080	12 667	20 747
4	11 000	8 000	8 810	10 500	19 310
5	13 000	2 000	9 648	9 600	19 248
6	20 024	2 000	11 377	8 000	19 377
7	29 000	2 000	13 895	6 857	20 752

由上表可以看出第 5 年的年均使用成本最低（$AC_5 = 19\,248$ 元），故确定该设备经济寿命为 5 年。

一般情况下，设备使用时间越长，设备的有形磨损和无形磨损越严重，必将导致设备的维护修理费用增加越多，这种逐年递增的费用称为设备的低劣化。用低劣化数值 λ 表示设备损耗的方法称为低劣化数值法。如果每年设备的劣化增量是均等的，每年劣化呈线性增长。假设第一年设备的运行成本为 C_1，则平均每年的设备使用成本 AC_N 可用下式表示：

$$AC_N = \frac{P - L_N}{N} + \frac{1}{N} \sum_{t=1}^{N} C_t$$

$$= \frac{P - L_N}{N} + C_1 + \frac{1}{N}[\lambda + 2\lambda + 3\lambda + \cdots + (N-1)\lambda]$$

$$= \frac{P - L_N}{N} + C_1 + \frac{1}{2N}[N(N-1)\lambda]$$

$$= \frac{P - L_N}{N} + C_1 + \frac{1}{2}(N-1)\lambda$$

若要使 AC_N 为最小，设 L_N 为一常数（如果 L_N 不为常数且无规律可循时，需用列表法计算），对上式的 N 进行一阶求导，并令其导数为零，可得经济寿命的简化公式：

$$N_0 = \sqrt{\frac{2(P - L_N)}{\lambda}} \tag{11.7}$$

式中：N_0——设备的经济寿命；

λ——设备的低劣化值。

【例 11.3】　现有一设备，目前实际价值为 5 000 元，预计残值 500 元，第一年的设备运行成本 400 元，假定每年设备的劣化增量均等，年劣化值 $\lambda = 200$ 元，求该设备的经济寿命。

【解】

方法一：$N_0 = \sqrt{\dfrac{2(P - L_N)}{\lambda}} = \sqrt{\dfrac{2(5\,000 - 500)}{200}} = 7$（年）

方法二：

利用公式 $AC_N = \dfrac{P - L_N}{N} + \dfrac{1}{N} \sum\limits_{t=1}^{N} C_t$ 可得（表 11.3）：

表 11.3　某设备年均使用成本计算表　　　　　　　　　单位：元

使用年限	年运行成本	年末残值	年均运行成本	年均资产恢复成本	年均使用成本
①	②	③	④ $= \dfrac{\sum②}{①}$	⑤ $= \dfrac{5\,000 - ③}{①}$	⑥ $= ④ + ⑤$
1	400	500	400	4 500	4 900
2	600	500	500	2 250	2 750
3	800	500	600	1 500	2 100
4	1 000	500	700	1 125	1 825

（续表）

使用年限	年运行成本	年末残值	年均运行成本	年均资产恢复成本	年均使用成本
5	1 200	500	800	900	1 700
6	1 400	500	900	750	1 650
7	1 600	500	1 000	643	1 643
8	1 800	500	1 100	562.5	1 662.5
9	2 000	500	1 200	500	1 700

从表 11.3 中可看出，该设备第 7 年 $AC_N = 1\,643$（元）最小，故该设备经济寿命为 7 年。

② 设备经济寿命的动态计算方法

设备经济寿命的动态计算，就是在考虑资金的时间价值情况下，设备的年均运行成本依然是不断增长的，但每年的增长额具有不规律性的，而设备的年末残值也在不断发生着变化。

所以在考虑资金的时间价值计算设备经济寿命时，具体计算过程为：先把各年的费用折算成现值，然后再将其看成是年金总额的现值，乘以资金回收系数，得到年金各年支付额，即为年均运行成本的时间调整平均值。

【例 11.4】 现有一设备目前实际价值为 50 000 元，有关资料见表 11.4。假设利率为 10%，试计算该设备经济寿命。

表 11.4 设备资料统计表   单位：元

继续使用年限	1	2	3	4	5	6	7
年运行成本	7 000	8 000	9 240	11 000	13 000	20 024	29 000
年末残值	25 000	17 000	12 000	8 000	2 000	2 000	2 000

【解】 具体计算见表 11.5 所示：

表 11.5 某设备年均使用成本计算表   单位：元

使用年限	年运行成本	年运行成本现值	年均运行成本	年均资产恢复成本	年末残值	年均残值	年均使用成本
①	②	$③=②×(P/F,10\%,n)$	$④=\sum③×(A/P,10\%,n)$	$⑤=50\,000(A/P,10\%,n)$	⑥	$⑦=⑥(A/F,10\%,n)$	$⑧=④+⑤-⑦$
1	7 000	6 364	7 000	55 000	25 000	25 000	37 000
2	8 000	6 611	7 476	28 810	17 000	8 095	28 191

（续表）

使用年限	年运行成本	年运行成本现值	年均运行成本	年均资产恢复成本	年末残值	年均残值	年均使用成本
3	9 240	6 942	8 009	20 110	12 000	3 625	24 494
4	11 000	7 513	8 654	15 780	8 000	1 724	22 710
5	13 000	8 072	9 365	13 190	2 000	328	22 227
6	20 024	11 304	10 747	11 480	2 000	259	992
7	29 000	14 883	12 671	10 270	2 000	211	2 190

由上表可以看出第 6 年的年均使用成本最低（$AC_6 = 992$ 元），故确定该设备经济寿命为 6 年。

第三节　设备租赁与购买方案的比选

在企业生产经营管理过程中,如何根据企业自身经济状况和预期盈利额来进行设备的置办往往是企业前期决策的重要工作,是选择租赁设备还是选择直接购买设备,都必须对二者的费用与风险进行全面综合比较分析,才能做出准确的决策。

一、设备租赁概述

1. 设备租赁的含义及特点

设备租赁指设备使用者按照合同规定向设备所有者租借设备,并按期支付一定的租金而取得设备使用权的经济活动。

对于设备使用者来说,设备租赁具有以下特点:

（1）可减少购置设备的投资,避免因资金不足带来的限制。通常,租赁尤其适合于季节性或临时使用的设备。

（2）避免设备技术落后带来的风险,提高了更换设备的灵活性。由于当代科技的迅猛发展,设备更新换代的速度加快,租赁就能使企业的设备始终保持比较先进的状态而无需投入太多初始资金。

（3）降低了通货膨胀影响,减少投资风险。

（4）可以保证获得良好的技术服务,提高设备的利用率。

（5）租金总额一般要超过设备的购买价,资金成本较高。

2. 设备租赁的方式

（1）经营租赁（营业租赁）。它是指由承、出租双方订立租赁合同,在合同限期内出租方将设备有偿交给承租方的一种租赁业务（适用于临时设备的租赁）。

经营租赁的特点有:

① 承租方根据自己的需求可随时向出租方提出租赁资产的要求;

② 租赁期限短；

③ 租赁费计入企业成本，可减少企业的所得税；

④ 租赁合同比较灵活，在合理限制条件范围内，可以解除租赁契约；

⑤ 租赁时间低于设备的经济寿命；

⑥ 设备的日常保养、维修等由出租人负责；

⑦ 租赁期满，租赁资产仍归出租人。

（2）融资租赁（财务租赁）。它是指由承、出租双方订立融资租赁合同，在合同期内出租方和承租方共同承担确定时期的租让和付费义务，是一种融资与融物相结合的租赁方式（适用于企业对于大型、贵重的设备或长期资产的租赁），是现代企业主要的设备租赁方式。

融资租赁的特点有：

① 设备选型由承租人完成，且设备的日常养护、维修及老化也由承租人承担；

② 由承租人向出租人提出融资租赁申请，由出租人融通资金引进承租人所需设备，然后租给承租人使用；

③ 租期较长，租期为设备经济寿命的一半以上；

④ 租赁费不计入成本，由企业税后支付；

⑤ 租赁合同比较稳定，在融资租赁期内，承租人必须连续支付租金，未经双方同意，中途不得退租；

⑥ 租赁期满后，可选择将设备作价转让给承租人、出租人回收、延长租期续租三种方式处理租赁财产。

二、设备租赁与设备购买方案的经济比选

在对设备租赁和设备购置进行经济比选时，主要是对两者的现金流量进行比较。两者之间的净现金流如下所示：

① 经营租赁的净现金流量为：

净现金流量 = 销售收入 － 经营成本 － 租赁费 － 销售税及附加 －
（销售收入 － 经营成本 － 租赁费 － 销售税金及附加）× 所得税税率

② 融资租赁的净现金流量为：

净现金流量 = 销售收入 － 经营成本 － 租赁费 － 销售税及附加 －
（销售收入 － 经营成本 － 折旧费 － 租赁费中的手续费和利息 －
销售税金及附加）× 所得税税率

③ 购置设备方案的净现金流量为：

净现金流量 = 销售收入 － 经营成本 － 设备购置费 － 销售税及附加 －
（销售收入 － 经营成本 － 折旧费 － 利息 － 销售税金及附加）× 所得税税率

【例 11.5】 设某厂需要一台机器,设备的价格(包括运输费、保险费等在内)为 200 000 元,使用寿命 10 年,预计设备的净残值为 6 000 元。该机器每年预估的营运费为 25 000 元,可能的各种维修费用平均每年需要 3 500 元。若向租赁公司租用,每年租金为 28 000 元。试问租赁和购买哪种方式对企业有利?(基准折现率为 10%)

【解】
$$PC_{(租赁)} = 28\,000(P/A, 10\%, 10) + 25\,000(P/A, 10\%, 10) + 3\,500(P/A, 10\%, 10)$$
$$= 28\,000 \times 6.144\,6 + 25\,000 \times 6.144\,6 + 3\,500 \times 6.144\,6 = 347\,169.9(元)$$
$$PC_{(购买)} = 200\,000 + 25\,000(P/A, 10\%, 10) + 3\,500(P/A, 10\%, 10) -$$
$$6\,000(P/F, 10\%, 10)$$
$$= 200\,000 + 25\,000 \times 6.144\,6 + 3\,500 \times 6.144\,6 - 6\,000 \times 0.385\,5$$
$$= 372\,808.1(元)$$

由结果看出 $PC_{(租赁)} < PC_{(购买)}$,故选择租赁设备。

【例 11.6】 某企业需要某种设备,可以考虑用自有资金购买,购置费为 8 000 元,也可以融资租赁,年租赁费 1 500 元(其中利息部分 150 元),此设备的寿命为 8 年,期末无残值。当设备投入使用后,可带来年销售收入 5 000 元,销售税金及附加为 500 元,年经营成本为 1 000 元,采用直线法提取折旧,所得税税率为 33%,基准收益率为 8%。试问租赁和购买哪种方式对企业有利?

【解】 ① 设备购买

设备年折旧额 $= \dfrac{8\,000}{8} = 1\,000(元)$

年净利润 $= (5\,000 - 1\,000 - 500 - 1\,000) \times (1 - 33\%) = 1\,675(元)$

年净现金流量 $= 1\,675 + 1\,000 = 2\,675(元)$

$NPV_{(购买)} = -8\,000 + 2\,675(P/A, 8\%, 8) = 7\,372(元)$

② 设备租赁

设备年折旧额 $= \dfrac{8\,000}{8} = 1\,000(元)$

年净利润 $= (5\,000 - 1\,000 - 500 - 1\,000 - 150) \times (1 - 33\%) = 1\,575(元)$

年净现金流量 $= 1\,575 + 1\,000 - (1\,500 - 150) = 1\,225(元)$

$NPV_{(租赁)} = 1\,225(P/A, 8\%, 8) = 7\,040(元)$

由结果可看出 $NPV_{(购买)} > NPV_{(租赁)}$,故选择购买方案。

第四节　设备更新方案的比选

在企业运行过程中,设备的更新决策尤为重要。通常,新设备的原始费用很高,但运行费用很低,而旧设备恰恰相反。但在资金缺乏的情况之下,购买新设备,必将会引起企业流动资金的匮乏。所以,在进行设备的更新时,需要从经济角度考察长远效益和短期利益,这就是设备更新经济分析。

一、原型更新经济分析

1. 原型更新的含义

原型更新是指用同型号设备以新换旧。这种更新主要是由设备的有形磨损引起的，用来更换已经损坏的或陈旧的设备。适时进行设备的原型更新有利于减少维修费用，能保证原有产品质量，减少使用老设备的能源、维修费支出，缩短设备的役龄。

2. 原型更新的方法

原型更新主要是确定设备的经济寿命，故称之为经济寿命法。

二、技术更新经济分析

1. 技术更新的含义

由于技术不断进步，受到第二种无形磨损的作用，设备使用一段时间后，市场上出现了生产效率更高和经济效果更好的新型设备，而导致原有的设备显得陈旧和落后。这时，就需要比较继续使用旧设备和购置新设备哪一种更经济合理。

2. 技术更新的方法

（1）差额投资回收期法主要是用前面章节投资回收期这个经济指标来进行设备的技术更新的比选。

（2）年值成本法是指在考虑资金的时间价值条件下，通过分别计算旧设备和新设备在各自的经济寿命期内的不同时点发生的所有费用进行比较。

【例 11.7】 假设某工厂在 3 年前以原始费用 2 000 万元买了机器 A（目前市场评估价值为 820 万元）估计还可使用 7 年，第 7 年末估计残值为 150 万元，年度使用费为 600 万元。现在市场上出现了机器 B，原始费用 2 200 万元，估计可以使用 12 年，第 12 年末残值为 400 万元，年度使用费为 500 万元。试问该厂应选择哪一个方案为最优（基准折现率为 15%）？

【解】 $AC_A = 820(A/P, 15\%, 7) + 600 - 150(A/F, 15\%, 7) = 784$（万元）

$AC_B = 2\,200(A/P, 15\%, 12) + 500 - 400(A/F, 15\%, 12) = 892$（万元）

因为 $AC_A < AC_B$，故选择继续用旧机器 B。

复习思考题

一、单项选择题

1. 设备从开始使用到其年度费用最小的使用年限为（　　）。

    A. 经济寿命　　　　B. 物理寿命　　　　C. 折旧寿命　　　　D. 技术寿命

2. 设备在使用过程中，由于外力的作用产生的磨损称为（　　）。

    A. 无形磨损　　　　B. 有形磨损　　　　C. 经济磨损　　　　D. 精神磨损

3. 设备更新方案的比较和优选与互斥方案的比选相同,在实际比选时,我们经常假定不同方案中的设备产生的(　　)相同。

　　A. 年度费用　　　　B. 投资总额　　　　C. 收益　　　　D. 总成本

4. 设备购买与租赁的分析中,购买优于租赁的条件是(　　)。

　　A. 年计提折旧额大于年租金

　　B. 年租金大于年贷款利息

　　C. 企业能筹集到足够的资金

　　D. 购买方案的费用现值小于租赁方案的费用现值

5. 关于设备技术寿命的说法,正确的是(　　)。(注:2017年一级建造师考试"建设工程经济"真题)

　　A. 完全未使用的设备技术寿命不可能等于零

　　B. 设备的技术寿命一般短于自然寿命

　　C. 科学技术进步越快,设备的技术寿命越长

　　D. 设备的技术寿命主要由其有形磨损决定

二、多项选择题

1. 设备的有形磨损表现为(　　)。

　　A. 精度的降低　　　B. 零件的损坏　　　C. 金属的腐蚀　　　D. 产品落后

　　E. 机械生锈

2. 下列哪项是设备磨损的局部补偿(　　)。

　　A. 修理　　　　　　B. 经营租赁　　　　C. 现代化改装　　　D. 购买

　　E. 融资租赁

3. 下列哪项是设备租赁的特点(　　)。

　　A. 减少购置设备的投资

　　B. 避免设备技术落后带来的风险

　　C. 降低了通货膨胀影响,减少投资风险

　　D. 可以保证获得良好的技术服务,提高设备的利用率

　　E. 租金总额一般要超过设备的购买价,资金成本较高

4. 设备技术更新的方法有(　　)。

　　A. 差额投资回收期法　　　　　　　　B. 低劣化值法

　　C. 费用效益法　　　　　　　　　　　D. 年值成本法

　　E. 净现值法

5. 造成设备无形磨损的原因有(　　)。(注:2017年一级建造师考试"建设工程经济"真题)

　　A. 高强度的使用导致设备自然寿命缩短

　　B. 自然力的作用使设备产生磨损

　　C. 技术进步创造出效率更高、能耗更低的新设备

D. 社会劳动生产率提高使同类设备的再生产价值降低

E. 设备使用过程中实体产生变形

三、简答题

1. 什么是设备的有形磨损、无形磨损？它们有什么本质区别？

2. 设备磨损补偿的方式有哪些？

3. 设备租赁与购买方案的净现金流量的差异是什么？

4. 简述设备更新的原理。

5. 简述设备租赁与购买方案的净现金流量的差异。

四、计算题

1. 设备的原始价值 $K_0 = 12\,000$ 元，目前需要修理，其费用 $R = 5\,000$ 元，已知该设备目前再生产价值 $K_1 = 7\,000$ 元，问设备的综合磨损程度 α 是多少？

2. 某机器原值 2 500 元，第一年使用费为 1 100 元，以后每年递增 300 元，任何时候都不计残值，试求其经济寿命。

3. 某机器购买价 30 000 元，第一年年末残值 17 000 元，而后每年递减 1 800 元；第一年的经营成本为 9 000 元，以后每年递增 5 000 元，试求其经济寿命（基准收益率为 15%）。

4. 某型号轿车购置费为 3 万元，在使用中有如表 11.6 的统计资料，如果不考虑资金的时间价值，试计算其经济寿命。

表 11.6 某设备年均使用成本计算表　　　　　　　　单位：元

使用年限	1	2	3	4	5	6	7
年运行成本	5 000	6 000	7 000	9 000	11 500	14 000	17 000
年末残值	15 000	7 500	3 750	1 875	1 000	1 000	1 000

5. 某公司用旧设备 B 加工某产品的关键零件，设备 B 是 8 年前买的，当时的购置及安装费为 9 万元，设备 B 目前市场价为 19 000 元，估计设备 B 可再使用 3 年，残值为 2 750 元。现有一新设备 A，设备 A 的购置及安装费为 110 000 元，使用寿命为 12 年，残值为原值的 10%。旧设备 B 和新设备 A 加工 100 个零件所需时间分别为 5 h 和 4 h，该公司预计今后每年平均能销售 45 000 件该产品。该公司人工费为 18 元/h。旧设备动力费为 4 元/h，新设备动力费为 5 元/h。试分析是继续使用旧设备 B 还是购买设备 A 进行替换（基准折现率为 12%）？

6. 假设某施工企业 5 年前花 5 500 元购买了一台搅拌机 A，估计还可以使用 5 年。第 5 年年末估计残值 300 元，年度使用费为 980 元。现在市场上出现新型搅拌机 B，售价 7 200 元，估计使用 12 年，第 12 年年末估计残值 400 元，年度使用费为 800 元。现有两个备选方案：一是继续使用 A；二是将 A 以 1 000 元卖出，购买 B。问：该施工企业应该选择那个方案（基准折现率为 10%）？

7. 假定某企业在 4 年前以 20 000 元购置机器 A 用于生产产品 M。估计其经济寿命为 10 年,届时净残值 1 800 元,年度运行成本为 7 000 元。现在市场上出现了新型机器 B,购置费用为 22 000 元,估计经济寿命为 10 年,净残值为 2 500 元,年度运行成本为 3 600 元。如果该企业可无限期地生产并销售,则该企业将面临一项决策,那就是继续使用机器 A(甲方案)还是立即出售机器 A 并且购置机器 B(乙方案)。假设出售机器 A 的净现金流入量为 6 000 元。试比较这两个方案的优劣(基准折现率为 10%)。

8. 某企业急需一种设备,其购置费为 180 万元,可使用 8 年,期末残值为 18 万元。这种设备也可租到,年租赁费为 30 万元。运行费都是 12 万元/年。企业所得税税率为 33%,采用直线折旧法。试问该企业应采用租赁方案,还是购置方案(基准折现率为 15%)?

第十二章 价值工程理论在建设工程中的应用

第一节 价值工程理论概述

一、价值工程概念

在《价值工程 第1部分：基本术语》(GB/T 8223.1—2009)中对价值工程作出了如下定义："通过各相关领域的协作,对研究对象的功能和费用进行系统分析,持续创新,旨在提高研究对象价值的一种管理思想和管理技术。"它是通过有组织的创造性工作,寻求用最低的寿命周期成本,可靠地实现使用者所需功能的一种管理技术。价值工程中所述的"价值",是指作为某种产品(或作业)所具有的功能与获得该功能所发生费用之比。它不是对象的使用价值,也不是对象的交换价值,而是对象的比较价值,是作为评价事物有效程度的一种尺度提出来的。

在价值工程发展过程中除了使用"价值工程"称谓以外,还使用"价值分析",从产品投产到制造进行的价值活动分析即事后分析,称价值分析;在科研、设计、生产、准备、试制新产品的生产过程之前进行价值活动分析即事前分析,称价值工程。现如今这两个术语已经没有本质的差别,在实际应用中它们有时可以互相替代。

价值工程的目的是以对象的最低寿命周期成本可靠地实现使用者所需功能,以获取最佳的综合效益。其中涉及三个重要的基本概念,即价值、功能和寿命周期成本。

1. 价值

价值工程中的"价值"是指对象所具有的功能与获得该功能的全部费用之比,与哲学、政治经济学、经济学等学科关于价值的概念有所不同。价值工程中的"价值"就是相对概念而并非绝对概念。实际上它是一种相对比值,可以用如下数学公式表示：

$$V = \frac{F}{C} \tag{12.1}$$

式中：V—— 价值；

F—— 研究对象功能；

C——成本。

价值的大小取决于功能和成本的比较。产品的价值高低表明产品合理有效利用资源的程度和产品物美价廉的程度。由于"价值"的引入,产生了对产品新的评价形式,即把功能与成本、技术与经济结合起来进行评价。

2. 功能

价值工程中的功能是对象能够满足某种需求的一种属性。在价值工程中分析产品的功能其目的在于确保产品的必要功能,消除不必要的功能,降低成本,提高产品的价值。价值工程的特点之一就是研究并切实保证用户要求的功能。

我们可以将功能按照不同的分类方法分类,如图 12.1 所示。

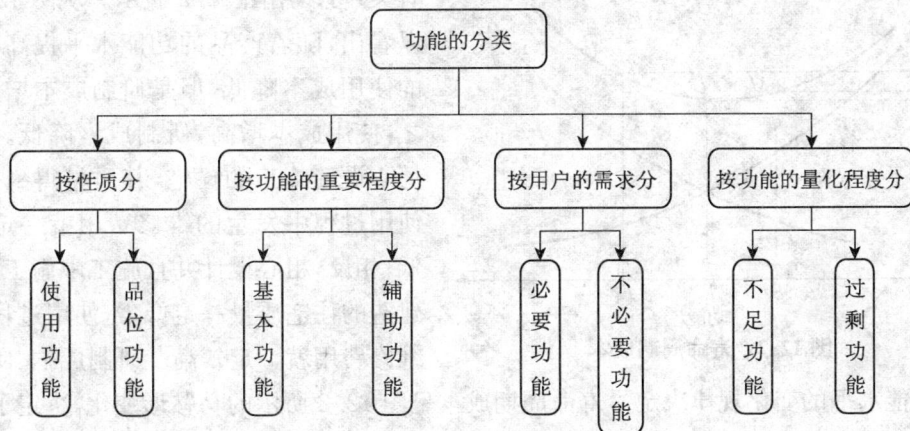

图 12.1　功能的分类

（1）使用功能和品位功能

使用功能是分析对象所具有的与用途直接有关的功能;品位功能是与使用者的精神感觉、主观意识有关的功能,如贵重功能、美学功能、外观功能、欣赏功能等。

（2）基本功能和辅助功能

基本功能是对象存在的主要理由,如果失去它则对象没有存在的必要或对象发生根本性变化;辅助功能是为更好实现基本功能服务的功能。例如:打电话是手机的基本功能,而上网、拍照等是它的辅助功能。当然基本功能和辅助功能有可能会发生根本性转变。

（3）必要功能和不必要功能

必要功能是为满足使用者的要求而必须具备的功能;不必要功能是对象所具有的、与满足使用者的需求无关的功能。

（4）不足功能和过剩功能

不足功能是指对象尚未满足使用者的需求的必要功能;过剩功能是对象所具有的、超过使用者的需求的功能。

对功能进行分类是为了更加清晰认识功能本身,在满足用户基本使用功能的基础上,尽可能增加产品的必要功能,减少不必要的功能。

3. 成本

价值工程中的成本是指产品的整个寿命周期过程中所发生的全部成本,称为寿命周期成本。它包括研制成本和使用成本两部分。研制成本是指产品从研究开发到用户手中为止的全部成本。对于建筑产品来说,包括勘察设计费、施工建造等费用。使用成本是指用户在使用过程中所发生的各种费用,包括维修费用、能源消耗费用、管理费用等。对于用户来说,成本 C 是研制成本 C_1 和使用成本 C_2 之和,即:

$$C = C_1 + C_2 \tag{12.2}$$

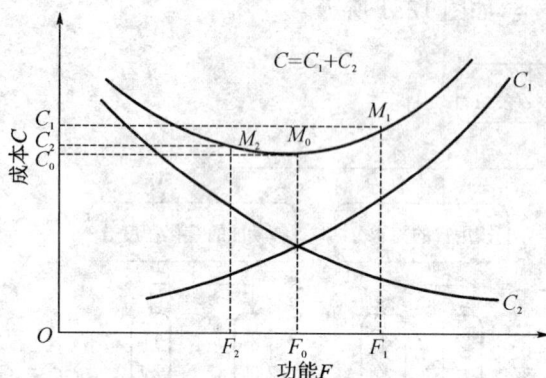

图 12.2 寿命周期成本

产品的寿命周期成本与产品的功能有关,可以用图 12.2 表示。从图 12.2 可以看出,随着产品的功能水平提高,产品的使用成本降低,但是研制成本增高;反之,使用成本增高,研制成本降低。一座精心设计施工的住宅,其质量得到保证,使用过程中发生的维修费用就一定比较低;相反,粗心设计并且施工中偷工减料,建造的住宅质量一定低劣,使用过程中的维修费用就一定较高。研制成本、使用成本与功能水平的变化规律决定了寿命周期成本呈图 12.2 所示的马鞍形变化,决定了寿命周期费用存在最低值。最低寿命周期成本所对应的功能水平 F_0 是从费用方面考虑的最为适宜的功能水平。

在这里读者需要与设备更新当中所提到的设备成本相区别,相信会收到更好的学习效果,在此不再赘述。

二、价值工程的产生

价值工程作为一门软科学诞生于第二次世界大战期间。当时随着战事的不断发展出现了资源的紧张和短缺的局面,并由此而产生了材料价格昂贵的问题。这在客观上提出了合理使用和节约原材料的问题。美国通用电气公司当时在生产中所需用的石棉板,由于材料短缺,价格成倍地上涨,严重地影响了工厂的生产,设计工程师迈尔斯(Lawrence D. Miles)采用防火纸代替石棉板,既保证了使用功能又大大地降低了成本,为该公司带来了很大的经济效益。

通过这个改善,迈尔斯将其推广到企业其他的地方,对产品的功能、费用与价值进行深入的系统研究,提出了功能分析、功能定义、功能评价以及如何区分必要和不必要功能并消除后者的方法,最后形成了以最小成本提供必要功能,获得较大价值的科学方法,1947 年他以《价值分析》为题在《美国机械师》杂志上公开发表,标志这门学科的正式诞生。

三、价值工程的发展

1952 年美国海军派人员到通用电气公司调查了解价值分析活动效果,1954 年成立专门机构,请许多高级工程师参与,将价值分析技术应用于新产品的开发与设计。美国海军正式将价值分析(Value Analysis,简称 VA)改称为价值工程(Value Engineering 简称 VE)。此后,价值工程在世界各国尤其是发达国家得到普遍应用。日本、英国、德国、法国、意大利、挪威、瑞典、加拿大等国先后引进了价值工程。不少国家还制定了价值工程的标准并成立了相关学会。

　　1978 年 6 月,上海复旦大学沈胜白教授在上海市哲学社会科学学会联合会作《价值工程概论》的学术报告,同年,长春汽车研究所戴俊波在长春一次研讨会上发言,并于1978 年 12 月在《国外机械工业消息》总 267 期发表《价值分析——在日本企业的应用情况》一文。从此揭开了我国研究、推广应用价值工程的序幕,现已在机械、电气、化工、纺织、建材、冶金、物资等多种行业中应用。1982 年经国家新闻出版总署批准公开发行的专业学术期刊《价值工程》正式公开发行。1987 年,中华人民共和国国家标准局公布了我国价值工程国家标准《价值工程　基本术语和一般工作程序》(GB/T 8223—1987),这个标准对规范价值工程活动、指导价值工程理论研究和推广应用发挥了重要作用。2009 年国家对该标准进行了进一步修订,并于 2009 年 11 月 1 日正式实施。30 多年来,无论在价值工程的理论和技术方法上,还是在实践应用方面都得到了很大的发展,取得了良好的经济效益,为社会主义建设事业做出了重大贡献。

四、价值工程的分析

1. 提高产品价值的途径

根据价值与产品功能和实现此功能所耗成本之间的关系,可以看出提高价值的五种途径。

(1) 双向型——在提高产品功能的同时,又降低产品成本,这是提高价值最为理想的途径,也是对资源最有效的利用。

(2) 改进型——在产品成本不变的条件下,通过改进设计,提高产品的功能,达到提高产品价值的目的。

(3) 节约型——在保持产品功能不变的前提下,通过降低成本达到提高价值的目的。

(4) 投资型——产品功能有较大幅度提高,产品成本有较少提高。

(5) 牺牲型——在产品功能略有下降、产品成本大幅度降低的情况下,也可达到提高价值的目的。

2. 价值工程的特点

通过对价值工程概念以及价值工程形成发展的论述,可见价值工程具有以下特点:

(1) 价值工程的目标,是以最低的寿命周期成本,使产品具备它所必须具备的功能。产品的寿命周期成本由研制成本和使用成本组成,其两者之和必然存在一个最小值,这一最小值反映了最适宜的功能水平和费用水平,此时的寿命周期成本将是最低的,价值工程的目的就在于寻求不同的方案,以使这项费用达到最低。

(2) 价值工程的核心,是对产品进行功能分析。价值工程中的功能是指对象能够满足某种要求的一种属性,具体讲,功能就是效用。因此,价值工程分析产品,首先不是分析其结构,而是分析其功能。在分析功能的基础之上,再去研究结构、材质等问题,以达到降低成本实现产品价值的目标。

(3)价值工程将产品价值、功能和成本作为一个整体同时来考虑。价值工程分析过程当中,并不能单一考虑某一方面,价值工程的精妙之处就在于将功能和成本结合起来看问题。

(4)价值工程强调不断改革和创新。开拓新构思和新途径,获得新方案,创造新功能载体,从而简化产品结构,节约原材料,提高产品的技术经济效益。没有改革和创新,价值工程就失去了存在的意义。

(5)价值工程要求将功能定量化。价值工程中将功能转化为具体的量化值,才能实现与成本直接相比所形成的价值量化值。

(6)价值工程是以集体的智慧开展的有计划、有组织的管理活动。价值工程涉及从产品设计到销售的整个过程,需要精心计划、组织和安排价值工程活动,不能单靠某个人或某个部门完成这项任务,价值工程应用是否成功更加需要上层领导的鼓励和支持。

上述特点可归纳为三个基本方面,即价值工程的目标是提高价值,核心是功能分析,关键是集体创造。

3. 价值工程的工作程序

开展价值工作的一般工作程序,如表 12.1 所示。

表 12.1　价值工作的一般工作程序

工作阶段	步骤	问题
准备阶段	1. 对象选择 2. 组成价值工程工作小组 3. 制订工作计划	1. 这是什么?
分析阶段	4. 收集整理信息资料 5. 功能系统分析 6. 功能评价	2. 它是干什么用的? 3. 它的成本是多少? 4. 它的价值是多少?
创新阶段	7. 方案创造 8. 方案评价 9. 提案编写	5. 有无其他方案实现这个功能? 6. 新方案的成本是多少? 7. 新方案能满足要求吗?
实施阶段	10. 审批 11. 实施与检查 12. 成果鉴定	8. 偏离目标了吗?

开展价值工程的过程,实际上是一个发现问题、分析问题、解决问题的过程。国外习惯于采用提问法,即针对价值工程对象逐步深入地提出合乎逻辑的八个问题(表12.1),并通过回答问题寻找答案,使问题得以解决,达到提高价值的目的。

第二节　价值工程的对象选择与信息资料收集

一、对象选择的原则

价值工程的对象选择过程就是逐步收缩研究范围、寻找目标、确定主攻方向的过程。就建筑产品而言,其种类繁多,质量、成本、施工工艺和方法各不相同,其建造过程要受到人、财、物、施工技术水平和管理水平的综合影响。在如此复杂的过程中,考虑各方面的限制只能精选其中的一部分来实施价值工程,这就需要我们运用一定的原则和方法科学地加以选定。一般说来,对象选择的原则有以下几个方面:

(1) 从设计方面看,对产品结构复杂、性能和技术指标差、体积和重量大的产品进行价值工程活动,可使产品结构、性能、技术水平得到优化,从而提高产品价值。

(2) 从施工生产方面看,对量大面广、工序繁琐、工艺复杂、原材料和能源消耗高、质量难以保证的产品,进行价值工程活动可以最低的寿命周期成本可靠地实现必要功能。

(3) 从销售方面看,选择用户意见多、退货索赔多和竞争力差的产品进行价值工程活动,以赢得消费者的认同,占领更大的市场份额。

(4) 从成本方面看,选择成本高或成本比重大的,如材料费、管理费、人工费等,进行价值工程活动可降低产品成本。

二、对象选择的方法

价值工程研究对象的选择往往要兼顾定性分析和定量分析,因此,研究对象选择的方法有多种,不同方法适宜于不同的价值工程研究对象。应根据具体情况选用适当的方法,以取得较好的效果。常用的方法有下面几种。

1. 经验分析法(因素分析法)

经验分析法是一种定性分析方法,利用一些有丰富实践经验的专业人员和管理人员对企业存在问题的直接感受,经过主观判断确定价值工程对象的一种方法。该方法简便易行,但缺点是缺乏定量分析,在分析人员经验不足时易影响结果的准确性。该方法用于初选阶段是可行的,特别是在被研究对象彼此相差比较大以及时间紧迫的情况下比较适用。在建设项目对象选择时,可以从设计、施(加)工、制造、销售和成本等方面进行综合分析,找出主要因素,抓住重点。一般具有下列特点的一些产品和零部件可以作为价值分析的重点对象。

(1) 产品设计年代已久、技术已显陈旧;

(2) 重量、体积很大,增加材料用量和工作量的产品;

(3) 质量差、用户意见大或销售量大、市场竞争激烈的产品;

(4) 成本高、利润率低的产品;

(5) 组件或加工工序复杂、影响产量的产品;

（6）成本占总费用比重大、功能不重要而成本较高者。

2. ABC分析法

ABC分析法是一种寻找主要因素的方法。价值工程运用这种方法进行对象选择是将产品成本构成进行逐项统计，将每一种建筑构配件占产品成本的多少从高到低排列出来，分成A、B、C三类，如图12.3所示，找出少数构配件占多数成本的构配件项目，作为价值工程的重点分析对象。

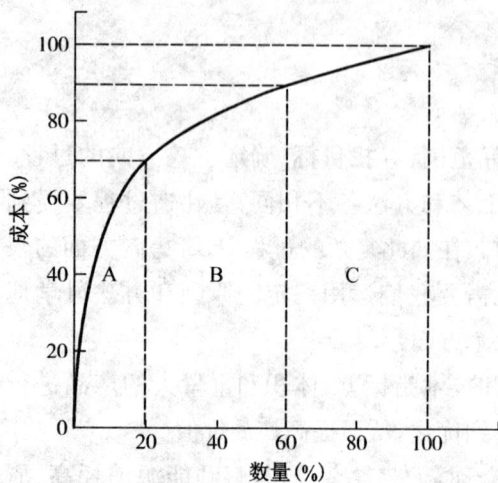

图 12.3　ABC 分析曲线

如表12.2所示，构配件数量占总数的20%左右，而成本却占总成本70%的构配件为A类；构配件数量占总数40%左右，而成本占20%左右的构配件为B类；构配件数量占总数的40%左右，而成本只占总成本的10%左右的构配件为C类。这说明A类构配件在数量上虽然只占构配件总数的20%，而其成本却占总成本的70%，在此应选择A类构配件作为价值工程活动的重点分析对象，B类只作一般分析，C类可以不加分析。

表 12.2　ABC 分析表格

项目	A	B	C
构件数量	20%	40%	40%
成本	70%	20%	10%
分析	重点	一般	不做

ABC分析法的优点是抓住重点，突出主要矛盾，略去"次要的多数"，抓住"关键的少数"，卓有成效地开展工作。

3. 强制确定法

强制确定法（forced decision method），简称FD法。它是以功能重要程度作为选择价值工程对象决策指标的一种分析方法，既能用于产品，也可用于工程项目、工序、服务项目或管理环节的分析上。该方法是先将功能进行量化，再采用价值系数，揭示出分析对象的功能与花费的成本是否相符，不相符、价值低的被选为价值工程的研究对象。

强制确定法的关键是将功能量化，即给对象功能打分。打分时可采用0—1评分法和0—4评分法、1—9评分法。以0—1评分法为例，其评分规则是：①由对产品性能熟悉的人员参加评价；②评价人数5～15人；③评价人员在评价时各自计分，互不通气；④评价两个功能的重要性时，采用一比一的方法，功能重要的得1分，相对不重要的得0分。

对功能量化后，求出功能重要性系数，具体如表12.3所示：

表 12.3　功能重要性系数表

构件名称	一对一比较结果					得分	功能重要性系数
	A	B	C	D	E		
A	×	1	0	1	1	3	0.3
B	0	×	0	1	1	2	0.2
C	1	1	×	1	1	4	0.4
D	0	0	0	×	0	0	0
E	0	0	0	1	×	1	0.1
合计						10	1.0

A 构配件的功能重要性得分为 3 分,产品功能重要性总得分为 10 分,则 A 构配件的功能重要性系数为(3/10)＝0.3(功能重要性系数＝某对象的功能重要性得分/全部对象的功能重要性得分),其他构配件的功能重要性系数可用同样方法求出。C 构配件的功能重要性系数最高为 0.4,说明它在各构配件中最重要;D 构配件的功能重要性系数为 0,说明它是最不重要的,可以考虑它可否取消或者同其他构配件合并。

然后再求解成本系数和价值系数,最后确定对象选择的顺序。举例如表 12.4 所示:

表 12.4　价值系数计算表

构件名称	功能重要性系数	现实成本	成本系数	价值系数	对象选择顺序
	(1)	(2)	(3)＝(2)/7	(4)＝(1)/(3)	
A	0.3	1.8	0.26	1.154	4
B	0.2	0.8	0.11	1.818	3
C	0.4	0.8	0.11	3.636	1
D	0	1.1	0.16	0	—
E	0.1	2.5	0.36	0.278	2
	1.00	7	1.00	—	

成本系数为每个构配件的现实成本在产品总成本中所占的比例(成本系数＝某构配件的现实成本/产品现实总成本)。价值系数为某构配件的功能重要性系数与其成本系数之比(价值系数＝某构配件的功能重要性系数/该构配件的成本系数)

价值系数计算结果可能出现以下几种情况:

(1) 价值系数小于 1 的产品或部件,说明其重要程度小而成本高。若选为 VE 工作对象,可以用降低成本或提高重要程度方法来提高产品价值。

(2) 价值系数大于 1,说明产品或部件重要,成本低。也可以选为 VE 工作对象,进一步提高该产品或部件的质量,增大价值。

(3)价值系数等于1,说明该产品或部件的重要程度和成本相当。因此不再选为 VE 工作对象。

(4)价值系数等于0,表明构配件不重要,可以取消和(或)合并。

根据表 12.4 中所列的价值系数偏离 1 的程度可以确定 VE 活动对象的顺序为 C、B、E、A。

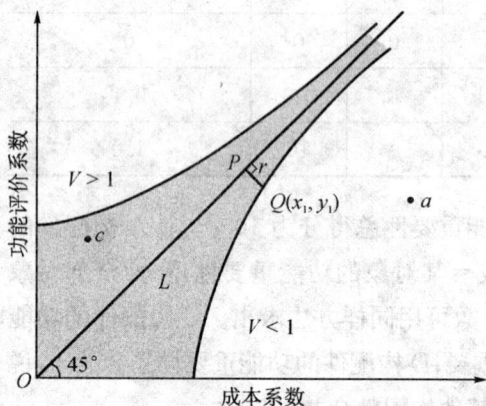

4. 最合适区域法

最合适区域法是由日本的田中教授提出的,是一种通过计算价值系数选择 VE 对象的方法。计算价值系数的思路为:成本系数或功能系数大的分部工程对项目的影响较大,所以应从严控制,允许其价值系数偏离 1 的范围应小;而成本系数或功能系数较小的分部工程对项目的影响也较小,所以可放宽控制,允许其价值系数偏离 1 的范围可稍大。而在最终选取 VE 对象时,提出了一个选用价值系数的最合适区域,该区域由围绕 $V=1$ 的两条曲线组成,如图 12.4 所示。凡价值系数落在该区

图 12.4 最适合区域法图

域之内的点都认为是比较满意的;价值系数落在区域之外的点作为 VE 对象。

除上面介绍的四种方法外,确定价值工程对象的方法还有费用比重分析法、倍比确定法、用户评分法、成本模型法等,可根据实际情况灵活运用。

三、信息资料收集

1. 信息资料收集的内容

随研究对象的不同,情报收集的信息也有差异。价值工程情报通常涉及以下方面:用户方面的情报,包括用户的基本要求和用户的基本条件;销售方面的情报,包括产品方面信息和竞争企业方面的信息;技术方面的情报,包括有关的科研成果及其应用情况和产品设计的主要功能标准与其相关要求;成本方面的情报,包括同类企业成本以及供料企业成本;企业自身的情报,包括经营概况和企业的综合能力。另外,情报的内容还应包括国家与社会有关部门方面的情报。例如,政府或有关部门颁布的与研究对象有关的法律、法规、条例、政策等。建设项目需要收集的信息包括项目的构思、有关图纸和技术的说明、投资估算、工作计划以及设计计算书等,并应尽可能收集现场条件、项目约束条件等方面的信息,明确价值工程研究的约束条件。

2. 收集信息资料应注意的问题

(1)没有明确的目的,就无法搜集情报信息资料。收集情报事先明确目的,针对不同目标收集不同情报,这样才可以避免无的放矢、效率低下、浪费精力与时间。

（2）情报资料的收集应做到准确可靠,高质量的情报会提高价值工程工作的效果。一般来说,情报的数量越多,提高价值的可能性越大,现在电子计算机、网络技术、信息业的发展,使企业获取大量信息成为可能。情报不仅要有数量,而且要有质量。如果收集的情报不可靠、不准确或者对收集的情报要求太高,不但时间、费用过高,而且达不到预期效果,甚至会导致价值分析的失败。

（3）收集情报来源同价值工程质量好坏有密切关系。情报来源往往很多,以调查顾客需求状况为例,可以从销售部门、服务部门等多种渠道获得所需情报。不同的情报来源得到的情报的时间、质量、数量往往不同。

（4）在必要的时间内收集情报,提供的情报才有价值,才能在价值改进方面取得显著效果,所以收集情报必须有确定的期限。

（5）根据情报的内容、来源、时间等的要求,企业选择合适的情报人员和收集方法。情报人员应具备相当的专业知识与经验、有机会接触情报源且有较强的情报能力,情报人员可以通过查阅资料、访问专家学者、参加各种学术会议和产品展览会、书面调查法、德尔菲法、观察法等多种方法收集资料、提高情报工作的质量。

（6）应重视情报汇总。情报收集获得的原始资料,还需进一步分析、分类、汇总整理,剔除无效资料,保留有效资料,并使之变为系统、逻辑、有效的信息资料,以有利于保管和利用。

第三节　价值工程的功能分析

功能分析是价值工程活动的核心和基本内容,它是指通过分析信息资料,用动词和名词的组合简明正确地表达各对象的功能,明确功能特性要求,并绘制功能系统图。功能分析包括功能定义和功能整理两方面的内容。

一、功能定义

功能定义是对价值工程对象及其组成部分的功能所做的明确表述。这一表述应能明确功能的本质,限定功能的内容,并能与其他功能概念相区别。

功能定义要求简明扼要,一般采用"两词法",即用两个词组成的词组来定义功能。常采用动词加名词的方法,动词是功能承担体发生的动作,而动作的作用对象就是作为宾语的名词。所以,动词加名词的功能定义实际上是动宾词组型功能定义。例如,基础的功能是"承受荷载",这里基础是功能承担体,"承受"是表示功能承担体（基础）发生动作的动词,"荷载"则是作为动词宾语的名词。

二、功能整理

功能整理就是对定义出的功能进行系统的分析、整理,明确功能之间的关系,分清功

能类别,建立功能系统图。功能整理回答和解决"它的功能是什么"这样一个问题。功能整理的方法和步骤如下:

1. 分析出产品的基本功能和辅助功能

依据用户对产品的功能需求,找出基本功能,并把其中最基本的排出来,它就是最上位功能。基本功能一般总是上位功能,它通常可以通过回答如下几个问题来判别:①取消了这个功能,产品本身是不是就没有存在的必要了? ②对于功能的主要目的而言,它的作用是否必不可少? ③这个功能改变之后,是否要引起其他一连串的工艺和构配件的改变? 如果回答是肯定的,这个功能就是基本功能。

除了基本功能,剩下来的功能就是辅助功能了。

2. 明确功能的上下位和并列之间的关系

在一个系统中,功能的上下位关系,就是指功能之间的从属关系,上位功能是目的,下位功能是手段。例如,平屋顶功能中的"遮盖室内空间"和"防水"的关系,就是上下位功能的关系。"遮盖室内空间"是上位功能,是目的,而"防水"是为了能够"遮盖室内空间",所以"防水"是手段,是下位功能。需要指出的是,目的和手段是相对的,一个功能,对它的上位功能来说是手段,对它的下位功能来说又是目的。

功能的并列关系是指两个功能,谁也不从属于谁,但却同属于一个上位功能的关系。例如平屋顶为了遮盖室内空间,有三条遮盖途径,即:遮蔽顶部;防水;保温隔热。很显然,这三个功能相对于"遮盖室内空间"来讲属下位功能,而这三个功能之间就属于并列关系。

3. 排列功能系统图

在弄清功能之间的关系以后,就可以着手排列功能系统图。所谓功能系统图,就是产品应有的功能结构图。在图中,上位功能在左,下位功能在右,依次排列,整个图形呈树形由左向右扩展、延伸。如图 12.5 所示:

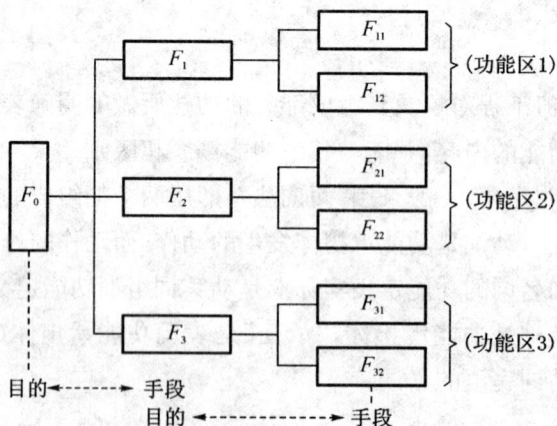

图 12.5 功能系统示意图

第四节　价值工程的功能评价

一、功能评价的概念

通过功能的整理,准确地掌握了用户的功能要求,剔除了不必要的功能。然后需要根据功能系统图,对各功能进行定量评价,以确定提高价值的重点改进对象。

功能评价是指对通过功能系统分析所确定的功能进行定量化计算,并定量地评价功能价值,筛选出价值低、改善期望值大的功能作为价值工程的重点改进对象的活动。首先应用一定的科学方法,求出实现某种功能的最低成本(或称目标成本),并以此作为功能评价的基准,亦称功能评价值。然后通过与实现该功能的现实成本(或称目前成本)相比较,求得两者的比值即为功能价值;两者差值为成本改善期望值,也就是成本降低幅度。其计算公式为:

$$V = \frac{F}{C} \tag{12.3}$$

式中：F——功能评价值(目标成本)；

$\quad\quad C$——功能现实成本(目前成本)；

$\quad\quad V$——功能价值(价值系数)。

$$成本改善期望值 = C - F \tag{12.4}$$

此时功能评价值 F 常常被作为功能成本降低的奋斗目标,亦称标准成本。

二、功能评价的方法

功能评价的基本程序是：计算功能的现实成本(目前成本);确定功能的评价值(目标成本);计算功能的价值(价值系数);计算成本改善期望值;选择价值系数(即 V)低、成本改善期望值大的功能或功能区域作为重点改进对象。

1. 计算功能现实成本(C)

成本通常是以产品或构配件为对象进行计算的。但是功能现实成本的计算则与此不同,它是以功能为对象进行计算的。在产品中构配件与功能之间常常呈现一种相互交叉的复杂情况,即一个构配件往往具有几种功能,而一种功能往往通过多个构配件才能实现。因此,计算功能现实成本,就是采用适当方法将构配件成本转移分配到功能中去。

有时一个构配件只实现一项功能,或者一项功能由多个构配件实现,或者一个构配件实现多项功能,更多情况是多个构配件交叉实现多项功能,且这多项功能只由这多个构配件交叉地实现。

计算各功能的现实成本时,可通过填表进行。首先将各构配件成本按该构配件对实现各功能所起作用的比重分配到各项功能上去,然后将各项功能从有关构配件分配到的成本相加,便可得出各功能的现实成本。

构配件对实现功能所起作用的比重,可以采用强制确定法来确定。

【例 12.1】 某产品具有共 $F_1 \sim F_5$ 五项功能,由四种构配件实现,功能现实成本计算如表 12.5 所示:

表 12.5 功能现实成本计算表   单位:元

构配件			功能或功能区域				
序号	名称	成本	F_1	F_2	F_3	F_4	F_5
			比重/成本	比重/成本	比重/成本	比重/成本	比重/成本
1	A	150		66.6% 100		33.4% 50	
2	B	250	20% 50		60% 150		20% 50
3	C	500	50% 250	10% 50		40% 200	
4	D	100			100% 100		
合计		C_0	C_{01}	C_{02}	C_{03}	C_{04}	C_{05}
		1 000	300	150	250	250	50

【解】 在表 12.5 中,A 构配件对实现 F_2、F_4 两项功能所起的作用分别为 66.6% 和 33.4%,故功能 F_2 分配成本为 $150 \times 66.6\% = 100$(元),F_4 分配成本为 $150 \times 33.4\% = 50$(元)。

按此方法将所有构配件成本分配到有关功能中去,再按功能进行相加,即可得出 $F_1 \sim F_5$ 五种功能的现实成本。

2. 确定功能的评价值或目标成本(F)

功能评价值,是依据功能系统图上的功能概念,预测出对应于功能的成本。它不是一般概念的成本计算,而是把用户需求的功能换算为金额,其中成本最低的即是功能评价值。其确定方法如下:

(1)经验估算法

经验估算法是邀请一些有经验的人,根据收集到的有关信息资料,构思出几个实现各功能或功能区域的方案,然后每个人对构思出的方案进行成本估算,取其平均值,最后从各方案中取成本最低者。

(2)实际调查法

实际调查法是通过广泛的调查,收集具有同样功能产品的成本,从中选择功能水平相同而成本最低的产品,以这个产品的成本作为功能评价值。如图 12.6 所示,以横坐标表示功能水平,纵坐标表示成本。按功能水平等级分类,把各产品功能水平等级和成本标在坐标图上,这样在每个等级的功能水平上总有一个产

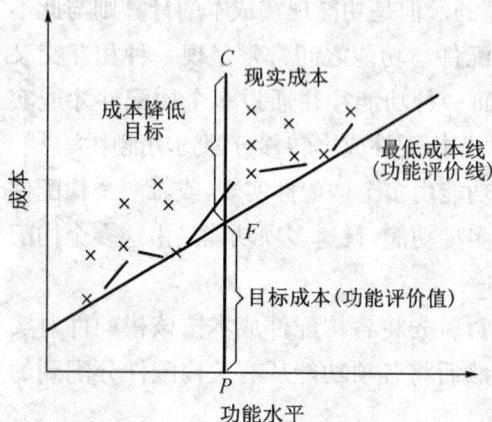

图 12.6 功能评价图解

品的成本是最低的。将各功能水平等级的最低成本点连接起来,所形成的线即为最低成本线,可以把这条线上的各点作为对应功能的评价值。

（3）理论计算法

有些功能成本可以根据物理学、材料力学和其他的工程计算方法进行计算,直接求出实现该功能的最低成本,进行功能评价。例如:"支承负荷""传递扭矩""输入电流"等功能,即可利用此方法确定功能评价值。

（4）功能重要程度评价法

功能重要程度评价法可以采用对象选择中的强制确定法来评价,在这里我们以倍比确定法（又称 DARE 法）来继续介绍该方法的应用。

倍比确定法利用评价因素之间的相关性进行比较而定出重要性系数,用以选择方案。具体步骤如下:

① 根据各评价对象的功能重要程度（或实现难度）排序。在排序中按上高下低原则排列。

② 从上至下把相邻的两个评价对象,根据功能重要程度（或实现难度）进行比较。如 F_1 是 F_2 的 2 倍,F_3 是 F_4 的 3 倍等。功能重要性系数的计算如表 12.6 所示:

表 12.6　倍比确定法计算功能重要性系数表

评价对象	相对比重	得分	功能重要性系数
F_1	$F_1/F_2=2$	9	0.51
F_2	$F_2/F_3=1.5$	4.5	0.26
F_3	$F_3/F_4=3$	3	0.17
F_4		1	0.06
合计		17.5	1.00

③ 令最后一个评价对象得分为 1,按上述各对象之间的相对比值计算其他对象的得分。

④ 计算各评价对象的功能重要性系数。这是一种适用范围较大的打分方法,但构成评价对象的各因素之间必须具有相关性,否则不宜采用。

在确定功能重要性系数后,确定各功能的功能评价值。

产品的目标成本可以通过市场预测、技术预测等方法加以确定,然后将产品的目标成本按功能重要性系数分摊到各个功能上去。如果产品目标成本为 900 元,根据倍比确定法得出的功能重要性系数,可以求出各功能的评价值,如表 12.7 所示:

表 12.7　新产品功能评价计算表

评价对象	功能重要性系数	功能评价计算值/元
F_1	0.51	$0.51 \times 900 = 459$
F_2	0.26	$0.26 \times 900 = 234$
F_3	0.17	$0.17 \times 900 = 153$
F_4	0.06	$0.06 \times 900 = 54$
合计	1.00	900

3. 功能评价

假如现实成本已知(假定为 1 129 元)。将已知现实成本分摊到各功能上去,再根据功能评价值,求价值系数及成本降低值。具体计算如表 12.8 所示:

表 12.8 功能评价计算表

功能 (1)	现实成本/元 (2)	功能重要 性系数 (3)	功能评价值/元 (4)	价值系数 (4)/(2)	成本改善 期望值/元 (2)−(4)	改善 优先 顺序
F_1	562	0.51	459	0.817	103	2
F_2	298	0.26	234	0.785	64	3
F_3	153	0.17	153	1.00	0	
F_4	116	0.06	54	0.466	62	1
合计	1 129	1.00	900	—	229	

(1)计算价值系数

价值系数计算公式如下:

$$功能价值系数 = \frac{功能的评价值}{功能的现实成本} \qquad (12.5)$$

在表 12.8 中,功能 F_1 的现实成本为 562 元,目标成本(功能评价值)459 元,则 F_1 的价值系数 459/562=0.817。

(2)计算成本改善期望值

$$成本改善期望值 = 功能现实成本 - 功能评价值$$

例如 F_1 功能成本改善期望值为 562−459=103(元)。

(3)选择改进对象

选择改进对象时,考虑的因素主要是价值系数大小和成本改善期望值的大小。

当价值系数等于或趋近于 1 时,功能现实成本等于或接近于功能目标成本,说明功能现实成本是合理的,价值最佳,无需改进,如 F_3。

当价值系数小于 1 时,表明功能现实成本大于功能评价值,说明该功能现实成本偏高,应作为改进对象,如 F_1、F_2、F_4。

当价值系数大于 1 时,表明功能现实成本小于功能评价值,说明该功能现实成本偏低。其原因可能是功能不足,满足不了用户要求。在这种情况下,应增加成本,更好地实现用户要求的功能。还有一种可能是功能评价值确定不准确,而以现实成本就能够可靠实现用户要求的功能,现实成本是比较先进的,此时无需再对功能或功能区域进行改进。

在选择改进对象时,要将价值系数和成本改善期望值两个因素综合起来考虑,即选择价值系数低、成本改善期望值大的功能或功能区域作为重点改进对象。例如 F_1 和 F_2 比较,尽管 F_2 的价值系数比 F_1 低,但成本改善期望值 F_1 明显地要大得多,因此,在选择改进对象排序时 F_1 排在 F_2 前面。

第五节 方案创造及评价

一、方案的创造

通过价值工程功能评价只是发现了问题,方案创造是解决问题的根本途径。寻求或构思最佳方案的过程就是方案的创造。价值工程活动能否取得成功,关键是功能分析评价之后能否构思出可行的方案。对于方案创造通常可以采用以下方法:

1. 头脑风暴法(BS 法)

头脑风暴法的具体做法是事先通知议题,开会时要求应邀参加会议的各方面专业人员在会上自由奔放地思考,提出各种不同的方案,多多益善,但是不评价别人的方案,并且希望与会者在别人建议方案的基础上进行改进,提出新的方案。

以上所定原则的目的是:使与会人员的头脑中掀起思考的"风暴",集思广益,以便能提出更多的方案。据说采用头脑风暴法提出的方案数要比相同数量专业人员单独提出的方案多出 70%。

2. 模糊目标法(哥顿法)

模糊目标是美国人哥顿在 1964 年提出的方法。这个方法也是在会议上提方案,其特点是与会人员会前不知道议题,在开会讨论时也只是抽象地讨论,不接触具体的实质性问题,会议主持人开始并不全部摊开要解决的问题,而是只对大家作一番抽象笼统的介绍,以免束缚与会人员的思想,待讨论到一定程度以后才把研究的对象提出来,以作进一步研究。在会议上,主持人仅把要解决的问题抽象介绍,会议参加者并不明白会议的研究问题,以开拓思路。该方法难点是:提问太具体,容易限制思路;提问太抽象,则方案可能离题太远。

3. 类比法

类比法是哥顿的又一研究成果,又称 Synectics,意思是把不同的、看起来毫无联系的因素进行联想,类比得出方案。类比法有三种:

① 直接类比。例如:有没有在水中和陆地都能走的动物?

龟→龟的机理→水陆两用汽车

② 象征类比。例如:用神话进行类比,开发一种新型钥匙。

(故事)念咒→声音→声波→电信号交换装置→(产品)根据电气原理制成的钥匙。

③ 拟人类比。例如:对于传递力矩的轴。

把自己设想为一根轴时所具有的心情
 ┌── 两边受力太大了 ── 试图改进安装、改进材料
 ├── 阻力太大了 ── 试图改进有障碍的地方
 └── 空间狭窄,挤得难受 ── 试图改进空间布置

二、方案评价

方案评价是在方案创造的基础上对新构思方案的技术、经济和社会效果等几方面进行的评估，以便于选择最佳方案。按其作法分为概略评价和详细评价。

1. 概略评价

概略评价是对已创造出来的方案进行初步研究。其目的是从众多的方案中进行粗略的筛选，减少详细评价的工作量，使精力集中于优秀方案的评价。概略评价内容主要包括技术可行性、经济可行性、社会评价等内容。

2. 详细评价

方案的详细评价，就是对概略评价所得的比较抽象的方案进行调查和收集信息资料，使其在材料、结构、功能等方面进一步具体化，然后对它们作最后的审查和评价。

在详细评价阶段，对产品的成本究竟是多少，能否可靠地实现必要的功能，都必须得到准确的解答，总之，要证明方案在技术和经济方面是可行的，而且价值必须得到真正的提高。

详细评价是在概略评价的基础上进一步进行技术评价、经济评价和社会评价，内容上将更加详实。当然也可以进行将以上三个方面结合起来的综合评价。

三、方案的试验研究和提案审批

在新的方案中如果对某些环节或因素无把握达到预期要求时，还必须进一步进行必要的试验，以验证其是否可行。

试验通过后，即可着手制定正式的实施方案，提交有关部门审批，获准后便可付诸实施，按计划做出具体安排。在实施过程中，从事价值工程工作的人员应深入实际，随时了解执行情况，并协助解决实施中出现的问题。

第六节　价值工程在某建设工程应用案例

一、案例一：某建设项目设计中价值工程应用

某房地产公司对某公寓项目的开发征集到若干设计方案，经筛选后对其中较为出色的四个设计方案作进一步的技术经济评价。

有关专家决定从五个方面（分别以 $F_1 \sim F_5$ 表示）对不同方案的功能进行评价，并对各功能的重要性达成以下共识：F_2 和 F_3 同样重要，F_4 和 F_5 同样重要，F_1 相对于 F_4 非常重要，F_1 相对于 F_2 比较重要。此后，各专家对这四个方案的功能满足程度分别打分，其结果见表 12.9 所示：

表 12.9　方案功能得分表

功能	方案功能得分			
	A	B	C	D
F_1	9	10	9	8
F_2	10	10	8	9
F_3	9	9	10	9
F_4	8	8	8	7
F_5	9	7	9	6

据造价工程师估算，A、B、C、D 四个方案的单方造价分别为 1 420 元/m²、1 230 元/m²、1 150 元/m²、1 360 元/m²。问题如下：

1. 计算各功能的权重。

2. 用价值工程理论选择最佳设计方案。

【解】

问题 1：根据背景资料所给出的条件，各功能权重的计算结果填入表 12.10：

表 12.10　功能权重计算表

	F_1	F_2	F_3	F_4	F_5	得分	权重
F_1	×	3	3	4	4	14	14/40＝0.350
F_2	1	×	2	3	3	9	9/40＝0.225
F_3	1	2	×	3	3	9	9/40＝0.225
F_4	0	1	1	×	2	4	4/40＝0.100
F_5	0	1	1	2	×	4	4/40＝0.100
合　　计						40	1.000

问题 2：对于多方案选择，需要分别计算各方案的功能系数、成本系数、价值系数。

（1）计算功能系数

功能指数的计算，首先是将各方案的各功能得分分别与该功能的权重相乘后求和，得到该方案功能总得分。然后求出各方案的功能总得分之和，计算如下：

$W_A＝9×0.350＋10×0.225＋9×0.225＋8×0.100＋9×0.100＝9.125$

$W_B＝10×0.350＋10×0.225＋9×0.225＋8×0.100＋7×0.100＝9.275$

$W_C＝9×0.350＋8×0.225＋10×0.225＋8×0.100＋9×0.100＝8.900$

$W_D＝8×0.350＋9×0.225＋9×0.225＋7×0.100＋6×0.100＝8.150$

各方案的总加权得分为：

$$W＝W_A＋W_B＋W_C＋W_D＝35.45$$

最后计算功能系数,计算公式为:

$$功能系数 = \frac{各方案功能总得分}{所有方案功能总得分之和}$$

本案例中各方案的功能系数为:

$$F_A = \frac{9.125}{35.45} = 0.257$$

$$F_B = \frac{9.275}{35.45} = 0.262$$

$$F_C = \frac{8.900}{35.45} = 0.251$$

$$F_D = \frac{8.150}{35.45} = 0.230$$

(2) 计算各方案的成本系数

成本系数计算公式为:

$$成本系数 = \frac{各方案成本}{所有方案成本之和}$$

本案例中各方案的成本系数为:

$$C_A = \frac{1\,420}{1\,420 + 1\,230 + 1\,150 + 1\,360} = \frac{1\,420}{5\,160} = 0.275$$

$$C_B = \frac{1\,230}{5\,160} = 0.238$$

$$C_C = \frac{1\,150}{5\,160} = 0.223$$

$$C_D = \frac{1\,360}{5\,160} = 0.264$$

(3) 计算各方案的价值系数

价值系数计算公式为:

$$价值系数 = \frac{功能系数}{成本系数}$$

本案例中各方案的价值系数为:

$$V_A = \frac{F_A}{C_A} = \frac{0.257}{0.275} = 0.935$$

$$V_B = \frac{F_B}{C_B} = \frac{0.262}{0.238} = 1.101$$

$$V_C = \frac{F_C}{C_C} = \frac{0.251}{0.223} = 1.126$$

$$V_D = \frac{F_D}{C_D} = \frac{0.230}{0.264} = 0.871$$

在多方案选择时,价值工程应用的原则是:选择价值系数最大的即为最优方案。本案例中由于 C 方案的价值系数最大,所以 C 方案为最佳方案。

二、案例二:某中学高边坡加固支护方案价值工程应用

1. 案例背景

三峡库区万州某中学高边坡系修建该中学时挖掘而成。边坡坡向 70°~80°,坡角 45°~75°,延伸长 260 m,坡高 20~30 m,坡面面积近 6 000 m²。坡底为正在施建的中学图书馆、教学楼和学生宿舍楼等教学建筑。建筑群边缘距坡脚平均距离 7 m,坡后缘为公路。由于开挖和雨水的影响,在边坡的中部出现滑塌区,分布长度为 54 m,前缘高度为 20~27 m。根据《建筑边坡工程技术规范》(GB 50330—2002)提供的边坡稳定性评估方法,对滑塌区稳定性进行评估,计算的稳定系数为 0.88,小于临界状态稳定系数 1。事实上,边坡的这一部分已经发生了滑动,如果不采取治理措施,将有进一步滑塌的可能,所以必须进行必要的加固和支护。

2. 案例技术分析

该工程的加固和支护是为了保证坡体下建筑物的安全,坡体上附属道路畅通。具体而言,就是通过减载工程、支挡工程、坡面防护和排水工程的实施,保证在正常使用条件下,坡体在规定的设计年限内完成保证坡体下建筑物的安全,坡体上附属道路的畅通的功能,通过绿化工程,改善坡面环境,为学校创造良好的环境氛围。

该加固支护实现的功能主要为:

(1)减载功能:通过挖掉边坡中后缘的土体,以减小坡体的自重;通过修剪坡面,减缓坡角,以增加坡体的稳定性。在实施这一工程中,还需要考虑坡体上附属功能的实施。本边坡的附属功能是坡上道路的建设和坡面的绿化。

(2)支挡功能:通过在坡体前缘设置抗滑桩、挡土墙、抗滑键等结构,以承受坡体的下滑变形趋势产生的作用力,阻止破坏性变形的发生;或者通过锚杆、锚索等传力构件将坡体下滑变形趋势产生的下滑力传递到变形体后面的稳定体上;或者将锚索等传力构件与坡前的抗滑结构连用,共同承担下滑力,例如锚索抗滑桩、锚杆挡墙等。

(3)坡面防护功能:对边坡坡面应做防护,以阻止风化、水流侵蚀等自然力对边坡的进一步破坏。

(4)排水功能:疏浚坡体表面的外来水,以避免水的下渗导致坡体抗剪强度的降低;排出地下水,降低孔隙水压力,以改善岩土体的性质,提高坡体岩土体的抗剪能力。

(5)绿化功能:坡体表面绿化是环境建设的要求,通过绿化弥补由于建设对环境造成的破坏,也可为学校创造好的教学环境。

因此,结合当地的习惯做法,提出了下面两个支护方案。

方案 A:锚索抗滑桩结合排水方案

在边坡滑体的前缘设一排抗滑桩,抗滑桩上设锚索,该方案不需要大量的削坡减载,只是需要对坡面作必要的修整,坡体的下滑力由抗滑桩和锚索共同承担。由于抗滑桩的

使用,在坡顶形成了较大的空间,有利于坡顶道路的修建;因抗滑桩间距较大,抗滑桩之间的间隙需要设置必要的挡板作为坡面防护,以阻止边坡前缘表面可能的坍塌、掉块等现象。

方案 A 的功能成本如表 12.11 所示:

表 12.11　A 方案功能成本

满足功能	具体做法	功能成本/万元
减载功能	坡面修整	2.752
支挡功能	抗滑桩工程	125.237
	锚索工程	24.563
坡面防护功能	桩间混凝土面板	16.138
排水功能	坡面排水孔、排水沟	5.785
绿化功能	植树绿化	2.210
合计		176.685

方案 B：削坡、格构锚索结合排水方案

将坡面进行修整,坡面坡比为 1：0.3,在坡面布置钢筋混凝土格构梁,在格构梁的交点处设锚索。该方案需要按照设计的坡度削坡减载,以便于坡面格构梁的放置。由于坡体的下滑力由锚索承担,而且坡面上的格构梁将位于格构梁节点处的锚索连接成一个整体,因而可以使它们相互支援,共同发挥作用;同时,格构梁也起着护面的功能。

方案 B 的功能成本如表 12.12 所示:

表 12.12　B 方案功能成本

满足功能	具体做法	功能成本/万元
减载功能	坡面修整	7.027
支挡功能	格构梁工程	20.580
	锚索工程	172.263
坡面防护功能	绿化坡面防护	0
排水功能	坡面排水沟	5.497
绿化功能	植树绿化	9.720
合计		215.087

3. 利用价值工程进行方案选择及优化

(1) 价值工程解决问题:方案选择

在支护方案的选择和设计中,利用价值工程原理,进行方案选择。

① 支护结构需要完成的功能

边坡加固措施需要完成的功能是：a. 在正常使用条件下,坡体在规定的设计年限内(50 年)安全运行;b. 保证坡体上附属道路的修建空间,路面达到 7 m;c. 坡面的美化、绿化。在上述三项功能中，以 a 项最为重要，b 项次之，c 项再次之。

② 两个方案完成功能程度的评价

根据方案能够达到各项功能要求的程度，采用定量评价法的直接打分法，按 10 分制进行打分。能够完全满足某一功能为 10 分，完全不能够满足为 0 分，0～10 分之间视满足功能的程度给予打分。打分由专家组进行，打分结果如表 12.13 所示：

表 12.13　A、B 方案功能得分

	功能 a	功能 b	功能 c
方案 A	10	10	2
方案 B	10	6	10

计算功能系数：

$$F_A = (10 + 10 + 2) \div (10 + 10 + 2 + 10 + 6 + 10) = 22 \div 48 = 0.458$$
$$F_B = (10 + 6 + 10) \div (10 + 10 + 2 + 10 + 6 + 10) = 26 \div 48 = 0.542$$

计算成本系数（表 12.14）：

表 12.14　A、B 方案功能成本

	满足功能成本	成本系数(C)
方案 A	176.685	$C_A = 176.685 \div (176.685 + 215.087) = 0.451$
方案 B	215.087	$C_B = 215.087 \div (176.685 + 215.087) = 0.549$

计算价值系数：

$$V_A = F_A \div C_A = 0.458 \div 0.451 = 1.016$$
$$V_B = F_B \div C_B = 0.542 \div 0.549 = 0.987$$

由于 A 方案的价值系数较大，根据价值工程的原理，所以 A 方案为最佳方案。

（2）价值工程解决问题：方案优化

对方案 A 应用价值工程继续进行优化，提出改进。

① 计算功能重要性系数

对 A 方案具体工程做法根据实际经验按百分制进行打分并计算功能重要性系数，如表 12.15 所示：

表 12.15　A 方案各功能重要性系数

A方案工程做法	坡面修整	抗滑桩工程	锚索工程	桩间混凝土面板	坡面排水孔、排水沟	植树绿化
经验得分	5	50	20	10	10	5
功能重要性系数	5÷100=0.05	50÷100=0.50	20÷100=0.20	10÷100=0.10	10÷100=0.10	5÷100=0.05

② 计算成本系数(表 12.16)

表 12.16　A 方案各成本系数

A 方案工程做法	坡面修整	抗滑桩工程	锚索工程	桩间混凝土面板	坡面排水孔、排水沟	植树绿化
成本/万元	2.752	125.237	24.563	16.138	5.785	2.210
成本系数	2.752÷176.685=0.016	125.237÷176.685=0.709	24.563÷176.685=0.139	16.138÷176.685=0.091	5.785÷176.685=0.033	2.21÷176.685=0.013

③ 计算价值系数及确定分析对象的顺序,优化选择对象

价值系数计算如表 12.17 所示:

表 12.17　A 方案价值系数

A 方案工程做法	坡面修整	抗滑桩工程	锚索工程	桩间混凝土面板	坡面排水孔、排水沟	植树绿化
功能重要性系数	0.05	0.50	0.20	0.10	0.10	0.05
成本系数	0.016	0.709	0.139	0.091	0.033	0.013
价值系数	3.12	0.71	1.44	1.10	3.03	3.85

　　根据价值分析的原理,计算方案 A 各项功能的价值系数。对价值系数进行分析发现,锚索和坡面防护(桩间混凝土面板)两项工程成本投入与满足功能基本匹配,价值系数分别为 1.44 和 1.10,无需改进。排水工程和植被绿化的功能远大于成本,价值系数分别为 3.03 和 3.85,但是由于此两项工程需要经常性修理,年年进行投资,综合起来,其价值系数随着投资增加而降低,因此,也不需要作调整。坡面修整相对于功能来讲,投资偏低,价值系数为 3.12,可适当增加投资,增加削方量。抗滑桩的价值系数小于 1,价值系数为 0.71,表明成本偏高,因此应该结合坡面修整将抗滑桩优化,减少数量或降低配筋率,使减载工程和抗滑桩工程都达到合理的价值系数。在实际做法当中,根据上述评估结论,适当加大了削坡工程量,削坡减载,使下滑力减小,用以抵抗下滑力的抗滑桩的配筋率自然降低,从而使两者价值都达到了理想的程度。通过上述调整,减载工程投资略有增加,抗滑桩成本下降,可以有效节约资金,取得了良好的质量和经济效果。

复习思考题

一、单项选择题

1. 价值工程中不属于其三个基本要素的是(　　)。

    A. 价值　　　　　　B. 寿命周期　　　　　C. 功能　　　　　　D. 利润

2. 价值工程中的总成本是指(　　)。

A. 生产成本   B. 使用成本

C. 使用和维修费用成本   D. 产品寿命周期成本

3. 人防工程设计时,在考虑战时能发挥其隐蔽功能的基础上平时利用其为地下停车场。这种提高产品价值的途径是(　　)。(注:2018 年一级建造师考试"建设工程经济"真题)

    A. 改进型   B. 双向型   C. 节约型   D. 牺牲型

4. 价值工程活动中,计算产品成本的方法是以产品(　　)为中心分析成本的事前成本计算方法。(注:2012 年、2015 年、2017 年一级建造师考试"建设工程经济"真题)

    A. 功能   B. 质量   C. 价格   D. 性能

5. 价值工程中方案创造的理论依据是(　　)。(注:2016 年一级建造师考试"建设工程经济"真题)

    A. 产品功能具有系统性   B. 功能载体具有替代性

    C. 功能载体具有排他性   D. 功能实现程度具有差异性

6. 运用价值工程优化设计方案所得结果是:甲方案价值系数为 1.06,单方造价 150 元;乙方案价值系数为 1.20,单方造价 140 元;丙方案价值系数为 1.05,单方造价 170 元;丁方案价值系数为 1.10,单方造价 160 元,最佳方案是(　　)。

    A. 甲方案   B. 乙方案   C. 丙方案   D. 丁方案

7. 功能、成本之间的关系式为(　　)。

    A. $V = F/C$ B. $V = C/F$ C. $F = V/C$ D. $F = C/V$

8. 价值工程中涉及的基本要素是(　　)。

    A. 价值、功能   B. 价值、寿命周期成本

    C. 功能、寿命周期成本   D. 价值、功能、寿命周期成本

9. 价值工程中,方案创新常用专家意见法(德尔菲法),专家们的意见和信息的沟通主要依靠(　　)。

    A. 信息处理   B. 每轮征询表的反馈

    C. 对专家征询表的回答进行统计处理   D. 专家意见的统计处理

10. 某产品的零件甲,功能平均得分 3.8 分,成本为 30 元,该产品各零件功能总分为 10 分;产品成本为 150 元,零件甲的价值系数为(　　)。

    A. 0.3   B. 0.38   C. 1.9   D. 0.79

11. 价值工程中的总成本是指(　　)。

    A. 生产成本   B. 使用成本

    C. 使用和维护成本   D. 产品寿命周期成本

12. 在价值工程中,功能评价是指可靠地实现用户要求功能的(　　)成本。

    A. 最高   B. 适中   C. 最低   D. 最优

13. 某公司打算用甲工艺进行施工,但经广泛的市场调研和技术论证后,决定用乙工

艺代替甲工艺,达到了同样的施工质量,并且成本降低了20%,根据价值工程原理,该公司采用( )途径提高了价值。

A. 功能提高,成本降低

B. 功能不变,成本降低

C. 功能和成本都降低,但成本降得更快

D. 功能提高,成本不变

14. 价值工程中的价值是指研究对象的功能与成本(即费用)的( )。

A. 绝对值　　　　B. 相对值　　　　C. 绝对比值　　　　D. 相对比值

15. 价值工程的工作程序一般可以归结为( )个阶段。

A. 2　　　　B. 3　　　　C. 4　　　　D. 5

16. 价值工程是以( ),可靠地实现产品或作业的必要功能。

A. 最低寿命周期费用　　　　　　B. 最低周期费用

C. 控制成本费用　　　　　　　　D. 最低费用

17. 对价值工程理解正确的是( )。

A. 价值工程的"价值"是一个绝对的概念,是对象的使用价值

B. 价值工程的"工程"与土木工程的"工程"概念一样

C. 价值工程是一种管理技术

D. 价值工程要求将功能定性

二、多项选择题

1. 价值工程中,不符合用户要求的功能称为不必要功能,包括( )。(注:2014年一级建造师考试"建设工程经济"真题)

A. 辅助功能　　B. 多余功能　　C. 重复功能　　D. 次要功能

E. 过剩功能

2. 造成价值工程活动对象的价值系数 V 小于1的可能原因有( )。(注:2012年、2017年一级建造师考试"建设工程经济"真题)

A. 评价对象的显示成本偏低　　　B. 功能现实成本大于功能评价值

C. 可能存在着不足的功能　　　　D. 实现功能的条件或方法不佳

E. 可能存在着过剩的功能

3. 价值工程涉及价值、功能和寿命周期成本三个基本要素,其特点包括( )。

A. 价值工程的核心是对产品进行功能分析

B. 价值工程要求将功能定量化,即将功能转化为能够与成本直接相比的量化值

C. 价值工程的目标是以最低的生产成本使产品具备其所必须具备的功能

D. 价值工程是以集体的智慧开展的有计划、有组织的管理活动

E. 价值工程中的价值是指对象的使用价值,而不是交换价值

4. 价值工程中功能分析包括( )。

A. 功能定义　　B. 功能配置　　C. 功能整理　　D. 功能组合

E. 功能评价

5. 价值工程工作程序的核心和关键内容是（　　　）。

A. 对象选择　　　B. 功能系统分析　　C. 功能评价　　　D. 方案创造

E. 方案编写

三、简答题

1. 简述价值工程中方案评价的目的、步骤和内容。

2. 什么是价值工程？价值工程中价值的含义是什么？提高价值有哪些途径？

3. 价值工程中对象选择的方法有哪些？

4. 价值工程的特点是什么？

5. ABC 分析法和强制确定法选择分析对象的基本思路和步骤是什么？

6. 什么是功能定义？怎样进行功能系统分析？

7. 什么是功能评价？常用的功能评价有哪几种？其基本思想和方法是什么？

8. 方案创造有哪些方法？如何进行方案的评价？

四、计算题

1. 某产品由 3 个零部件组成，其功能评价与成本情况见表 12.18 所示：

表 12.18　某产品零部件的功能评价及成本

序号	零部件	功能得分	功能系数	目前成本/元	成本系数
1	甲	10	0.2	30	0.3
2	乙	15	0.3	30	0.3
3	丙	25	0.5	40	0.4
合计		50	1.0	100	1.0

若希望将该产品的目标成本控制在 80 元，则零部件甲的成本改进期望值应为多少元？

2. 某项目有 A、B、C 三个方案可以实施，各个方案的功能得分和单方造价如表 12.19 所示，试用价值工程的方法进行方案选择。

表 12.19　三个方案的功能得分及单方造价

方案	A	B	C
功能得分	8	9	7
单方造价（元/m²）	560	650	380

3. 已知某产品有 4 个零件，其重要程度从大到小的顺序为 B、C、A、D。试用 0—1 评分法确定各零件的重要程度（自己和自己不比），并且 A、B、C、D 的目前成本分别为 380 元、800 元、600 元、420 元，分别计算每个零件的功能评价系数、成本系数和价值系数。

附录　复利因子

复利系数表($i=1\%$)

年份	$(F/P, i, n)$	$(P/F, i, n)$	$(F/A, i, n)$	$(A/F, i, n)$	$(A/P, i, n)$	$(P/A, i, n)$
1	1.010 0	0.990 1	1.000 0	1.000 0	1.010 0	0.990 1
2	1.020 1	0.980 3	2.010 0	0.497 5	0.507 5	1.970 4
3	1.030 3	0.970 6	3.030 1	0.330 0	0.340 0	2.941 0
4	1.040 6	0.961 0	4.060 4	0.246 3	0.256 3	3.902 0
5	1.051 0	0.951 5	5.101 0	0.196 0	0.206 0	4.853 4
6	1.061 5	0.942 0	6.152 0	0.162 5	0.172 5	5.795 5
7	1.072 1	0.932 7	7.213 5	0.138 6	0.148 6	6.728 2
8	1.082 9	0.923 5	8.285 7	0.120 7	0.130 7	7.651 7
9	1.093 7	0.914 3	9.368 5	0.106 7	0.116 7	8.566 0
10	1.104 6	0.905 3	10.462 2	0.095 6	0.105 6	9.471 3
11	1.115 7	0.896 3	11.566 8	0.086 5	0.096 5	10.367 6
12	1.126 8	0.887 4	12.682 5	0.078 8	0.088 8	11.255 1
13	1.138 1	0.878 7	13.809 3	0.072 4	0.082 4	12.133 7
14	1.149 5	0.870 0	14.947 4	0.066 9	0.076 9	13.003 7
15	1.161 0	0.861 3	16.096 9	0.062 1	0.072 1	13.865 1
16	1.172 6	0.852 8	17.257 9	0.057 9	0.067 9	14.717 9
17	1.184 3	0.844 4	18.430 4	0.054 3	0.064 3	15.562 3
18	1.196 1	0.836 0	19.614 7	0.051 0	0.061 0	16.398 3
19	1.208 1	0.827 7	20.810 9	0.048 1	0.058 1	17.226 0
20	1.220 2	0.819 5	22.019 0	0.045 4	0.055 4	18.045 6
21	1.232 4	0.811 4	23.239 2	0.043 0	0.053 0	18.857 0
22	1.244 7	0.803 4	24.471 6	0.040 9	0.050 9	19.660 4
23	1.257 2	0.795 4	25.716 3	0.038 9	0.048 9	20.455 8

(续表)

年份	(F/P, i, n)	(P/F, i, n)	(F/A, i, n)	(A/F, i, n)	(A/P, i, n)	(P/A, i, n)
24	1.269 7	0.787 6	26.973 5	0.037 1	0.047 1	21.243 4
25	1.282 4	0.779 8	28.243 2	0.035 4	0.045 4	22.023 2
26	1.295 3	0.772 0	29.525 6	0.033 9	0.043 9	22.795 2
27	1.308 2	0.764 4	30.820 9	0.032 4	0.042 4	23.559 6
28	1.321 3	0.756 8	32.129 1	0.031 1	0.041 1	24.316 4
29	1.334 5	0.749 3	33.450 4	0.029 9	0.039 9	25.065 8
30	1.347 8	0.741 9	34.784 9	0.028 7	0.038 7	25.807 7
31	1.361 3	0.734 6	36.132 7	0.027 7	0.037 7	26.542 3
32	1.374 9	0.727 3	37.494 1	0.026 7	0.036 7	27.269 6
33	1.388 7	0.720 1	38.869 0	0.025 7	0.035 7	27.989 7
34	1.402 6	0.713 0	40.257 7	0.024 8	0.034 8	28.702 7
35	1.416 6	0.705 9	41.660 3	0.024 0	0.034 0	29.408 6
36	1.430 8	0.698 9	43.076 9	0.023 2	0.033 2	30.107 5
37	1.445 1	0.692 0	44.507 6	0.022 5	0.032 5	30.799 5
38	1.459 5	0.685 2	45.952 7	0.021 8	0.031 8	31.484 7
39	1.474 1	0.678 4	47.412 3	0.021 1	0.031 1	32.163 0
40	1.488 9	0.671 7	48.886 4	0.020 5	0.030 5	32.834 7
41	1.503 8	0.665 0	50.375 2	0.019 9	0.029 9	33.499 7
42	1.518 8	0.658 4	51.879 0	0.019 3	0.029 3	34.158 1
43	1.534 0	0.651 9	53.397 8	0.018 7	0.028 7	34.810 0
44	1.549 3	0.645 4	54.931 8	0.018 2	0.028 2	35.455 5
45	1.564 8	0.639 1	56.481 1	0.017 7	0.027 7	36.094 5
46	1.580 5	0.632 7	58.045 9	0.017 2	0.027 2	36.727 2
47	1.596 3	0.626 5	59.626 3	0.016 8	0.026 8	37.353 7
48	1.612 2	0.620 3	61.222 6	0.016 3	0.026 3	37.974 0
49	1.628 3	0.614 1	62.834 8	0.015 9	0.025 9	38.588 1
50	1.644 6	0.608 0	64.463 2	0.015 5	0.025 5	39.196 1

复利系数表($i=2\%$)

年份	$(F/P, i, n)$	$(P/F, i, n)$	$(F/A, i, n)$	$(A/F, i, n)$	$(A/P, i, n)$	$(P/A, i, n)$
1	1.020 0	0.980 4	1.000 0	1.000 0	1.020 0	0.980 4
2	1.040 4	0.961 2	2.020 0	0.495 0	0.515 0	1.941 6
3	1.061 2	0.942 3	3.060 4	0.326 8	0.346 8	2.883 9
4	1.082 4	0.923 8	4.121 6	0.242 6	0.262 6	3.807 7
5	1.104 1	0.905 7	5.204 0	0.192 2	0.212 2	4.713 5
6	1.126 2	0.888 0	6.308 1	0.158 5	0.178 5	5.601 4
7	1.148 7	0.870 6	7.434 3	0.134 5	0.154 5	6.472 0
8	1.171 7	0.853 5	8.583 0	0.116 5	0.136 5	7.325 5
9	1.195 1	0.836 8	9.754 6	0.102 5	0.122 5	8.162 2
10	1.219 0	0.820 3	10.949 7	0.091 3	0.111 3	8.982 6
11	1.243 4	0.804 3	12.168 7	0.082 2	0.102 2	9.786 8
12	1.268 2	0.788 5	13.412 1	0.074 6	0.094 6	10.575 3
13	1.293 6	0.773 0	14.680 3	0.068 1	0.088 1	11.348 4
14	1.319 5	0.757 9	15.973 9	0.062 6	0.082 6	12.106 2
15	1.345 9	0.743 0	17.293 4	0.057 8	0.077 8	12.849 3
16	1.372 8	0.728 4	18.639 3	0.053 7	0.073 7	13.577 7
17	1.400 2	0.714 2	20.012 1	0.050 0	0.070 0	14.291 9
18	1.428 2	0.700 2	21.412 3	0.046 7	0.066 7	14.992 0
19	1.456 8	0.686 4	22.840 6	0.043 8	0.063 8	15.678 5
20	1.485 9	0.673 0	24.297 4	0.041 2	0.061 2	16.351 4
21	1.515 7	0.659 8	25.783 3	0.038 8	0.058 8	17.011 2
22	1.546 0	0.646 8	27.299 0	0.036 6	0.056 6	17.658 0
23	1.576 9	0.634 2	28.845 0	0.034 7	0.054 7	18.292 2
24	1.608 4	0.621 7	30.421 9	0.032 9	0.052 9	18.913 9
25	1.640 6	0.609 5	32.030 3	0.031 2	0.051 2	19.523 5
26	1.673 4	0.597 6	33.670 9	0.029 7	0.049 7	20.121 0

（续表）

年份	$(F/P, i, n)$	$(P/F, i, n)$	$(F/A, i, n)$	$(A/F, i, n)$	$(A/P, i, n)$	$(P/A, i, n)$
27	1.706 9	0.585 9	35.344 3	0.028 3	0.048 3	20.706 9
28	1.741 0	0.574 4	37.051 2	0.027 0	0.047 0	21.281 3
29	1.775 8	0.563 1	38.792 2	0.025 8	0.045 8	21.844 4
30	1.811 4	0.552 1	40.568 1	0.024 6	0.044 6	22.396 5
31	1.847 6	0.541 2	42.379 4	0.023 6	0.043 6	22.937 7
32	1.884 5	0.530 6	44.227 0	0.022 6	0.042 6	23.468 3
33	1.922 2	0.520 2	46.111 6	0.021 7	0.041 7	23.988 6
34	1.960 7	0.510 0	48.033 8	0.020 8	0.040 8	24.498 6
35	1.999 9	0.500 0	49.994 5	0.020 0	0.040 0	24.998 6
36	2.039 9	0.490 2	51.994 4	0.019 2	0.039 2	25.488 8
37	2.080 7	0.480 6	54.034 3	0.018 5	0.038 5	25.969 5
38	2.122 3	0.471 2	56.114 9	0.017 8	0.037 8	26.440 6
39	2.164 7	0.461 9	58.237 2	0.017 2	0.037 2	26.902 6
40	2.208 0	0.452 9	60.402 0	0.016 6	0.036 6	27.355 5
41	2.252 2	0.444 0	62.610 0	0.016 0	0.036 0	27.799 5
42	2.297 2	0.435 3	64.862 2	0.015 4	0.035 4	28.234 8
43	2.343 2	0.426 8	67.159 5	0.014 9	0.034 9	28.661 6
44	2.390 1	0.418 4	69.502 7	0.014 4	0.034 4	29.080 0
45	2.437 9	0.410 2	71.892 7	0.013 9	0.033 9	29.490 2
46	2.486 6	0.402 2	74.330 6	0.013 5	0.033 5	29.892 3
47	2.536 3	0.394 3	76.817 2	0.013 0	0.033 0	30.286 6
48	2.587 1	0.386 5	79.353 5	0.012 6	0.032 6	30.673 1
49	2.638 8	0.379 0	81.940 6	0.012 2	0.032 2	31.052 1
50	2.691 6	0.371 5	84.579 4	0.011 8	0.031 8	31.423 6

复利系数表($i=3\%$)

年份	$(F/P, i, n)$	$(P/F, i, n)$	$(F/A, i, n)$	$(A/F, i, n)$	$(A/P, i, n)$	$(P/A, i, n)$
1	1.030 0	0.970 9	1.000 0	1.000 0	1.030 0	0.970 9
2	1.060 9	0.942 6	2.030 0	0.492 6	0.522 6	1.913 5
3	1.092 7	0.915 1	3.090 9	0.323 5	0.353 5	2.828 6
4	1.125 5	0.888 5	4.183 6	0.239 0	0.269 0	3.717 1
5	1.159 3	0.862 6	5.309 1	0.188 4	0.218 4	4.579 7
6	1.194 1	0.837 5	6.468 4	0.154 6	0.184 6	5.417 2
7	1.229 9	0.813 1	7.662 5	0.130 5	0.160 5	6.230 3
8	1.266 8	0.789 4	8.892 3	0.112 5	0.142 5	7.019 7
9	1.304 8	0.766 4	10.159 1	0.098 4	0.128 4	7.786 1
10	1.343 9	0.744 1	11.463 9	0.087 2	0.117 2	8.530 2
11	1.384 2	0.722 4	12.807 8	0.078 1	0.108 1	9.252 6
12	1.425 8	0.701 4	14.192 0	0.070 5	0.100 5	9.954 0
13	1.468 5	0.681 0	15.617 8	0.064 0	0.094 0	10.635 0
14	1.512 6	0.661 1	17.086 3	0.058 5	0.088 5	11.296 1
15	1.558 0	0.641 9	18.598 9	0.053 8	0.083 8	11.937 9
16	1.604 7	0.623 2	20.156 9	0.049 6	0.079 6	12.561 1
17	1.652 8	0.605 0	21.761 6	0.046 0	0.076 0	13.166 1
18	1.702 4	0.587 4	23.414 4	0.042 7	0.072 7	13.753 5
19	1.753 5	0.570 3	25.116 9	0.039 8	0.069 8	14.323 8
20	1.806 1	0.553 7	26.870 4	0.037 2	0.067 2	14.877 5
21	1.860 3	0.537 5	28.676 5	0.034 9	0.064 9	15.415 0
22	1.916 1	0.521 9	30.536 8	0.032 7	0.062 7	15.936 9
23	1.973 6	0.506 7	32.452 9	0.030 8	0.060 8	16.443 6
24	2.032 8	0.491 9	34.426 5	0.029 0	0.059 0	16.935 5
25	2.093 8	0.477 6	36.459 3	0.027 4	0.057 4	17.413 1
26	2.156 6	0.463 7	38.553 0	0.025 9	0.055 9	17.876 8

（续表）

年份	$(F/P, i, n)$	$(P/F, i, n)$	$(F/A, i, n)$	$(A/F, i, n)$	$(A/P, i, n)$	$(P/A, i, n)$
27	2.221 3	0.450 2	40.709 6	0.024 6	0.054 6	18.327 0
28	2.287 9	0.437 1	42.930 9	0.023 3	0.053 3	18.764 1
29	2.356 6	0.424 3	45.218 9	0.022 1	0.052 1	19.188 5
30	2.427 3	0.412 0	47.575 4	0.021 0	0.051 0	19.600 4
31	2.500 1	0.400 0	50.002 7	0.020 0	0.050 0	20.000 4
32	2.575 1	0.388 3	52.502 8	0.019 0	0.049 0	20.388 8
33	2.652 3	0.377 0	55.077 8	0.018 2	0.048 2	20.765 8
34	2.731 9	0.366 0	57.730 2	0.017 3	0.047 3	21.131 8
35	2.813 9	0.355 4	60.462 1	0.016 5	0.046 5	21.487 2
36	2.898 3	0.345 0	63.275 9	0.015 8	0.045 8	21.832 3
37	2.985 2	0.335 0	66.174 2	0.015 1	0.045 1	22.167 2
38	3.074 8	0.325 2	69.159 4	0.014 5	0.044 5	22.492 5
39	3.167 0	0.315 8	72.234 2	0.013 8	0.043 8	22.808 2
40	3.262 0	0.306 6	75.401 3	0.013 3	0.043 3	23.114 8
41	3.359 9	0.297 6	78.663 3	0.012 7	0.042 7	23.412 4
42	3.460 7	0.289 0	82.023 2	0.012 2	0.042 2	23.701 4
43	3.564 5	0.280 5	85.483 9	0.011 7	0.041 7	23.981 9
44	3.671 5	0.272 4	89.048 4	0.011 2	0.041 2	24.254 3
45	3.781 6	0.264 4	92.719 9	0.010 8	0.040 8	24.518 7
46	3.895 0	0.256 7	96.501 5	0.010 4	0.040 4	24.775 4
47	4.011 9	0.249 3	100.396 5	0.010 0	0.040 0	25.024 7
48	4.132 3	0.242 0	104.408 4	0.009 6	0.039 6	25.266 7
49	4.256 2	0.235 0	108.540 6	0.009 2	0.039 2	25.501 7
50	4.383 9	0.228 1	112.796 9	0.008 9	0.038 9	25.729 8

复利系数表($i=4\%$)

年份	$(F/P, i, n)$	$(P/F, i, n)$	$(F/A, i, n)$	$(A/F, i, n)$	$(A/P, i, n)$	$(P/A, i, n)$
1	1.040 0	0.961 5	1.000 0	1.000 0	1.040 0	0.961 5
2	1.081 6	0.924 6	2.040 0	0.490 2	0.530 2	1.886 1
3	1.124 9	0.889 0	3.121 6	0.320 3	0.360 3	2.775 1
4	1.169 9	0.854 8	4.246 5	0.235 5	0.275 5	3.629 9
5	1.216 7	0.821 9	5.416 3	0.184 6	0.224 6	4.451 8
6	1.265 3	0.790 3	6.633 0	0.150 8	0.190 8	5.242 1
7	1.315 9	0.759 9	7.898 3	0.126 6	0.166 6	6.002 1
8	1.368 6	0.730 7	9.214 2	0.108 5	0.148 5	6.732 7
9	1.423 3	0.702 6	10.582 8	0.094 5	0.134 5	7.435 3
10	1.480 2	0.675 6	12.006 1	0.083 3	0.123 3	8.110 9
11	1.539 5	0.649 6	13.486 4	0.074 1	0.114 1	8.760 5
12	1.601 0	0.624 6	15.025 8	0.066 6	0.106 6	9.385 1
13	1.665 1	0.600 6	16.626 8	0.060 1	0.100 1	9.985 6
14	1.731 7	0.577 5	18.291 9	0.054 7	0.094 7	10.563 1
15	1.800 9	0.555 3	20.023 6	0.049 9	0.089 9	11.118 4
16	1.873 0	0.533 9	21.824 5	0.045 8	0.085 8	11.652 3
17	1.947 9	0.513 4	23.697 5	0.042 2	0.082 2	12.165 7
18	2.025 8	0.493 6	25.645 4	0.039 0	0.079 0	12.659 3
19	2.106 8	0.474 6	27.671 2	0.036 1	0.076 1	13.133 9
20	2.191 1	0.456 4	29.778 1	0.033 6	0.073 6	13.590 3
21	2.278 8	0.438 8	31.969 2	0.031 3	0.071 3	14.029 2
22	2.369 9	0.422 0	34.248 0	0.029 2	0.069 2	14.451 1
23	2.464 7	0.405 7	36.617 9	0.027 3	0.067 3	14.856 8
24	2.563 3	0.390 1	39.082 6	0.025 6	0.065 6	15.247 0

(续表)

年份	$(F/P, i, n)$	$(P/F, i, n)$	$(F/A, i, n)$	$(A/F, i, n)$	$(A/P, i, n)$	$(P/A, i, n)$
25	2.665 8	0.375 1	41.645 9	0.024 0	0.064 0	15.622 1
26	2.772 5	0.360 7	44.311 7	0.022 6	0.062 6	15.982 8
27	2.883 4	0.346 8	47.084 2	0.021 2	0.061 2	16.329 6
28	2.999 7	0.333 5	49.967 6	0.020 0	0.060 0	16.663 1
29	3.118 7	0.320 7	52.966 3	0.018 9	0.058 9	16.983 7
30	3.243 4	0.308 3	56.084 9	0.017 8	0.057 8	17.292 0
31	3.373 1	0.296 5	59.328 3	0.016 9	0.056 9	17.588 5
32	3.508 1	0.285 1	62.701 5	0.015 9	0.055 9	17.873 6
33	3.648 4	0.274 1	66.209 5	0.015 1	0.055 1	18.147 6
34	3.794 3	0.263 6	69.857 9	0.014 3	0.054 3	18.411 2
35	3.946 1	0.253 4	73.652 2	0.013 6	0.053 6	18.664 6
36	4.103 9	0.243 7	77.598 3	0.012 9	0.052 9	18.908 3
37	4.268 1	0.234 3	81.702 2	0.012 2	0.052 2	19.142 6
38	4.438 8	0.225 3	85.970 3	0.011 6	0.051 6	19.367 9
39	4.616 4	0.216 6	90.409 1	0.011 1	0.051 1	19.584 5
40	4.801 0	0.208 3	95.025 5	0.010 5	0.050 5	19.792 8
41	4.993 1	0.200 3	99.826 5	0.010 0	0.050 0	19.993 1
42	5.192 8	0.192 6	104.819 6	0.009 5	0.049 5	20.185 6
43	5.400 5	0.185 2	110.012 4	0.009 1	0.049 1	20.370 8
44	5.616 5	0.178 0	115.412 9	0.008 7	0.048 7	20.548 8
45	5.841 2	0.171 2	121.029 4	0.008 3	0.048 3	20.720 0
46	6.074 8	0.164 6	126.870 6	0.007 9	0.047 9	20.884 7
47	6.317 8	0.158 3	132.945 4	0.007 5	0.047 5	21.042 9
48	6.570 5	0.152 2	139.263 2	0.007 2	0.047 2	21.195 1
49	6.833 3	0.146 3	145.833 7	0.006 9	0.046 9	21.341 5
50	7.106 7	0.140 7	152.667 1	0.006 6	0.046 6	21.482 2

复利系数表($i=5\%$)

年份	($F/P, i, n$)	($P/F, i, n$)	($F/A, i, n$)	($A/F, i, n$)	($A/P, i, n$)	($P/A, i, n$)
1	1.050 0	0.952 4	1.000 0	1.000 0	1.050 0	0.952 4
2	1.102 5	0.907 0	2.050 0	0.487 8	0.537 8	1.859 4
3	1.157 6	0.863 8	3.152 5	0.317 2	0.367 2	2.723 2
4	1.215 5	0.822 7	4.310 1	0.232 0	0.282 0	3.546 0
5	1.276 3	0.783 5	5.525 6	0.181 0	0.231 0	4.329 5
6	1.340 1	0.746 2	6.801 9	0.147 0	0.197 0	5.075 7
7	1.407 1	0.710 7	8.142 0	0.122 8	0.172 8	5.786 4
8	1.477 5	0.676 8	9.549 1	0.104 7	0.154 7	6.463 2
9	1.551 3	0.644 6	11.026 6	0.090 7	0.140 7	7.107 8
10	1.628 9	0.613 9	12.577 9	0.079 5	0.129 5	7.721 7
11	1.710 3	0.584 7	14.206 8	0.070 4	0.120 4	8.306 4
12	1.795 9	0.556 8	15.917 1	0.062 8	0.112 8	8.863 3
13	1.885 6	0.530 3	17.713 0	0.056 5	0.106 5	9.393 6
14	1.979 9	0.505 1	19.598 6	0.051 0	0.101 0	9.898 6
15	2.078 9	0.481 0	21.578 6	0.046 3	0.096 3	10.379 7
16	2.182 9	0.458 1	23.657 5	0.042 3	0.092 3	10.837 8
17	2.292 0	0.436 3	25.840 4	0.038 7	0.088 7	11.274 1
18	2.406 6	0.415 5	28.132 4	0.035 5	0.085 5	11.689 6
19	2.527 0	0.395 7	30.539 0	0.032 7	0.082 7	12.085 3
20	2.653 3	0.376 9	33.066 0	0.030 2	0.080 2	12.462 2
21	2.786 0	0.358 9	35.719 3	0.028 0	0.078 0	12.821 2
22	2.925 3	0.341 8	38.505 2	0.026 0	0.076 0	13.163 0
23	3.071 5	0.325 6	41.430 5	0.024 1	0.074 1	13.488 6
24	3.225 1	0.310 1	44.502 0	0.022 5	0.072 5	13.798 6
25	3.386 4	0.295 3	47.727 1	0.021 0	0.071 0	14.093 9
26	3.555 7	0.281 2	51.113 5	0.019 6	0.069 6	14.375 2

年份	$(F/P, i, n)$	$(P/F, i, n)$	$(F/A, i, n)$	$(A/F, i, n)$	$(A/P, i, n)$	$(P/A, i, n)$
27	3.733 5	0.267 8	54.669 1	0.018 3	0.068 3	14.643 0
28	3.920 1	0.255 1	58.402 6	0.017 1	0.067 1	14.898 1
29	4.116 1	0.242 9	62.322 7	0.016 0	0.066 0	15.141 1
30	4.321 9	0.231 4	66.438 8	0.015 1	0.065 1	15.372 5
31	4.538 0	0.220 4	70.760 8	0.014 1	0.064 1	15.592 8
32	4.764 9	0.209 9	75.298 8	0.013 3	0.063 3	15.802 7
33	5.003 2	0.199 9	80.063 8	0.012 5	0.062 5	16.002 5
34	5.253 3	0.190 4	85.067 0	0.011 8	0.061 8	16.192 9
35	5.516 0	0.181 3	90.320 3	0.011 1	0.061 1	16.374 2
36	5.791 8	0.172 7	95.836 3	0.010 4	0.060 4	16.546 9
37	6.081 4	0.164 4	101.628 1	0.009 8	0.059 8	16.711 3
38	6.385 5	0.156 6	107.709 5	0.009 3	0.059 3	16.867 9
39	6.704 8	0.149 1	114.095 0	0.008 8	0.058 8	17.017 0
40	7.040 0	0.142 0	120.799 8	0.008 3	0.058 3	17.159 1
41	7.392 0	0.135 3	127.839 8	0.007 8	0.057 8	17.294 4
42	7.761 6	0.128 8	135.231 8	0.007 4	0.057 4	17.423 2
43	8.149 7	0.122 7	142.993 3	0.007 0	0.057 0	17.545 9
44	8.557 2	0.116 9	151.143 0	0.006 6	0.056 6	17.662 8
45	8.985 0	0.111 3	159.700 2	0.006 3	0.056 3	17.774 1
46	9.434 3	0.106 0	168.685 2	0.005 9	0.055 9	17.880 1
47	9.906 0	0.100 9	178.119 4	0.005 6	0.055 6	17.981 0
48	10.401 3	0.096 1	188.025 4	0.005 3	0.055 3	18.077 2
49	10.921 3	0.091 6	198.426 7	0.005 0	0.055 0	18.168 7
50	11.467 4	0.087 2	209.348 0	0.004 8	0.054 8	18.255 9

复利系数表($i=6\%$)

年份	(F/P, i, n)	(P/F, i, n)	(F/A, i, n)	(A/F, i, n)	(A/P, i, n)	(P/A, i, n)
1	1.060 0	0.943 4	1.000 0	1.000 0	1.060 0	0.943 4
2	1.123 6	0.890 0	2.060 0	0.485 4	0.545 4	1.833 4
3	1.191 0	0.839 6	3.183 6	0.314 1	0.374 1	2.673 0
4	1.262 5	0.792 1	4.374 6	0.228 6	0.288 6	3.465 1
5	1.338 2	0.747 3	5.637 1	0.177 4	0.237 4	4.212 4
6	1.418 5	0.705 0	6.975 3	0.143 4	0.203 4	4.917 3
7	1.503 6	0.665 1	8.393 8	0.119 1	0.179 1	5.582 4
8	1.593 8	0.627 4	9.897 5	0.101 0	0.161 0	6.209 8
9	1.689 5	0.591 9	11.491 3	0.087 0	0.147 0	6.801 7
10	1.790 8	0.558 4	13.180 8	0.075 9	0.135 9	7.360 1
11	1.898 3	0.526 8	14.971 6	0.066 8	0.126 8	7.886 9
12	2.012 2	0.497 0	16.869 9	0.059 3	0.119 3	8.383 8
13	2.132 9	0.468 8	18.882 1	0.053 0	0.113 0	8.852 7
14	2.260 9	0.442 3	21.015 1	0.047 6	0.107 6	9.295 0
15	2.396 6	0.417 3	23.276 0	0.043 0	0.103 0	9.712 2
16	2.540 4	0.393 6	25.672 5	0.039 0	0.099 0	10.105 9
17	2.692 8	0.371 4	28.212 9	0.035 4	0.095 4	10.477 3
18	2.854 3	0.350 3	30.905 7	0.032 4	0.092 4	10.827 6
19	3.025 6	0.330 5	33.760 0	0.029 6	0.089 6	11.158 1
20	3.207 1	0.311 8	36.785 6	0.027 2	0.087 2	11.469 9
21	3.399 6	0.294 2	39.992 7	0.025 0	0.085 0	11.764 1
22	3.603 5	0.277 5	43.392 3	0.023 0	0.083 0	12.041 6
23	3.819 7	0.261 8	46.995 8	0.021 3	0.081 3	12.303 4
24	4.048 9	0.247 0	50.815 6	0.019 7	0.079 7	12.550 4

（续表）

年份	(F/P, i, n)	(P/F, i, n)	(F/A, i, n)	(A/F, i, n)	(A/P, i, n)	(P/A, i, n)
25	4. 291 9	0. 233 0	54. 864 5	0. 018 2	0. 078 2	12. 783 4
26	4. 549 4	0. 219 8	59. 156 4	0. 016 9	0. 076 9	13. 003 2
27	4. 822 3	0. 207 4	63. 705 8	0. 015 7	0. 075 7	13. 210 5
28	5. 111 7	0. 195 6	68. 528 1	0. 014 6	0. 074 6	13. 406 2
29	5. 418 4	0. 184 6	73. 639 8	0. 013 6	0. 073 6	13. 590 7
30	5. 743 5	0. 174 1	79. 058 2	0. 012 6	0. 072 6	13. 764 8
31	6. 088 1	0. 164 3	84. 801 7	0. 011 8	0. 071 8	13. 929 1
32	6. 453 4	0. 155 0	90. 889 8	0. 011 0	0. 071 0	14. 084 0
33	6. 840 6	0. 146 2	97. 343 2	0. 010 3	0. 070 3	14. 230 2
34	7. 251 0	0. 137 9	104. 183 8	0. 009 6	0. 069 6	14. 368 1
35	7. 686 1	0. 130 1	111. 434 8	0. 009 0	0. 069 0	14. 498 2
36	8. 147 3	0. 122 7	119. 120 9	0. 008 4	0. 068 4	14. 621 0
37	8. 636 1	0. 115 8	127. 268 1	0. 007 9	0. 067 9	14. 736 8
38	9. 154 3	0. 109 2	135. 904 2	0. 007 4	0. 067 4	14. 846 0
39	9. 703 5	0. 103 1	145. 058 5	0. 006 9	0. 066 9	14. 949 1
40	10. 285 7	0. 097 2	154. 762 0	0. 006 5	0. 066 5	15. 046 3
41	10. 902 9	0. 091 7	165. 047 7	0. 006 1	0. 066 1	15. 138 0
42	11. 557 0	0. 086 5	175. 950 5	0. 005 7	0. 065 7	15. 224 5
43	12. 250 5	0. 081 6	187. 507 6	0. 005 3	0. 065 3	15. 306 2
44	12. 985 5	0. 077 0	199. 758 0	0. 005 0	0. 065 0	15. 383 2
45	13. 764 6	0. 072 7	212. 743 5	0. 004 7	0. 064 7	15. 455 8
46	14. 590 5	0. 068 5	226. 508 1	0. 004 4	0. 064 4	15. 524 4
47	15. 465 9	0. 064 7	241. 098 6	0. 004 1	0. 064 1	15. 589 0
48	16. 393 9	0. 061 0	256. 564 5	0. 003 9	0. 063 9	15. 650 0
49	17. 377 5	0. 057 5	272. 958 4	0. 003 7	0. 063 7	15. 707 6
50	18. 420 2	0. 054 3	290. 335 9	0. 003 4	0. 063 4	15. 761 9

复利系数表($i=7\%$)

年份	$(F/P, i, n)$	$(P/F, i, n)$	$(F/A, i, n)$	$(A/F, i, n)$	$(A/P, i, n)$	$(P/A, i, n)$
1	1.070 0	0.934 6	1.000 0	1.000 0	1.070 0	0.934 6
2	1.144 9	0.873 4	2.070 0	0.483 1	0.553 1	1.808 0
3	1.225 0	0.816 3	3.214 9	0.311 1	0.381 1	2.624 3
4	1.310 8	0.762 9	4.439 9	0.225 2	0.295 2	3.387 2
5	1.402 6	0.713 0	5.750 7	0.173 9	0.243 9	4.100 2
6	1.500 7	0.666 3	7.153 3	0.139 8	0.209 8	4.766 5
7	1.605 8	0.622 7	8.654 0	0.115 6	0.185 6	5.389 3
8	1.718 2	0.582 0	10.259 8	0.097 5	0.167 5	5.971 3
9	1.838 5	0.543 9	11.978 0	0.083 5	0.153 5	6.515 2
10	1.967 2	0.508 3	13.816 4	0.072 4	0.142 4	7.023 6
11	2.104 9	0.475 1	15.783 6	0.063 4	0.133 4	7.498 7
12	2.252 2	0.444 0	17.888 5	0.055 9	0.125 9	7.942 7
13	2.409 8	0.415 0	20.140 6	0.049 7	0.119 7	8.357 7
14	2.578 5	0.387 8	22.550 5	0.044 3	0.114 3	8.745 5
15	2.759 0	0.362 4	25.129 0	0.039 8	0.109 8	9.107 9
16	2.952 2	0.338 7	27.888 1	0.035 9	0.105 9	9.446 6
17	3.158 8	0.316 6	30.840 2	0.032 4	0.102 4	9.763 2
18	3.379 9	0.295 9	33.999 0	0.029 4	0.099 4	10.059 1
19	3.616 5	0.276 5	37.379 0	0.026 8	0.096 8	10.335 6
20	3.869 7	0.258 4	40.995 5	0.024 4	0.094 4	10.594 0
21	4.140 6	0.241 5	44.865 2	0.022 3	0.092 3	10.835 5
22	4.430 4	0.225 7	49.005 7	0.020 4	0.090 4	11.061 2
23	4.740 5	0.210 9	53.436 1	0.018 7	0.088 7	11.272 2
24	5.072 4	0.197 1	58.176 7	0.017 2	0.087 2	11.469 3
25	5.427 4	0.184 2	63.249 0	0.015 8	0.085 8	11.653 6

（续表）

年份	$(F/P, i, n)$	$(P/F, i, n)$	$(F/A, i, n)$	$(A/F, i, n)$	$(A/P, i, n)$	$(P/A, i, n)$
26	5.807 4	0.172 2	68.676 5	0.014 6	0.084 6	11.825 8
27	6.213 9	0.160 9	74.483 8	0.013 4	0.083 4	11.986 7
28	6.648 8	0.150 4	80.697 7	0.012 4	0.082 4	12.137 1
29	7.114 3	0.140 6	87.346 5	0.011 4	0.081 4	12.277 7
30	7.612 3	0.131 4	94.460 8	0.010 6	0.080 6	12.409 0
31	8.145 1	0.122 8	102.073 0	0.009 8	0.079 8	12.531 8
32	8.715 3	0.114 7	110.218 2	0.009 1	0.079 1	12.646 6
33	9.325 3	0.107 2	118.933 4	0.008 4	0.078 4	12.753 8
34	9.978 1	0.100 2	128.258 8	0.007 8	0.077 8	12.854 0
35	10.676 6	0.093 7	138.236 9	0.007 2	0.077 2	12.947 7
36	11.423 9	0.087 5	148.913 5	0.006 7	0.076 7	13.035 2
37	12.223 6	0.081 8	160.337 4	0.006 2	0.076 2	13.117 0
38	13.079 3	0.076 5	172.561 0	0.005 8	0.075 8	13.193 5
39	13.994 8	0.071 5	185.640 3	0.005 4	0.075 4	13.264 9
40	14.974 5	0.066 8	199.635 1	0.005 0	0.075 0	13.331 7
41	16.022 7	0.062 4	214.609 6	0.004 7	0.074 7	13.394 1
42	17.144 3	0.058 3	230.632 2	0.004 3	0.074 3	13.452 4
43	18.344 4	0.054 5	247.776 5	0.004 0	0.074 0	13.507 0
44	19.628 5	0.050 9	266.120 9	0.003 8	0.073 8	13.557 9
45	21.002 5	0.047 6	285.749 3	0.003 5	0.073 5	13.605 5
46	22.472 6	0.044 5	306.751 8	0.003 3	0.073 3	13.650 0
47	24.045 7	0.041 6	329.224 4	0.003 0	0.073 0	13.691 6
48	25.728 9	0.038 9	353.270 1	0.002 8	0.072 8	13.730 5
49	27.529 9	0.036 3	378.999 0	0.002 6	0.072 6	13.766 8
50	29.457 0	0.033 9	406.528 9	0.002 5	0.072 5	13.800 7

复利系数表($i=8\%$)

年份	($F/P, i, n$)	($P/F, i, n$)	($F/A, i, n$)	($A/F, i, n$)	($A/P, i, n$)	($P/A, i, n$)
1	1.080 0	0.925 9	1.000 0	1.000 0	1.080 0	0.925 9
2	1.166 4	0.857 3	2.080 0	0.480 8	0.560 8	1.783 3
3	1.259 7	0.793 8	3.246 4	0.308 0	0.388 0	2.577 1
4	1.360 5	0.735 0	4.506 1	0.221 9	0.301 9	3.312 1
5	1.469 3	0.680 6	5.866 6	0.170 5	0.250 5	3.992 7
6	1.586 9	0.630 2	7.335 9	0.136 3	0.216 3	4.622 9
7	1.713 8	0.583 5	8.922 8	0.112 1	0.192 1	5.206 4
8	1.850 9	0.540 3	10.636 6	0.094 0	0.174 0	5.746 6
9	1.999 0	0.500 2	12.487 6	0.080 1	0.160 1	6.246 9
10	2.158 9	0.463 2	14.486 6	0.069 0	0.149 0	6.710 1
11	2.331 6	0.428 9	16.645 5	0.060 1	0.140 1	7.139 0
12	2.518 2	0.397 1	18.977 1	0.052 7	0.132 7	7.536 1
13	2.719 6	0.367 7	21.495 3	0.046 5	0.126 5	7.903 8
14	2.937 2	0.340 5	24.214 9	0.041 3	0.121 3	8.244 2
15	3.172 2	0.315 2	27.152 1	0.036 8	0.116 8	8.559 5
16	3.425 9	0.291 9	30.324 3	0.033 0	0.113 0	8.851 4
17	3.700 0	0.270 3	33.750 2	0.029 6	0.109 6	9.121 6
18	3.996 0	0.250 2	37.450 2	0.026 7	0.106 7	9.371 9
19	4.315 7	0.231 7	41.446 3	0.024 1	0.104 1	9.603 6
20	4.661 0	0.214 5	45.762 0	0.021 9	0.101 9	9.818 1
21	5.033 8	0.198 7	50.422 9	0.019 8	0.099 8	10.016 8
22	5.436 5	0.183 9	55.456 8	0.018 0	0.098 0	10.200 7
23	5.871 5	0.170 3	60.893 3	0.016 4	0.096 4	10.371 1
24	6.341 2	0.157 7	66.764 8	0.015 0	0.095 0	10.528 8
25	6.848 5	0.146 0	73.105 9	0.013 7	0.093 7	10.674 8

(续表)

年份	(F/P, i, n)	(P/F, i, n)	(F/A, i, n)	(A/F, i, n)	(A/P, i, n)	(P/A, i, n)
26	7.396 4	0.135 2	79.954 4	0.012 5	0.092 5	10.810 0
27	7.988 1	0.125 2	87.350 8	0.011 4	0.091 4	10.935 2
28	8.627 1	0.115 9	95.338 8	0.010 5	0.090 5	11.051 1
29	9.317 3	0.107 3	103.965 9	0.009 6	0.089 6	11.158 4
30	10.062 7	0.099 4	113.283 2	0.008 8	0.088 8	11.257 8
31	10.867 7	0.092 0	123.345 9	0.008 1	0.088 1	11.349 8
32	11.737 1	0.085 2	134.213 5	0.007 5	0.087 5	11.435 0
33	12.676 0	0.078 9	145.950 6	0.006 9	0.086 9	11.513 9
34	13.690 1	0.073 0	158.626 7	0.006 3	0.086 3	11.586 9
35	14.785 3	0.067 6	172.316 8	0.005 8	0.085 8	11.654 6
36	15.968 2	0.062 6	187.102 1	0.005 3	0.085 3	11.717 2
37	17.245 6	0.058 0	203.070 3	0.004 9	0.084 9	11.775 2
38	18.625 3	0.053 7	220.315 9	0.004 5	0.084 5	11.828 9
39	20.115 3	0.049 7	238.941 2	0.004 2	0.084 2	11.878 6
40	21.724 5	0.046 0	259.056 5	0.003 9	0.083 9	11.924 6
41	23.462 5	0.042 6	280.781 0	0.003 6	0.083 6	11.967 2
42	25.339 5	0.039 5	304.243 5	0.003 3	0.083 3	12.006 7
43	27.366 6	0.036 5	329.583 0	0.003 0	0.083 0	12.043 2
44	29.556 0	0.033 8	356.949 6	0.002 8	0.082 8	12.077 1
45	31.920 4	0.031 3	386.505 6	0.002 6	0.082 6	12.108 4
46	34.474 1	0.029 0	418.426 1	0.002 4	0.082 4	12.137 4
47	37.232 0	0.026 9	452.900 2	0.002 2	0.082 2	12.164 3
48	40.210 6	0.024 9	490.132 2	0.002 0	0.082 0	12.189 1
49	43.427 4	0.023 0	530.342 7	0.001 9	0.081 9	12.212 2
50	46.901 6	0.021 3	573.770 2	0.001 7	0.081 7	12.233 5

复利系数表($i=9\%$)

年份	$(F/P, i, n)$	$(P/F, i, n)$	$(F/A, i, n)$	$(A/F, i, n)$	$(A/P, i, n)$	$(P/A, i, n)$
1	1.090 0	0.917 4	1.000 0	1.000 0	1.090 0	0.917 4
2	1.188 1	0.841 7	2.090 0	0.478 5	0.568 5	1.759 1
3	1.295 0	0.772 2	3.278 1	0.305 1	0.395 1	2.531 3
4	1.411 6	0.708 4	4.573 1	0.218 7	0.308 7	3.239 7
5	1.538 6	0.649 9	5.984 7	0.167 1	0.257 1	3.889 7
6	1.677 1	0.596 3	7.523 3	0.132 9	0.222 9	4.485 9
7	1.828 0	0.547 0	9.200 4	0.108 7	0.198 7	5.033 0
8	1.992 6	0.501 9	11.028 5	0.090 7	0.180 7	5.534 8
9	2.171 9	0.460 4	13.021 0	0.076 8	0.166 8	5.995 2
10	2.367 4	0.422 4	15.192 9	0.065 8	0.155 8	6.417 7
11	2.580 4	0.387 5	17.560 3	0.056 9	0.146 9	6.805 2
12	2.812 7	0.355 5	20.140 7	0.049 7	0.139 7	7.160 7
13	3.065 8	0.326 2	22.953 4	0.043 6	0.133 6	7.486 9
14	3.341 7	0.299 2	26.019 2	0.038 4	0.128 4	7.786 2
15	3.642 5	0.274 5	29.360 9	0.034 1	0.124 1	8.060 7
16	3.970 3	0.251 9	33.003 4	0.030 3	0.120 3	8.312 6
17	4.327 6	0.231 1	36.973 7	0.027 0	0.117 0	8.543 6
18	4.717 1	0.212 0	41.301 3	0.024 2	0.114 2	8.755 6
19	5.141 7	0.194 5	46.018 5	0.021 7	0.111 7	8.950 1
20	5.604 4	0.178 4	51.160 1	0.019 5	0.109 5	9.128 5
21	6.108 8	0.163 7	56.764 5	0.017 6	0.107 6	9.292 2
22	6.658 6	0.150 2	62.873 3	0.015 9	0.105 9	9.442 4
23	7.257 9	0.137 8	69.531 9	0.014 4	0.104 4	9.580 2
24	7.911 1	0.126 4	76.789 8	0.013 0	0.103 0	9.706 6
25	8.623 1	0.116 0	84.700 9	0.011 8	0.101 8	9.822 6
26	9.399 2	0.106 4	93.324 0	0.010 7	0.100 7	9.929 0

（续表）

年份	$(F/P, i, n)$	$(P/F, i, n)$	$(F/A, i, n)$	$(A/F, i, n)$	$(A/P, i, n)$	$(P/A, i, n)$
27	10. 245 1	0. 097 6	102. 723 1	0. 009 7	0. 099 7	10. 026 6
28	11. 167 1	0. 089 5	112. 968 2	0. 008 9	0. 098 9	10. 116 1
29	12. 172 2	0. 082 2	124. 135 4	0. 008 1	0. 098 1	10. 198 3
30	13. 267 7	0. 075 4	136. 307 5	0. 007 3	0. 097 3	10. 273 7
31	14. 461 8	0. 069 1	149. 575 2	0. 006 7	0. 096 7	10. 342 8
32	15. 763 3	0. 063 4	164. 037 0	0. 006 1	0. 096 1	10. 406 2
33	17. 182 0	0. 058 2	179. 800 3	0. 005 6	0. 095 6	10. 464 4
34	18. 728 4	0. 053 4	196. 982 3	0. 005 1	0. 095 1	10. 517 8
35	20. 414 0	0. 049 0	215. 710 8	0. 004 6	0. 094 6	10. 566 8
36	22. 251 2	0. 044 9	236. 124 7	0. 004 2	0. 094 2	10. 611 8
37	24. 253 8	0. 041 2	258. 375 9	0. 003 9	0. 093 9	10. 653 0
38	26. 436 7	0. 037 8	282. 629 8	0. 003 5	0. 093 5	10. 690 8
39	28. 816 0	0. 034 7	309. 066 5	0. 003 2	0. 093 2	10. 725 5
40	31. 409 4	0. 031 8	337. 882 4	0. 003 0	0. 093 0	10. 757 4
41	34. 236 3	0. 029 2	369. 291 9	0. 002 7	0. 092 7	10. 786 6
42	37. 317 5	0. 026 8	403. 528 1	0. 002 5	0. 092 5	10. 813 4
43	40. 676 1	0. 024 6	440. 845 7	0. 002 3	0. 092 3	10. 838 0
44	44. 337 0	0. 022 6	481. 521 8	0. 002 1	0. 092 1	10. 860 5
45	48. 327 3	0. 020 7	525. 858 7	0. 001 9	0. 091 9	10. 881 2
46	52. 676 7	0. 019 0	574. 186 0	0. 001 7	0. 091 7	10. 900 2
47	57. 417 6	0. 017 4	626. 862 8	0. 001 6	0. 091 6	10. 917 6
48	62. 585 2	0. 016 0	684. 280 4	0. 001 5	0. 091 5	10. 933 6
49	68. 217 9	0. 014 7	746. 865 6	0. 001 3	0. 091 3	10. 948 2
50	74. 357 5	0. 013 4	815. 083 6	0. 001 2	0. 091 2	10. 961 7

复利系数表($i=10\%$)

年份	$(F/P, i, n)$	$(P/F, i, n)$	$(F/A, i, n)$	$(A/F, i, n)$	$(A/P, i, n)$	$(P/A, i, n)$
1	1.100 0	0.909 1	1.000 0	1.000 0	1.100 0	0.909 1
2	1.210 0	0.826 4	2.100 0	0.476 2	0.576 2	1.735 5
3	1.331 0	0.751 3	3.310 0	0.302 1	0.402 1	2.486 9
4	1.464 1	0.683 0	4.641 0	0.215 5	0.315 5	3.169 9
5	1.610 5	0.620 9	6.105 1	0.163 8	0.263 8	3.790 8
6	1.771 6	0.564 5	7.715 6	0.129 6	0.229 6	4.355 3
7	1.948 7	0.513 2	9.487 2	0.105 4	0.205 4	4.868 4
8	2.143 6	0.466 5	11.435 9	0.087 4	0.187 4	5.334 9
9	2.357 9	0.424 1	13.579 5	0.073 6	0.173 6	5.759 0
10	2.593 7	0.385 5	15.937 4	0.062 7	0.162 7	6.144 6
11	2.853 1	0.350 5	18.531 2	0.054 0	0.154 0	6.495 1
12	3.138 4	0.318 6	21.384 3	0.046 8	0.146 8	6.813 7
13	3.452 3	0.289 7	24.522 7	0.040 8	0.140 8	7.103 4
14	3.797 5	0.263 3	27.975 0	0.035 7	0.135 7	7.366 7
15	4.177 2	0.239 4	31.772 5	0.031 5	0.131 5	7.606 1
16	4.595 0	0.217 6	35.949 7	0.027 8	0.127 8	7.823 7
17	5.054 5	0.197 8	40.544 7	0.024 7	0.124 7	8.021 6
18	5.559 9	0.179 9	45.599 2	0.021 9	0.121 9	8.201 4
19	6.115 9	0.163 5	51.159 1	0.019 5	0.119 5	8.364 9
20	6.727 5	0.148 6	57.275 0	0.017 5	0.117 5	8.513 6
21	7.400 2	0.135 1	64.002 5	0.015 6	0.115 6	8.648 7
22	8.140 3	0.122 8	71.402 7	0.014 0	0.114 0	8.771 5
23	8.954 3	0.111 7	79.543 0	0.012 6	0.112 6	8.883 2
24	9.849 7	0.101 5	88.497 3	0.011 3	0.111 3	8.984 7
25	10.834 7	0.092 3	98.347 1	0.010 2	0.110 2	9.077 0

年份	$(F/P, i, n)$	$(P/F, i, n)$	$(F/A, i, n)$	$(A/F, i, n)$	$(A/P, i, n)$	$(P/A, i, n)$
26	11. 918 2	0. 083 9	109. 181 8	0. 009 2	0. 109 2	9. 160 9
27	13. 110 0	0. 076 3	121. 099 9	0. 008 3	0. 108 3	9. 237 2
28	14. 421 0	0. 069 3	134. 209 9	0. 007 5	0. 107 5	9. 306 6
29	15. 863 1	0. 063 0	148. 630 9	0. 006 7	0. 106 7	9. 369 6
30	17. 449 4	0. 057 3	164. 494 0	0. 006 1	0. 106 1	9. 426 9
31	19. 194 3	0. 052 1	181. 943 4	0. 005 5	0. 105 5	9. 479 0
32	21. 113 8	0. 047 4	201. 137 8	0. 005 0	0. 105 0	9. 526 4
33	23. 225 2	0. 043 1	222. 251 5	0. 004 5	0. 104 5	9. 569 4
34	25. 547 7	0. 039 1	245. 476 7	0. 004 1	0. 104 1	9. 608 6
35	28. 102 4	0. 035 6	271. 024 4	0. 003 7	0. 103 7	9. 644 2
36	30. 912 7	0. 032 3	299. 126 8	0. 003 3	0. 103 3	9. 676 5
37	34. 003 9	0. 029 4	330. 039 5	0. 003 0	0. 103 0	9. 705 9
38	37. 404 3	0. 026 7	364. 043 4	0. 002 7	0. 102 7	9. 732 7
39	41. 144 8	0. 024 3	401. 447 8	0. 002 5	0. 102 5	9. 757 0
40	45. 259 3	0. 022 1	442. 592 6	0. 002 3	0. 102 3	9. 779 1
41	49. 785 2	0. 020 1	487. 851 8	0. 002 0	0. 102 0	9. 799 1
42	54. 763 7	0. 018 3	537. 637 0	0. 001 9	0. 101 9	9. 817 4
43	60. 240 1	0. 016 6	592. 400 7	0. 001 7	0. 101 7	9. 834 0
44	66. 264 1	0. 015 1	652. 640 8	0. 001 5	0. 101 5	9. 849 1
45	72. 890 5	0. 013 7	718. 904 8	0. 001 4	0. 101 4	9. 862 8
46	80. 179 5	0. 012 5	791. 795 3	0. 001 3	0. 101 3	9. 875 3
47	88. 197 5	0. 011 3	871. 974 9	0. 001 1	0. 101 1	9. 886 6
48	97. 017 2	0. 010 3	960. 172 3	0. 001 0	0. 101 0	9. 896 9
49	106. 719 0	0. 009 4	1 057. 189 6	0. 000 9	0. 100 9	9. 906 3
50	117. 390 9	0. 008 5	1 163. 908 5	0. 000 9	0. 100 9	9. 914 8

复利系数表($i=11\%$)

年份	$(F/P, i, n)$	$(P/F, i, n)$	$(F/A, i, n)$	$(A/F, i, n)$	$(A/P, i, n)$	$(P/A, i, n)$
1	1.110 0	0.900 9	1.000 0	1.000 0	1.110 0	0.900 9
2	1.232 1	0.811 6	2.110 0	0.473 9	0.583 9	1.712 5
3	1.367 6	0.731 2	3.342 1	0.299 2	0.409 2	2.443 7
4	1.518 1	0.658 7	4.709 7	0.212 3	0.322 3	3.102 4
5	1.685 1	0.593 5	6.227 8	0.160 6	0.270 6	3.695 9
6	1.870 4	0.534 6	7.912 9	0.126 4	0.236 4	4.230 5
7	2.076 2	0.481 7	9.783 3	0.102 2	0.212 2	4.712 2
8	2.304 5	0.433 9	11.859 4	0.084 3	0.194 3	5.146 1
9	2.558 0	0.390 9	14.164 0	0.070 6	0.180 6	5.537 0
10	2.839 4	0.352 2	16.722 0	0.059 8	0.169 8	5.889 2
11	3.151 8	0.317 3	19.561 4	0.051 1	0.161 1	6.206 5
12	3.498 5	0.285 8	22.713 2	0.044 0	0.154 0	6.492 4
13	3.883 3	0.257 5	26.211 6	0.038 2	0.148 2	6.749 9
14	4.310 4	0.232 0	30.094 9	0.033 2	0.143 2	6.981 9
15	4.784 6	0.209 0	34.405 4	0.029 1	0.139 1	7.190 9
16	5.310 9	0.188 3	39.189 9	0.025 5	0.135 5	7.379 2
17	5.895 1	0.169 6	44.500 8	0.022 5	0.132 5	7.548 8
18	6.543 6	0.152 8	50.395 9	0.019 8	0.129 8	7.701 6
19	7.263 3	0.137 7	56.939 5	0.017 6	0.127 6	7.839 3
20	8.062 3	0.124 0	64.202 8	0.015 6	0.125 6	7.963 3
21	8.949 2	0.111 7	72.265 1	0.013 8	0.123 8	8.075 1
22	9.933 6	0.100 7	81.214 3	0.012 3	0.122 3	8.175 7
23	11.026 3	0.090 7	91.147 9	0.011 0	0.121 0	8.266 4
24	12.239 2	0.081 7	102.174 2	0.009 8	0.119 8	8.348 1
25	13.585 5	0.073 6	114.413 3	0.008 7	0.118 7	8.421 7

（续表）

年份	$(F/P, i, n)$	$(P/F, i, n)$	$(F/A, i, n)$	$(A/F, i, n)$	$(A/P, i, n)$	$(P/A, i, n)$
26	15.079 9	0.066 3	127.998 8	0.007 8	0.117 8	8.488 1
27	16.738 6	0.059 7	143.078 6	0.007 0	0.117 0	8.547 8
28	18.579 9	0.053 8	159.817 3	0.006 3	0.116 3	8.601 6
29	20.623 7	0.048 5	178.397 2	0.005 6	0.115 6	8.650 1
30	22.892 3	0.043 7	199.020 9	0.005 0	0.115 0	8.693 8
31	25.410 4	0.039 4	221.913 2	0.004 5	0.114 5	8.733 1
32	28.205 6	0.035 5	247.323 6	0.004 0	0.114 0	8.768 6
33	31.308 2	0.031 9	275.529 2	0.003 6	0.113 6	8.800 5
34	34.752 1	0.028 8	306.837 4	0.003 3	0.113 3	8.829 3
35	38.574 9	0.025 9	341.589 6	0.002 9	0.112 9	8.855 2
36	42.818 1	0.023 4	380.164 4	0.002 6	0.112 6	8.878 6
37	47.528 1	0.021 0	422.982 5	0.002 4	0.112 4	8.899 6
38	52.756 2	0.019 0	470.510 6	0.002 1	0.112 1	8.918 6
39	58.559 3	0.017 1	523.266 7	0.001 9	0.111 9	8.935 7
40	65.000 9	0.015 4	581.826 1	0.001 7	0.111 7	8.951 1
41	72.151 0	0.013 9	646.826 9	0.001 5	0.111 5	8.964 9
42	80.087 6	0.012 5	718.977 9	0.001 4	0.111 4	8.977 4
43	88.897 2	0.011 2	799.065 5	0.001 3	0.111 3	8.988 6
44	98.675 9	0.010 1	887.962 7	0.001 1	0.111 1	8.998 8
45	109.530 2	0.009 1	986.638 6	0.001 0	0.111 0	9.007 9
46	121.578 6	0.008 2	1 096.168 8	0.000 9	0.110 9	9.016 1
47	134.952 2	0.007 4	1 217.747 4	0.000 8	0.110 8	9.023 5
48	149.797 0	0.006 7	1 352.699 6	0.000 7	0.110 7	9.030 2
49	166.274 6	0.006 0	1 502.496 5	0.000 7	0.110 7	9.036 2
50	184.564 8	0.005 4	1 668.771 2	0.000 6	0.110 6	9.041 7

复利系数表($i=12\%$)

年份	$(F/P, i, n)$	$(P/F, i, n)$	$(F/A, i, n)$	$(A/F, i, n)$	$(A/P, i, n)$	$(P/A, i, n)$
1	1.120 0	0.892 9	1.000 0	1.000 0	1.120 0	0.892 9
2	1.254 4	0.797 2	2.120 0	0.471 7	0.591 7	1.690 1
3	1.404 9	0.711 8	3.374 4	0.296 3	0.416 3	2.401 8
4	1.573 5	0.635 5	4.779 3	0.209 2	0.329 2	3.037 3
5	1.762 3	0.567 4	6.352 8	0.157 4	0.277 4	3.604 8
6	1.973 8	0.506 6	8.115 2	0.123 2	0.243 2	4.111 4
7	2.210 7	0.452 3	10.089 0	0.099 1	0.219 1	4.563 8
8	2.476 0	0.403 9	12.299 7	0.081 3	0.201 3	4.967 6
9	2.773 1	0.360 6	14.775 7	0.067 7	0.187 7	5.328 2
10	3.105 8	0.322 0	17.548 7	0.057 0	0.177 0	5.650 2
11	3.478 5	0.287 5	20.654 6	0.048 4	0.168 4	5.937 7
12	3.896 0	0.256 7	24.133 1	0.041 4	0.161 4	6.194 4
13	4.363 5	0.229 2	28.029 1	0.035 7	0.155 7	6.423 5
14	4.887 1	0.204 6	32.392 6	0.030 9	0.150 9	6.628 2
15	5.473 6	0.182 7	37.279 7	0.026 8	0.146 8	6.810 9
16	6.130 4	0.163 1	42.753 3	0.023 4	0.143 4	6.974 0
17	6.866 0	0.145 6	48.883 7	0.020 5	0.140 5	7.119 6
18	7.690 0	0.130 0	55.749 7	0.017 9	0.137 9	7.249 7
19	8.612 8	0.116 1	63.439 7	0.015 8	0.135 8	7.365 8
20	9.646 3	0.103 7	72.052 4	0.013 9	0.133 9	7.469 4
21	10.803 8	0.092 6	81.698 7	0.012 2	0.132 2	7.562 0
22	12.100 3	0.082 6	92.502 6	0.010 8	0.130 8	7.644 6
23	13.552 3	0.073 8	104.602 9	0.009 6	0.129 6	7.718 4
24	15.178 6	0.065 9	118.155 2	0.008 5	0.128 5	7.784 3
25	17.000 1	0.058 8	133.333 9	0.007 5	0.127 5	7.843 1

（续表）

年份	$(F/P, i, n)$	$(P/F, i, n)$	$(F/A, i, n)$	$(A/F, i, n)$	$(A/P, i, n)$	$(P/A, i, n)$
26	19. 040 1	0. 052 5	150. 333 9	0. 006 7	0. 126 7	7. 895 7
27	21. 324 9	0. 046 9	169. 374 0	0. 005 9	0. 125 9	7. 942 6
28	23. 883 9	0. 041 9	190. 698 9	0. 005 2	0. 125 2	7. 984 4
29	26. 749 9	0. 037 4	214. 582 8	0. 004 7	0. 124 7	8. 021 8
30	29. 959 9	0. 033 4	241. 332 7	0. 004 1	0. 124 1	8. 055 2
31	33. 555 1	0. 029 8	271. 292 6	0. 003 7	0. 123 7	8. 085 0
32	37. 581 7	0. 026 6	304. 847 7	0. 003 3	0. 123 3	8. 111 6
33	42. 091 5	0. 023 8	342. 429 4	0. 002 9	0. 122 9	8. 135 4
34	47. 142 5	0. 021 2	384. 521 0	0. 002 6	0. 122 6	8. 156 6
35	52. 799 6	0. 018 9	431. 663 5	0. 002 3	0. 122 3	8. 175 5
36	59. 135 6	0. 016 9	484. 463 1	0. 002 1	0. 122 1	8. 192 4
37	66. 231 8	0. 015 1	543. 598 7	0. 001 8	0. 121 8	8. 207 5
38	74. 179 7	0. 013 5	609. 830 5	0. 001 6	0. 121 6	8. 221 0
39	83. 081 2	0. 012 0	684. 010 2	0. 001 5	0. 121 5	8. 233 0
40	93. 051 0	0. 010 7	767. 091 4	0. 001 3	0. 121 3	8. 243 8
41	104. 217 1	0. 009 6	860. 142 4	0. 001 2	0. 121 2	8. 253 4
42	116. 723 1	0. 008 6	964. 359 5	0. 001 0	0. 121 0	8. 261 9
43	130. 729 9	0. 007 6	1 081. 082 6	0. 000 9	0. 120 9	8. 269 6
44	146. 417 5	0. 006 8	1 211. 812 5	0. 000 8	0. 120 8	8. 276 4
45	163. 987 6	0. 006 1	1 358. 230 0	0. 000 7	0. 120 7	8. 282 5
46	183. 666 1	0. 005 4	1 522. 217 6	0. 000 7	0. 120 7	8. 288 0
47	205. 706 1	0. 004 9	1 705. 883 8	0. 000 6	0. 120 6	8. 292 8
48	230. 390 8	0. 004 3	1 911. 589 8	0. 000 5	0. 120 5	8. 297 2
49	258. 037 7	0. 003 9	2 141. 980 6	0. 000 5	0. 120 5	8. 301 0
50	289. 002 2	0. 003 5	2 400. 018 2	0. 000 4	0. 120 4	8. 304 5

复利系数表($i=13\%$)

年份	$(F/P,\ i,\ n)$	$(P/F,\ i,\ n)$	$(F/A,\ i,\ n)$	$(A/F,\ i,\ n)$	$(A/P,\ i,\ n)$	$(P/A,\ i,\ n)$
1	1.130 0	0.885 0	1.000 0	1.000 0	1.130 0	0.885 0
2	1.276 9	0.783 1	2.130 0	0.469 5	0.599 5	1.668 1
3	1.442 9	0.693 1	3.406 9	0.293 5	0.423 5	2.361 2
4	1.630 5	0.613 3	4.849 8	0.206 2	0.336 2	2.974 5
5	1.842 4	0.542 8	6.480 3	0.154 3	0.284 3	3.517 2
6	2.082 0	0.480 3	8.322 7	0.120 2	0.250 2	3.997 5
7	2.352 6	0.425 1	10.404 7	0.096 1	0.226 1	4.422 6
8	2.658 4	0.376 2	12.757 3	0.078 4	0.208 4	4.798 8
9	3.004 0	0.332 9	15.415 7	0.064 9	0.194 9	5.131 7
10	3.394 6	0.294 6	18.419 7	0.054 3	0.184 3	5.426 2
11	3.835 9	0.260 7	21.814 3	0.045 8	0.175 8	5.686 9
12	4.334 5	0.230 7	25.650 2	0.039 0	0.169 0	5.917 6
13	4.898 0	0.204 2	29.984 7	0.033 4	0.163 4	6.121 8
14	5.534 8	0.180 7	34.882 7	0.028 7	0.158 7	6.302 5
15	6.254 3	0.159 9	40.417 5	0.024 7	0.154 7	6.462 4
16	7.067 3	0.141 5	46.671 7	0.021 4	0.151 4	6.603 9
17	7.986 1	0.125 2	53.739 1	0.018 6	0.148 6	6.729 1
18	9.024 3	0.110 8	61.725 1	0.016 2	0.146 2	6.839 9
19	10.197 4	0.098 1	70.749 4	0.014 1	0.144 1	6.938 0
20	11.523 1	0.086 8	80.946 8	0.012 4	0.142 4	7.024 8
21	13.021 1	0.076 8	92.469 9	0.010 8	0.140 8	7.101 6
22	14.713 8	0.068 0	105.491 0	0.009 5	0.139 5	7.169 5
23	16.626 6	0.060 1	120.204 8	0.008 3	0.138 3	7.229 7
24	18.788 1	0.053 2	136.831 5	0.007 3	0.137 3	7.282 9
25	21.230 5	0.047 1	155.619 6	0.006 4	0.136 4	7.330 0

年份	$(F/P, i, n)$	$(P/F, i, n)$	$(F/A, i, n)$	$(A/F, i, n)$	$(A/P, i, n)$	$(P/A, i, n)$
26	23.990 5	0.041 7	176.850 1	0.005 7	0.135 7	7.371 7
27	27.109 3	0.036 9	200.840 6	0.005 0	0.135 0	7.408 6
28	30.633 5	0.032 6	227.949 9	0.004 4	0.134 4	7.441 2
29	34.615 8	0.028 9	258.583 4	0.003 9	0.133 9	7.470 1
30	39.115 9	0.025 6	293.199 2	0.003 4	0.133 4	7.495 7
31	44.201 0	0.022 6	332.315 1	0.003 0	0.133 0	7.518 3
32	49.947 1	0.020 0	376.516 1	0.002 7	0.132 7	7.538 3
33	56.440 2	0.017 7	426.463 2	0.002 3	0.132 3	7.556 0
34	63.777 4	0.015 7	482.903 4	0.002 1	0.132 1	7.571 7
35	72.068 5	0.013 9	546.680 8	0.001 8	0.131 8	7.585 6
36	81.437 4	0.012 3	618.749 3	0.001 6	0.131 6	7.597 9
37	92.024 3	0.010 9	700.186 7	0.001 4	0.131 4	7.608 7
38	103.987 4	0.009 6	792.211 0	0.001 3	0.131 3	7.618 3
39	117.505 8	0.008 5	896.198 4	0.001 1	0.131 1	7.626 8
40	132.781 6	0.007 5	1 013.704 2	0.001 0	0.131 0	7.634 4
41	150.043 2	0.006 7	1 146.485 8	0.000 9	0.130 9	7.641 0
42	169.548 8	0.005 9	1 296.528 9	0.000 8	0.130 8	7.646 9
43	191.590 1	0.005 2	1 466.077 7	0.000 7	0.130 7	7.652 2
44	216.496 8	0.004 6	1 657.667 8	0.000 6	0.130 6	7.656 8
45	244.641 4	0.004 1	1 874.164 6	0.000 5	0.130 5	7.660 9
46	276.444 8	0.003 6	2 118.806 0	0.000 5	0.130 5	7.664 5
47	312.382 6	0.003 2	2 395.250 8	0.000 4	0.130 4	7.667 7
48	352.992 3	0.002 8	2 707.633 4	0.000 4	0.130 4	7.670 5
49	398.881 3	0.002 5	3 060.625 8	0.000 3	0.130 3	7.673 0
50	450.735 9	0.002 2	3 459.507 1	0.000 3	0.130 3	7.675 2

复利系数表(i＝14%)

年份	$(F/P, i, n)$	$(P/F, i, n)$	$(F/A, i, n)$	$(A/F, i, n)$	$(A/P, i, n)$	$(P/A, i, n)$
1	1.140 0	0.877 2	1.000 0	1.000 0	1.140 0	0.877 2
2	1.299 6	0.769 5	2.140 0	0.467 3	0.607 3	1.646 7
3	1.481 5	0.675 0	3.439 6	0.290 7	0.430 7	2.321 6
4	1.689 0	0.592 1	4.921 1	0.203 2	0.343 2	2.913 7
5	1.925 4	0.519 4	6.610 1	0.151 3	0.291 3	3.433 1
6	2.195 0	0.455 6	8.535 5	0.117 2	0.257 2	3.888 7
7	2.502 3	0.399 6	10.730 5	0.093 2	0.233 2	4.288 3
8	2.852 6	0.350 6	13.232 8	0.075 6	0.215 6	4.638 9
9	3.251 9	0.307 5	16.085 3	0.062 2	0.202 2	4.946 4
10	3.707 2	0.269 7	19.337 3	0.051 7	0.191 7	5.216 1
11	4.226 2	0.236 6	23.044 5	0.043 4	0.183 4	5.452 7
12	4.817 9	0.207 6	27.270 7	0.036 7	0.176 7	5.660 3
13	5.492 4	0.182 1	32.088 7	0.031 2	0.171 2	5.842 4
14	6.261 3	0.159 7	37.581 1	0.026 6	0.166 6	6.002 1
15	7.137 9	0.140 1	43.842 4	0.022 8	0.162 8	6.142 2
16	8.137 2	0.122 9	50.980 4	0.019 6	0.159 6	6.265 1
17	9.276 5	0.107 8	59.117 6	0.016 9	0.156 9	6.372 9
18	10.575 2	0.094 6	68.394 1	0.014 6	0.154 6	6.467 4
19	12.055 7	0.082 9	78.969 2	0.012 7	0.152 7	6.550 4
20	13.743 5	0.072 8	91.024 9	0.011 0	0.151 0	6.623 1
21	15.667 6	0.063 8	104.768 4	0.009 5	0.149 5	6.687 0
22	17.861 0	0.056 0	120.436 0	0.008 3	0.148 3	6.742 9
23	20.361 6	0.049 1	138.297 0	0.007 2	0.147 2	6.792 1
24	23.212 2	0.043 1	158.658 6	0.006 3	0.146 3	6.835 1
25	26.461 9	0.037 8	181.870 8	0.005 5	0.145 5	6.872 9

（续表）

年份	$(F/P, i, n)$	$(P/F, i, n)$	$(F/A, i, n)$	$(A/F, i, n)$	$(A/P, i, n)$	$(P/A, i, n)$
26	30.166 6	0.033 1	208.332 7	0.004 8	0.144 8	6.906 1
27	34.389 9	0.029 1	238.499 3	0.004 2	0.144 2	6.935 2
28	39.204 5	0.025 5	272.889 2	0.003 7	0.143 7	6.960 7
29	44.693 1	0.022 4	312.093 7	0.003 2	0.143 2	6.983 0
30	50.950 2	0.019 6	356.786 8	0.002 8	0.142 8	7.002 7
31	58.083 2	0.017 2	407.737 0	0.002 5	0.142 5	7.019 9
32	66.214 8	0.015 1	465.820 2	0.002 1	0.142 1	7.035 0
33	75.484 9	0.013 2	532.035 0	0.001 9	0.141 9	7.048 2
34	86.052 8	0.011 6	607.519 9	0.001 6	0.141 6	7.059 9
35	98.100 2	0.010 2	693.572 7	0.001 4	0.141 4	7.070 0
36	111.834 2	0.008 9	791.672 9	0.001 3	0.141 3	7.079 0
37	127.491 0	0.007 8	903.507 1	0.001 1	0.141 1	7.086 8
38	145.339 7	0.006 9	1 030.998 1	0.001 0	0.141 0	7.093 7
39	165.687 3	0.006 0	1 176.337 8	0.000 9	0.140 9	7.099 7
40	188.883 5	0.005 3	1 342.025 1	0.000 7	0.140 7	7.105 0
41	215.327 2	0.004 6	1 530.908 6	0.000 7	0.140 7	7.109 7
42	245.473 0	0.004 1	1 746.235 8	0.000 6	0.140 6	7.113 8
43	279.839 2	0.003 6	1 991.708 8	0.000 5	0.140 5	7.117 3
44	319.016 7	0.003 1	2 271.548 1	0.000 4	0.140 4	7.120 5
45	363.679 1	0.002 7	2 590.564 8	0.000 4	0.140 4	7.123 2
46	414.594 1	0.002 4	2 954.243 9	0.000 3	0.140 3	7.125 6
47	472.637 3	0.002 1	3 368.838 0	0.000 3	0.140 3	7.127 7
48	538.806 5	0.001 9	3 841.475 3	0.000 3	0.140 3	7.129 6
49	614.239 5	0.001 6	4 380.281 9	0.000 2	0.140 2	7.131 2
50	700.233 0	0.001 4	4 994.521 3	0.000 2	0.140 2	7.132 7

复利系数表($i=15\%$)

年份	$(F/P,i,n)$	$(P/F,i,n)$	$(F/A,i,n)$	$(A/F,i,n)$	$(A/P,i,n)$	$(P/A,i,n)$
1	1.150 0	0.869 6	1.000 0	1.000 0	1.150 0	0.869 6
2	1.322 5	0.756 1	2.150 0	0.465 1	0.615 1	1.625 7
3	1.520 9	0.657 5	3.472 5	0.288 0	0.438 0	2.283 2
4	1.749 0	0.571 8	4.993 4	0.200 3	0.350 3	2.855 0
5	2.011 4	0.497 2	6.742 4	0.148 3	0.298 3	3.352 2
6	2.313 1	0.432 3	8.753 7	0.114 2	0.264 2	3.784 5
7	2.660 0	0.375 9	11.066 8	0.090 4	0.240 4	4.160 4
8	3.059 0	0.326 9	13.726 8	0.072 9	0.222 9	4.487 3
9	3.517 9	0.284 3	16.785 8	0.059 6	0.209 6	4.771 6
10	4.045 6	0.247 2	20.303 7	0.049 3	0.199 3	5.018 8
11	4.652 4	0.214 9	24.349 3	0.041 1	0.191 1	5.233 7
12	5.350 3	0.186 9	29.001 7	0.034 5	0.184 5	5.420 6
13	6.152 8	0.162 5	34.351 9	0.029 1	0.179 1	5.583 1
14	7.075 7	0.141 3	40.504 7	0.024 7	0.174 7	5.724 5
15	8.137 1	0.122 9	47.580 4	0.021 0	0.171 0	5.847 4
16	9.357 6	0.106 9	55.717 5	0.017 9	0.167 9	5.954 2
17	10.761 3	0.092 9	65.075 1	0.015 4	0.165 4	6.047 2
18	12.375 5	0.080 8	75.836 4	0.013 2	0.163 2	6.128 0
19	14.231 8	0.070 3	88.211 8	0.011 3	0.161 3	6.198 2
20	16.366 5	0.061 1	102.443 6	0.009 8	0.159 8	6.259 3
21	18.821 5	0.053 1	118.810 1	0.008 4	0.158 4	6.312 5
22	21.644 7	0.046 2	137.631 6	0.007 3	0.157 3	6.358 7
23	24.891 5	0.040 2	159.276 4	0.006 3	0.156 3	6.398 8
24	28.625 2	0.034 9	184.167 8	0.005 4	0.155 4	6.433 8
25	32.919 0	0.030 4	212.793 0	0.004 7	0.154 7	6.464 1

(续表)

年份	$(F/P, i, n)$	$(P/F, i, n)$	$(F/A, i, n)$	$(A/F, i, n)$	$(A/P, i, n)$	$(P/A, i, n)$
26	37.856 8	0.026 4	245.712 0	0.004 1	0.154 1	6.490 6
27	43.535 3	0.023 0	283.568 8	0.003 5	0.153 5	6.513 5
28	50.065 6	0.020 0	327.104 1	0.003 1	0.153 1	6.533 5
29	57.575 5	0.017 4	377.169 7	0.002 7	0.152 7	6.550 9
30	66.211 8	0.015 1	434.745 1	0.002 3	0.152 3	6.566 0
31	76.143 5	0.013 1	500.956 9	0.002 0	0.152 0	6.579 1
32	87.565 1	0.011 4	577.100 5	0.001 7	0.151 7	6.590 5
33	100.699 8	0.009 9	664.665 5	0.001 5	0.151 5	6.600 5
34	115.804 8	0.008 6	765.365 4	0.001 3	0.151 3	6.609 1
35	133.175 5	0.007 5	881.170 2	0.001 1	0.151 1	6.616 6
36	153.151 9	0.006 5	1 014.345 7	0.001 0	0.151 0	6.623 1
37	176.124 6	0.005 7	1 167.497 5	0.000 9	0.150 9	6.628 8
38	202.543 3	0.004 9	1 343.622 2	0.000 7	0.150 7	6.633 8
39	232.924 8	0.004 3	1 546.165 5	0.000 6	0.150 6	6.638 0
40	267.863 5	0.003 7	1 779.090 3	0.000 6	0.150 6	6.641 8
41	308.043 1	0.003 2	2 046.953 9	0.000 5	0.150 5	6.645 0
42	354.249 5	0.002 8	2 354.996 9	0.000 4	0.150 4	6.647 8
43	407.387 0	0.002 5	2 709.246 5	0.000 4	0.150 4	6.650 3
44	468.495 0	0.002 1	3 116.633 4	0.000 3	0.150 3	6.652 4
45	538.769 3	0.001 9	3 585.128 5	0.000 3	0.150 3	6.654 3
46	619.584 7	0.001 6	4 123.897 7	0.000 2	0.150 2	6.655 9
47	712.522 4	0.001 4	4 743.482 4	0.000 2	0.150 2	6.657 3
48	819.400 7	0.001 2	5 456.004 7	0.000 2	0.150 2	6.658 5
49	942.310 8	0.001 1	6 275.405 5	0.000 2	0.150 2	6.659 6
50	1 083.657 4	0.000 9	7 217.716 3	0.000 1	0.150 1	6.660 5

复利系数表($i=16\%$)

年份	$(F/P, i, n)$	$(P/F, i, n)$	$(F/A, i, n)$	$(A/F, i, n)$	$(A/P, i, n)$	$(P/A, i, n)$
1	1.160 0	0.862 1	1.000 0	1.000 0	1.160 0	0.862 1
2	1.345 6	0.743 2	2.160 0	0.463 0	0.623 0	1.605 2
3	1.560 9	0.640 7	3.505 6	0.285 3	0.445 3	2.245 9
4	1.810 6	0.552 3	5.066 5	0.197 4	0.357 4	2.798 2
5	2.100 3	0.476 1	6.877 1	0.145 4	0.305 4	3.274 3
6	2.436 4	0.410 4	8.977 5	0.111 4	0.271 4	3.684 7
7	2.826 2	0.353 8	11.413 9	0.087 6	0.247 6	4.038 6
8	3.278 4	0.305 0	14.240 1	0.070 2	0.230 2	4.343 6
9	3.803 0	0.263 0	17.518 5	0.057 1	0.217 1	4.606 5
10	4.411 4	0.226 7	21.321 5	0.046 9	0.206 9	4.833 2
11	5.117 3	0.195 4	25.732 9	0.038 9	0.198 9	5.028 6
12	5.936 0	0.168 5	30.850 2	0.032 4	0.192 4	5.197 1
13	6.885 8	0.145 2	36.786 2	0.027 2	0.187 2	5.342 3
14	7.987 5	0.125 2	43.672 0	0.022 9	0.182 9	5.467 5
15	9.265 5	0.107 9	51.659 5	0.019 4	0.179 4	5.575 5
16	10.748 0	0.093 0	60.925 0	0.016 4	0.176 4	5.668 5
17	12.467 7	0.080 2	71.673 0	0.014 0	0.174 0	5.748 7
18	14.462 5	0.069 1	84.140 7	0.011 9	0.171 9	5.817 8
19	16.776 5	0.059 6	98.603 2	0.010 1	0.170 1	5.877 5
20	19.460 8	0.051 4	115.379 7	0.008 7	0.168 7	5.928 8
21	22.574 5	0.044 3	134.840 5	0.007 4	0.167 4	5.973 1
22	26.186 4	0.038 2	157.415 0	0.006 4	0.166 4	6.011 3
23	30.376 2	0.032 9	183.601 4	0.005 4	0.165 4	6.044 2
24	35.236 4	0.028 4	213.977 6	0.004 7	0.164 7	6.072 6
25	40.874 2	0.024 5	249.214 0	0.004 0	0.164 0	6.097 1

（续表）

年份	$(F/P, i, n)$	$(P/F, i, n)$	$(F/A, i, n)$	$(A/F, i, n)$	$(A/P, i, n)$	$(P/A, i, n)$
26	47.414 1	0.021 1	290.088 3	0.003 4	0.163 4	6.118 2
27	55.000 4	0.018 2	337.502 4	0.003 0	0.163 0	6.136 4
28	63.800 4	0.015 7	392.502 8	0.002 5	0.162 5	6.152 0
29	74.008 5	0.013 5	456.303 2	0.002 2	0.162 2	6.165 6
30	85.849 9	0.011 6	530.311 7	0.001 9	0.161 9	6.177 2
31	99.585 9	0.010 0	616.161 6	0.001 6	0.161 6	6.187 2
32	115.519 6	0.008 7	715.747 5	0.001 4	0.161 4	6.195 9
33	134.002 7	0.007 5	831.267 1	0.001 2	0.161 2	6.203 4
34	155.443 2	0.006 4	965.269 8	0.001 0	0.161 0	6.209 8
35	180.314 1	0.005 5	1 120.713 0	0.000 9	0.160 9	6.215 3
36	209.164 3	0.004 8	1 301.027 0	0.000 8	0.160 8	6.220 1
37	242.630 6	0.004 1	1 510.191 4	0.000 7	0.160 7	6.224 2
38	281.451 5	0.003 6	1 752.822 0	0.000 6	0.160 6	6.227 8
39	326.483 8	0.003 1	2 034.273 5	0.000 5	0.160 5	6.230 9
40	378.721 2	0.002 6	2 360.757 2	0.000 4	0.160 4	6.233 5
41	439.316 5	0.002 3	2 739.478 4	0.000 4	0.160 4	6.235 8
42	509.607 2	0.002 0	3 178.794 9	0.000 3	0.160 3	6.237 7
43	591.144 3	0.001 7	3 688.402 1	0.000 3	0.160 3	6.239 4
44	685.727 4	0.001 5	4 279.546 5	0.000 2	0.160 2	6.240 9
45	795.443 8	0.001 3	4 965.273 9	0.000 2	0.160 2	6.242 1
46	922.714 8	0.001 1	5 760.717 7	0.000 2	0.160 2	6.243 2
47	1 070.349 2	0.000 9	6 683.432 6	0.000 1	0.160 1	6.244 2
48	1 241.605 1	0.000 8	7 753.781 8	0.000 1	0.160 1	6.245 0
49	1 440.261 9	0.000 7	8 995.386 9	0.000 1	0.160 1	6.245 7
50	1 670.703 8	0.000 6	10 435.648 8	0.000 1	0.160 1	6.246 3

复利系数表(*i*=17%)

年份	(F/P, i, n)	(P/F, i, n)	(F/A, i, n)	(A/F, i, n)	(A/P, i, n)	(P/A, i, n)
1	1.170 0	0.854 7	1.000 0	1.000 0	1.170 0	0.854 7
2	1.368 9	0.730 5	2.170 0	0.460 8	0.630 8	1.585 2
3	1.601 6	0.624 4	3.538 9	0.282 6	0.452 6	2.209 6
4	1.873 9	0.533 7	5.140 5	0.194 5	0.364 5	2.743 2
5	2.192 4	0.456 1	7.014 4	0.142 6	0.312 6	3.199 3
6	2.565 2	0.389 8	9.206 8	0.108 6	0.278 6	3.589 2
7	3.001 2	0.333 2	11.772 0	0.084 9	0.254 9	3.922 4
8	3.511 5	0.284 8	14.773 3	0.067 7	0.237 7	4.207 2
9	4.108 4	0.243 4	18.284 7	0.054 7	0.224 7	4.450 6
10	4.806 8	0.208 0	22.393 1	0.044 7	0.214 7	4.658 6
11	5.624 0	0.177 8	27.199 9	0.036 8	0.206 8	4.836 4
12	6.580 1	0.152 0	32.823 9	0.030 5	0.200 5	4.988 4
13	7.698 7	0.129 9	39.404 0	0.025 4	0.195 4	5.118 3
14	9.007 5	0.111 0	47.102 7	0.021 2	0.191 2	5.229 3
15	10.538 7	0.094 9	56.110 1	0.017 8	0.187 8	5.324 2
16	12.330 3	0.081 1	66.648 8	0.015 0	0.185 0	5.405 3
17	14.426 5	0.069 3	78.979 2	0.012 7	0.182 7	5.474 6
18	16.879 0	0.059 2	93.405 6	0.010 7	0.180 7	5.533 9
19	19.748 4	0.050 6	110.284 6	0.009 1	0.179 1	5.584 5
20	23.105 6	0.043 3	130.032 9	0.007 7	0.177 7	5.627 8
21	27.033 6	0.037 0	153.138 5	0.006 5	0.176 5	5.664 8
22	31.629 3	0.031 6	180.172 1	0.005 6	0.175 6	5.696 4
23	37.006 2	0.027 0	211.801 3	0.004 7	0.174 7	5.723 4
24	43.297 3	0.023 1	248.807 6	0.004 0	0.174 0	5.746 5
25	50.657 8	0.019 7	292.104 9	0.003 4	0.173 4	5.766 2

年份	$(F/P, i, n)$	$(P/F, i, n)$	$(F/A, i, n)$	$(A/F, i, n)$	$(A/P, i, n)$	$(P/A, i, n)$
26	59. 269 7	0. 016 9	342. 762 7	0. 002 9	0. 172 9	5. 783 1
27	69. 345 5	0. 014 4	402. 032 3	0. 002 5	0. 172 5	5. 797 5
28	81. 134 2	0. 012 3	471. 377 8	0. 002 1	0. 172 1	5. 809 9
29	94. 927 1	0. 010 5	552. 512 1	0. 001 8	0. 171 8	5. 820 4
30	111. 064 7	0. 009 0	647. 439 1	0. 001 5	0. 171 5	5. 829 4
31	129. 945 6	0. 007 7	758. 503 8	0. 001 3	0. 171 3	5. 837 1
32	152. 036 4	0. 006 6	888. 449 4	0. 001 1	0. 171 1	5. 843 7
33	177. 882 6	0. 005 6	1 040. 485 8	0. 001 0	0. 171 0	5. 849 3
34	208. 122 6	0. 004 8	1 218. 368 4	0. 000 8	0. 170 8	5. 854 1
35	243. 503 5	0. 004 1	1 426. 491 0	0. 000 7	0. 170 7	5. 858 2
36	284. 899 1	0. 003 5	1 669. 994 5	0. 000 6	0. 170 6	5. 861 7
37	333. 331 9	0. 003 0	1 954. 893 6	0. 000 5	0. 170 5	5. 864 7
38	389. 998 3	0. 002 6	2 288. 225 5	0. 000 4	0. 170 4	5. 867 3
39	456. 298 0	0. 002 2	2 678. 223 8	0. 000 4	0. 170 4	5. 869 5
40	533. 868 7	0. 001 9	3 134. 521 8	0. 000 3	0. 170 3	5. 871 3
41	624. 626 4	0. 001 6	3 668. 390 6	0. 000 3	0. 170 3	5. 872 9
42	730. 812 9	0. 001 4	4 293. 016 9	0. 000 2	0. 170 2	5. 874 3
43	855. 051 1	0. 001 2	5 023. 829 8	0. 000 2	0. 170 2	5. 875 5
44	1 000. 409 8	0. 001 0	5 878. 880 9	0. 000 2	0. 170 2	5. 876 5
45	1 170. 479 4	0. 000 9	6 879. 290 7	0. 000 1	0. 170 1	5. 877 3
46	1 369. 460 9	0. 000 7	8 049. 770 1	0. 000 1	0. 170 1	5. 878 1
47	1 602. 269 3	0. 000 6	9 419. 231 0	0. 000 1	0. 170 1	5. 878 7
48	1 874. 655 0	0. 000 5	11 021. 500 2	0. 000 1	0. 170 1	5. 879 2
49	2 193. 346 4	0. 000 5	12 896. 155 3	0. 000 1	0. 170 1	5. 879 7
50	2 566. 215 3	0. 000 4	15 089. 501 7	0. 000 1	0. 170 1	5. 880 1

复利系数表($i=18\%$)

年份	$(F/P, i, n)$	$(P/F, i, n)$	$(F/A, i, n)$	$(A/F, i, n)$	$(A/P, i, n)$	$(P/A, i, n)$
1	1.180 0	0.847 5	1.000 0	1.000 0	1.180 0	0.847 5
2	1.392 4	0.718 2	2.180 0	0.458 7	0.638 7	1.565 6
3	1.643 0	0.608 6	3.572 4	0.279 9	0.459 9	2.174 3
4	1.938 8	0.515 8	5.215 4	0.191 7	0.371 7	2.690 1
5	2.287 8	0.437 1	7.154 2	0.139 8	0.319 8	3.127 2
6	2.699 6	0.370 4	9.442 0	0.105 9	0.285 9	3.497 6
7	3.185 5	0.313 9	12.141 5	0.082 4	0.262 4	3.811 5
8	3.758 9	0.266 0	15.327 0	0.065 2	0.245 2	4.077 6
9	4.435 5	0.225 5	19.085 9	0.052 4	0.232 4	4.303 0
10	5.233 8	0.191 1	23.521 3	0.042 5	0.222 5	4.494 1
11	6.175 9	0.161 9	28.755 1	0.034 8	0.214 8	4.656 0
12	7.287 6	0.137 2	34.931 1	0.028 6	0.208 6	4.793 2
13	8.599 4	0.116 3	42.218 7	0.023 7	0.203 7	4.909 5
14	10.147 2	0.098 5	50.818 0	0.019 7	0.199 7	5.008 1
15	11.973 7	0.083 5	60.965 3	0.016 4	0.196 4	5.091 6
16	14.129 0	0.070 8	72.939 0	0.013 7	0.193 7	5.162 4
17	16.672 2	0.060 0	87.068 0	0.011 5	0.191 5	5.222 3
18	19.673 3	0.050 8	103.740 3	0.009 6	0.189 6	5.273 2
19	23.214 4	0.043 1	123.413 5	0.008 1	0.188 1	5.316 2
20	27.393 0	0.036 5	146.628 0	0.006 8	0.186 8	5.352 7
21	32.323 8	0.030 9	174.021 0	0.005 7	0.185 7	5.383 7
22	38.142 1	0.026 2	206.344 8	0.004 8	0.184 8	5.409 9
23	45.007 6	0.022 2	244.486 8	0.004 1	0.184 1	5.432 1
24	53.109 0	0.018 8	289.494 5	0.003 5	0.183 5	5.450 9
25	62.668 6	0.016 0	342.603 5	0.002 9	0.182 9	5.466 9
26	73.949 0	0.013 5	405.272 1	0.002 5	0.182 5	5.480 4

（续表）

年份	$(F/P, i, n)$	$(P/F, i, n)$	$(F/A, i, n)$	$(A/F, i, n)$	$(A/P, i, n)$	$(P/A, i, n)$
27	87.259 8	0.011 5	479.221 1	0.002 1	0.182 1	5.491 9
28	102.966 6	0.009 7	566.480 9	0.001 8	0.181 8	5.501 6
29	121.500 5	0.008 2	669.447 5	0.001 5	0.181 5	5.509 8
30	143.370 6	0.007 0	790.948 0	0.001 3	0.181 3	5.516 8
31	169.177 4	0.005 9	934.318 6	0.001 1	0.181 1	5.522 7
32	199.629 3	0.005 0	1 103.496 0	0.000 9	0.180 9	5.527 7
33	235.562 5	0.004 2	1 303.125 3	0.000 8	0.180 8	5.532 0
34	277.963 8	0.003 6	1 538.687 8	0.000 6	0.180 6	5.535 6
35	327.997 3	0.003 0	1 816.651 6	0.000 6	0.180 6	5.538 6
36	387.036 8	0.002 6	2 144.648 9	0.000 5	0.180 5	5.541 2
37	456.703 4	0.002 2	2 531.685 7	0.000 4	0.180 4	5.543 4
38	538.910 0	0.001 9	2 988.389 1	0.000 3	0.180 3	5.545 2
39	635.913 9	0.001 6	3 527.299 2	0.000 3	0.180 3	5.546 8
40	750.378 3	0.001 3	4 163.213 0	0.000 2	0.180 2	5.548 2
41	885.446 4	0.001 1	4 913.591 4	0.000 2	0.180 2	5.549 3
42	1 044.826 8	0.001 0	5 799.037 8	0.000 2	0.180 2	5.550 2
43	1 232.895 6	0.000 8	6 843.864 6	0.000 1	0.180 1	5.551 0
44	1 454.816 8	0.000 7	8 076.760 3	0.000 1	0.180 1	5.551 7
45	1 716.683 9	0.000 6	9 531.577 1	0.000 1	0.180 1	5.552 3
46	2 025.687 0	0.000 5	11 248.261 0	0.000 1	0.180 1	5.552 8
47	2 390.310 6	0.000 4	13 273.948 0	0.000 1	0.180 1	5.553 2
48	2 820.566 5	0.000 4	15 664.258 6	0.000 1	0.180 1	5.553 6
49	3 328.268 5	0.000 3	18 484.825 1	0.000 1	0.180 1	5.553 9
50	3 927.356 9	0.000 3	21 813.093 7	0.000 0	0.180 0	5.554 1

复利系数表($i=19\%$)

年份	(F/P, i, n)	(P/F, i, n)	(F/A, i, n)	(A/F, i, n)	(A/P, i, n)	(P/A, i, n)
1	1. 190 0	0. 840 3	1. 000 0	1. 000 0	1. 190 0	0. 840 3
2	1. 416 1	0. 706 2	2. 190 0	0. 456 6	0. 646 6	1. 546 5
3	1. 685 2	0. 593 4	3. 606 1	0. 277 3	0. 467 3	2. 139 9
4	2. 005 3	0. 498 7	5. 291 3	0. 189 0	0. 379 0	2. 638 6
5	2. 386 4	0. 419 0	7. 296 6	0. 137 1	0. 327 1	3. 057 6
6	2. 839 8	0. 352 1	9. 683 0	0. 103 3	0. 293 3	3. 409 8
7	3. 379 3	0. 295 9	12. 522 7	0. 079 9	0. 269 9	3. 705 7
8	4. 021 4	0. 248 7	15. 902 0	0. 062 9	0. 252 9	3. 954 4
9	4. 785 4	0. 209 0	19. 923 4	0. 050 2	0. 240 2	4. 163 3
10	5. 694 7	0. 175 6	24. 708 9	0. 040 5	0. 230 5	4. 338 9
11	6. 776 7	0. 147 6	30. 403 5	0. 032 9	0. 222 9	4. 486 5
12	8. 064 2	0. 124 0	37. 180 2	0. 026 9	0. 216 9	4. 610 5
13	9. 596 4	0. 104 2	45. 244 5	0. 022 1	0. 212 1	4. 714 7
14	11. 419 8	0. 087 6	54. 840 9	0. 018 2	0. 208 2	4. 802 3
15	13. 589 5	0. 073 6	66. 260 7	0. 015 1	0. 205 1	4. 875 9
16	16. 171 5	0. 061 8	79. 850 2	0. 012 5	0. 202 5	4. 937 7
17	19. 244 1	0. 052 0	96. 021 8	0. 010 4	0. 200 4	4. 989 7
18	22. 900 5	0. 043 7	115. 265 9	0. 008 7	0. 198 7	5. 033 3
19	27. 251 6	0. 036 7	138. 166 4	0. 007 2	0. 197 2	5. 070 0
20	32. 429 4	0. 030 8	165. 418 0	0. 006 0	0. 196 0	5. 100 9
21	38. 591 0	0. 025 9	197. 847 4	0. 005 1	0. 195 1	5. 126 8
22	45. 923 3	0. 021 8	236. 438 5	0. 004 2	0. 194 2	5. 148 6
23	54. 648 7	0. 018 3	282. 361 8	0. 003 5	0. 193 5	5. 166 8
24	65. 032 0	0. 015 4	337. 010 5	0. 003 0	0. 193 0	5. 182 2
25	77. 388 1	0. 012 9	402. 042 5	0. 002 5	0. 192 5	5. 195 1

（续表）

年份	(F/P, i, n)	(P/F, i, n)	(F/A, i, n)	(A/F, i, n)	(A/P, i, n)	(P/A, i, n)
26	92. 091 8	0. 010 9	479. 430 6	0. 002 1	0. 192 1	5. 206 0
27	109. 589 3	0. 009 1	571. 522 4	0. 001 7	0. 191 7	5. 215 1
28	130. 411 2	0. 007 7	681. 111 6	0. 001 5	0. 191 5	5. 222 8
29	155. 189 3	0. 006 4	811. 522 8	0. 001 2	0. 191 2	5. 229 2
30	184. 675 3	0. 005 4	966. 712 2	0. 001 0	0. 191 0	5. 234 7
31	219. 763 6	0. 004 6	1 151. 387 5	0. 000 9	0. 190 9	5. 239 2
32	261. 518 7	0. 003 8	1 371. 151 1	0. 000 7	0. 190 7	5. 243 0
33	311. 207 3	0. 003 2	1 632. 669 8	0. 000 6	0. 190 6	5. 246 2
34	370. 336 6	0. 002 7	1 943. 877 1	0. 000 5	0. 190 5	5. 248 9
35	440. 700 6	0. 002 3	2 314. 213 7	0. 000 4	0. 190 4	5. 251 2
36	524. 433 7	0. 001 9	2 754. 914 3	0. 000 4	0. 190 4	5. 253 1
37	624. 076 1	0. 001 6	3 279. 348 1	0. 000 3	0. 190 3	5. 254 7
38	742. 650 6	0. 001 3	3 903. 424 2	0. 000 3	0. 190 3	5. 256 1
39	883. 754 2	0. 001 1	4 646. 074 8	0. 000 2	0. 190 2	5. 257 2
40	1 051. 667 5	0. 001 0	5 529. 829 0	0. 000 2	0. 190 2	5. 258 2
41	1 251. 484 3	0. 000 8	6 581. 496 5	0. 000 2	0. 190 2	5. 259 0
42	1 489. 266 4	0. 000 7	7 832. 980 8	0. 000 1	0. 190 1	5. 259 6
43	1 772. 227 0	0. 000 6	9 322. 247 2	0. 000 1	0. 190 1	5. 260 2
44	2 108. 950 1	0. 000 5	11 094. 474 1	0. 000 1	0. 190 1	5. 260 7
45	2 509. 650 6	0. 000 4	13 203. 424 2	0. 000 1	0. 190 1	5. 261 1
46	2 986. 484 2	0. 000 3	15 713. 074 8	0. 000 1	0. 190 1	5. 261 4
47	3 553. 916 2	0. 000 3	18 699. 559 0	0. 000 1	0. 190 1	5. 261 7
48	4 229. 160 3	0. 000 2	22 253. 475 3	0. 000 0	0. 190 0	5. 261 9
49	5 032. 700 8	0. 000 2	26 482. 635 6	0. 000 0	0. 190 0	5. 262 1
50	5 988. 913 9	0. 000 2	31 515. 336 3	0. 000 0	0. 190 0	5. 262 3

复利系数表(i＝20%)

年份	(F/P, i, n)	(P/F, i, n)	(F/A, i, n)	(A/F, i, n)	(A/P, i, n)	(P/A, i, n)
1	1.200 0	0.833 3	1.000 0	1.000 0	1.200 0	0.833 3
2	1.440 0	0.694 4	2.200 0	0.454 5	0.654 5	1.527 8
3	1.728 0	0.578 7	3.640 0	0.274 7	0.474 7	2.106 5
4	2.073 6	0.482 3	5.368 0	0.186 3	0.386 3	2.588 7
5	2.488 3	0.401 9	7.441 6	0.134 4	0.334 4	2.990 6
6	2.986 0	0.334 9	9.929 9	0.100 7	0.300 7	3.325 5
7	3.583 2	0.279 1	12.915 9	0.077 4	0.277 4	3.604 6
8	4.299 8	0.232 6	16.499 1	0.060 6	0.260 6	3.837 2
9	5.159 8	0.193 8	20.798 9	0.048 1	0.248 1	4.031 0
10	6.191 7	0.161 5	25.958 7	0.038 5	0.238 5	4.192 5
11	7.430 1	0.134 6	32.150 4	0.031 1	0.231 1	4.327 1
12	8.916 1	0.112 2	39.580 5	0.025 3	0.225 3	4.439 2
13	10.699 3	0.093 5	48.496 6	0.020 6	0.220 6	4.532 7
14	12.839 2	0.077 9	59.195 9	0.016 9	0.216 9	4.610 6
15	15.407 0	0.064 9	72.035 1	0.013 9	0.213 9	4.675 5
16	18.488 4	0.054 1	87.442 1	0.011 4	0.211 4	4.729 6
17	22.186 1	0.045 1	105.930 6	0.009 4	0.209 4	4.774 6
18	26.623 3	0.037 6	128.116 7	0.007 8	0.207 8	4.812 2
19	31.948 0	0.031 3	154.740 0	0.006 5	0.206 5	4.843 5
20	38.337 6	0.026 1	186.688 0	0.005 4	0.205 4	4.869 6
21	46.005 1	0.021 7	225.025 6	0.004 4	0.204 4	4.891 3
22	55.206 1	0.018 1	271.030 7	0.003 7	0.203 7	4.909 4
23	66.247 4	0.015 1	326.236 9	0.003 1	0.203 1	4.924 5
24	79.496 8	0.012 6	392.484 2	0.002 5	0.202 5	4.937 1
25	95.396 2	0.010 5	471.981 1	0.002 1	0.202 1	4.947 6

（续表）

年份	$(F/P, i, n)$	$(P/F, i, n)$	$(F/A, i, n)$	$(A/F, i, n)$	$(A/P, i, n)$	$(P/A, i, n)$
26	114. 475 5	0. 008 7	567. 377 3	0. 001 8	0. 201 8	4. 956 3
27	137. 370 6	0. 007 3	681. 852 8	0. 001 5	0. 201 5	4. 963 6
28	164. 844 7	0. 006 1	819. 223 3	0. 001 2	0. 201 2	4. 969 7
29	197. 813 6	0. 005 1	984. 068 0	0. 001 0	0. 201 0	4. 974 7
30	237. 376 3	0. 004 2	1 181. 881 6	0. 000 8	0. 200 8	4. 978 9
31	284. 851 6	0. 003 5	1 419. 257 9	0. 000 7	0. 200 7	4. 982 4
32	341. 821 9	0. 002 9	1 704. 109 5	0. 000 6	0. 200 6	4. 985 4
33	410. 186 3	0. 002 4	2 045. 931 4	0. 000 5	0. 200 5	4. 987 8
34	492. 223 5	0. 002 0	2 456. 117 6	0. 000 4	0. 200 4	4. 989 8
35	590. 668 2	0. 001 7	2 948. 341 1	0. 000 3	0. 200 3	4. 991 5
36	708. 801 9	0. 001 4	3 539. 009 4	0. 000 3	0. 200 3	4. 992 9
37	850. 562 2	0. 001 2	4 247. 811 2	0. 000 2	0. 200 2	4. 994 1
38	1 020. 674 7	0. 001 0	5 098. 373 5	0. 000 2	0. 200 2	4. 995 1
39	1 224. 809 6	0. 000 8	6 119. 048 2	0. 000 2	0. 200 2	4. 995 9
40	1 469. 771 6	0. 000 7	7 343. 857 8	0. 000 1	0. 200 1	4. 996 6
41	1 763. 725 9	0. 000 6	8 813. 629 4	0. 000 1	0. 200 1	4. 997 2
42	2 116. 471 1	0. 000 5	10 577. 355 3	0. 000 1	0. 200 1	4. 997 6
43	2 539. 765 3	0. 000 4	12 693. 826 3	0. 000 1	0. 200 1	4. 998 0
44	3 047. 718 3	0. 000 3	15 233. 591 6	0. 000 1	0. 200 1	4. 998 4
45	3 657. 262 0	0. 000 3	18 281. 309 9	0. 000 1	0. 200 1	4. 998 6
46	4 388. 714 4	0. 000 2	21 938. 571 9	0. 000 0	0. 200 0	4. 998 9
47	5 266. 457 3	0. 000 2	26 327. 286 3	0. 000 0	0. 200 0	4. 999 1
48	6 319. 748 7	0. 000 2	31 593. 743 6	0. 000 0	0. 200 0	4. 999 2
49	7 583. 698 5	0. 000 1	37 913. 492 3	0. 000 0	0. 200 0	4. 999 3
50	9 100. 438 2	0. 000 1	45 497. 190 8	0. 000 0	0. 200 0	4. 999 5

参考文献

[1] 国家发展改革委,建设部.建设项目经济评价方法与参数[M].3版.北京:中国计划出版社,2006.

[2] 全国一级建造师执业资格考试用书编写委员会.建设工程经济[M].北京:中国建筑工业出版社,2018.

[3] 李忠富,杨晓冬.工程经济学[M].2版.北京:科学出版社,2016.

[4] 宋健民.建设工程经济[M].郑州:郑州大学出版社,2016.

[5] 刘晓君.工程经济学[M].3版.北京:中国建筑工业出版社,2015.

[6] 刘宁.工程经济学[M].北京:化学工业出版社,2017.

[7] 王静.工程经济学[M].5版.大连:大连理工大学出版社,2017.

[8] 李明孝.工程经济学[M].2版.北京:化学工业出版社,2017.

[9] 项勇,卢立宇.工程经济学[M].2版.北京:机械工业出版社,2015.

[10] 黄有亮.工程经济学[M].3版.南京:东南大学出版社,2018.

[11] 马庆华,邵勇.建设工程经济[M].北京:中国建材工业出版社,2016.

[12] 于立君.工程经济学[M].北京:清华大学出版社,2015.

[13] 杨帆,侯蕊,王珍吾.工程经济学[M].武汉:华中科技大学出版社,2016.

[14] 胡斌.工程经济学[M].北京:清华大学出版社,2016.

[15] 郭献芳,等.工程经济学[M].3版.北京:中国电力出版社,2016.

[16] 杜葵.工程经济学[M].重庆:重庆大学出版社,2014.

[17] 戴大双.项目融资[M].北京:机械工业出版社,2016.

[18] 肖跃军.工程经济学[M].徐州:中国矿业大学出版社,2014.